일제하 수원지역의 민족운동

일제하 수원지역의 민족운동

조성운

국학자료원

책을 내면서

저자가 수원지역의 민족운동에 관심을 갖게 된 것은 지금으로부터 10여 년 전인 1991년 박사과정 입학과 동시에 수원중고등학교에서 역사를 가르치기 시작하면서부터였다. 수원중고등학교는 1909년 수원상업강습소로 출발하여 오늘에 이르는 긴 역사를 갖고 있는 학교로서 한국근현대사를 공부하는 저자가 이 학교의 역사에 대해 관심을 갖는 것은 어찌 보면 당연한 일이었다. 그리하여 얼마의 시간의 흐른 후 저자는 간략하나마 수원중고등학교의 역사를 정리할 수 있었다. 그리고 이 과정에서 이 학교가 수원지역 근대사에서 차지하는 비중이 대단히 크다는 사실을 알 수 있었다. 이는 이 학교의 설립 과정, 교사의 활동 등 수원중고등학교가 지역사회에서 지니는 위상을 통해볼 때 정당한 평가라 할 수 있다.

그리하여 저자는 수원중고등학교의 역사를 정리하게 되었고 이것이 계기가 되어 수원지역 근대사의 연구로 저자의 연구 외연을 확대하였다. 여기에서 저자에게 하나의 행운이 되었던 것이 당시까지만 하더라도 3 · 1운동사를 제외하고 수원지역의 근대사는 거의 정리가 되지 않았다는 점이었다. 그리하여 저자는 이후 3 · 1운동 이후의 수원지역의 근대사에 대한 정리를 시작하여 본서에 수록된 몇 편의 논문을 발표하게 되었다.

또한 저자가 수원지역의 근대사에 관심을 갖게 된 다른 이유는 저자 자신이 대학원에서 일제하 영동지방의 농민운동, 즉 지역사를 공부하였기 때문이었다. 이 과정에서 필자는 지역사를 모르고는 일제하 한국민족운동사의 전체상을 올바르게 파악할 수 없다는 생각을 하게 되었다. 그것은 같은 시기의 서울과 지역의 민족운동의 동향이 다르게 전개되는 경우를 많이 보았기 때문이었다. 수원지역의 근대사 속에서도 이러한 경우를 볼 수 있었다. 따라서 지금까지의 연구성과에 각 지역에서 전개된 민족운동에 대한 구체적이고도 실증적인 연구가 더해진다면 한국민족운동사의 연구가 보다 구체적이고 풍부해질 수 있을 것이라는 생각을 하게 되었다. 그리고 이 과정 속에서 한국민족운동사의 전체상이 보다 확실하게 드러날 수 있을 것이다.

　본서에 수록된 논문은 처음부터 하나의 체계를 갖고 정리한 것이 아니라 필요에 따라 정리한 것이기 때문에 간혹 내용이 중복되거나 차이가 나는 경우가 있는데 독자께서는 그것은 저자가 역사적 진실에 보다 가까이 접근해가는 과정이라 이해해주시길 부탁드린다.

　그리고 크게 드러날 것이 없는 이 책을 기꺼이 출판해주신 국학자료원의 정찬용 사장님과 편집부 여러분께도 감사의 말을 전한다.

　마지막으로 본서에 수록된 논문의 출전은 각 논문의 말미에 부기하였음을 밝힌다.

2003년 4월
수원 칠보산 아래에서
조성운 씀

차 례

日帝下 水原地域 天道教의 成長과 民族運動

1. 머리말

천도교는 동학에서 발전한 우리의 민족종교이다. 뿐만 아니라 1894년의 동학농민운동을 통하여 반제반봉건의 정신을 고취하였고, 1904년 진보회 활동을 통하여 근대 민권운동을 전개하기도 하였다. 그리고 1919년에는 우리 민족 최대의 독립운동인 3·1운동을 주도하였으며, 1920년 이후에는 문화운동과 민족협동전선운동을 전개하여 민족운동의 일익을 담당하였다. 이와 같이 천도교는 단순한 종교가 아니라 민족운동의 한 중심으로서 자리잡고 있었다. 이러한 이유 때문에 천도교의 성장과정과 활동을 보다 명확하게 파악하는 것은 일제하 민족운동을 이해하는데 중요한 요소라 할 수 있다.

특히 본고에서 살필 수원지역은 천도교의 교세가 강했던 지역이었다. 따라서 일제하 수원지역에서 전개된 민족운동에 대해 이해하기 위해서는 천도교의 동향에 대한 이해가 우선적이라 할 수 있다. 그리고 이러한 관점에서 보면 수원지역에서 전개되었던 민족운동이 천도교와 관련이 있는지

없는지는 크게 문제되지 않는다. 현실적으로 수원지역의 천도교는 하나의 민족운동세력으로 자리잡고 있었기 때문이다. 따라서 어떠한 민족운동세력이라 하더라도 운동의 전개과정에서 천도교의 입장을 고려해야 했다. 특히 3·1 운동과 1920년대의 민족협동전선운동 과정에서 천도교세력은 다른 운동세력의 입장에서는 우선적인 연대의 대상이었다. 상황이 이러함에도 불구하고 수원지역의 민족운동을 이해하는데 중요한 요소인 수원지역 천도교의 활동에 관한 연구는 그리 활발하지 않은 형편이다. 다만 근래에 세 편의 연구 논문이 발표되어 수원지역 천도교에 대한 이해에 도움을 주고 있다.[1]

따라서 필자는 본고를 작성하는 과정에서 다음의 사항을 고려하고자 한다. 먼저 연구의 대상 지역을 수원지역[2]에 한정하였다. 그리고 1880년대 수원지역에 동학이 전파되면서부터 3·1 운동과 1920년대의 문화운동, 신간회운동[3]에 이르기까지의 수원지역 천도교의 성장과 활동을 살펴보고자 한다. 이러한 작업을 통해 우리는 수원지역의 천도교가 지역 사회의 민족

---

1) 최홍규, 「京畿地域의 東學과 東學農民運動」, 『京畿史論』 창간호, 1997. ; 성주현, 「1920년대 경기지역의 천도교와 청년동맹의 활동」, 『京畿史學』 4, 2000. ; 조규태, 「천도교의 민족문화운동」, 『일제하 경기도지역 종교계의 민족문화운동』, 경기문화재단, 2001.
그러나 먼저 최홍규는 동학농민운동기를 중심으로 서술하여 일제시기 수원지역의 천도교 활동에 대한 이해가 부족하였고, 성주현은 1920년대의 청년운동과 신간회운동만을 대상으로 서술하여 초창기 동학의 전파과정에 대한 이해가 부족하였다. 그리고 조규태는 수원지역만을 대상으로 서술한 것이 아니라 경기지역이라는 광역단위로 접근하여 수원지역의 동학과 천도교에 대한 보다 심층적인 접근이 되지 못하였다.
2) 여기에서 수원지역이라 함은 1914년의 행정구역 개편 당시의 수원군을 일컫는다.
3) 수원지역의 신간회운동에 대해서는 성주현의 앞의 글 및 이 책에 수록되어 있는 「일제하 수원지역의 신간회운동」 참조.

운동과 사회운동에서 어떠한 역할을 수행하였는지를 확인할 수 있을 것이다. 다만 여기에서 필자는 수원지역의 3 · 1 운동과 천도교의 관계를 세밀히 천착하지는 않고 천도교가 3 · 1 운동에 어떠한 형태로 참여했는가를 개략적으로 살피는데 그치면서 후고를 기약하도록 하겠다.[4]

2. 동학의 전래와 성장

경기도지역에 동학이 전래된 시기는 명확하지 않다. 다만 1862년 9월 29일 교조 최제우가 관군에 체포되고 5일 만에 석방된 직후인 1862년 12월 김주서(金周瑞)가 대구, 청도, 경기도의 접주로 임명되는 것[5]으로 보아 이 무렵에 경기도지역에 동학이 전파되는 것으로 보인다. 특히 동학교단 내에서 접이란 30호 내지 70호 정도의 규모로 구성되며 전도자와 수도자의 인맥을 따라 초지역적으로 조직한 동학 초기 단위 조직이다.[6] 이 정도의 규모인 접이 설치는 되었지만 대구와 청도를 동시에 관할하는 것이었으므로 1862년 당시의 경기도의 동학의 교세는 그리 크지 않았던 것으로 보인다. 더욱이 교조인 수운(水雲) 최제우(崔濟愚)가 1864년 처형당한 이

---

4) 이는 수원지역의 3 · 1 운동이 규모나 성격이라는 측면에서 이를 하나의 논문으로 구성하는 것이 옳다는 생각을 하기 때문이다.

5) 「崔先生文集道源記書」, 『東學思想硏究資料集』 壹, 1979, 179~180쪽. 여기에서 김주서는 대구청도기내의 접주로 임명되고 있다. 이로 보아 아직까지 경기지역에 동학이 본격적으로 전파되었다고 보기는 어렵다. 다만 한 연구에서는 다른 자료(천도교사편찬위원회 편, 『天道敎百年略史』(상), 96쪽, 미래문화사, 1981. - 이하 『천도교백년략사』(상))를 인용하여 1862년에 李昌善이 경기접주로 임명되었다는 기록을 따르고 있으나 (최흥규, 앞의 글) 본고에서는 후대의 기록보다는 이전의 기록을 따르는 것이 옳다고 보고 이 기록을 따랐다.

6) 표영삼, 「東學思想과 接包組織」, 『東學革命 100週年紀念論文集』, 1994, 364쪽.

후에는 동학의 교세가 급속히 쇠락하였으므로 경기도지역의 동학의 교세도 이와 같았을 것으로 생각된다.

경기지역에서 동학이 다시 부흥하게 되는 시기는 1880년 이후이다. 이 시기는 동학을 둘러싼 내외의 정세가 급박하게 전개되던 시기였다. 먼저 외적인 요인으로서는 1880년 고종이 개화정책을 본격적으로 추진하면서 개화파인사들이 최초로 중앙정계에 진출하였고 1882년에는 미국과 수교를 함으로써 이후 서양 각국과 외교관계를 갖게 되었다. 이러한 시대적인 조건은 동학에 대한 조선정부의 탄압이 약화되는 계기가 되었다. 이와 같은 객관적인 정세는 동학이 산중에서 다시 세상으로 나올 수 있는 중요한 조건이 되었다. 그리고 내적으로는 동학의 경전이 이 시기에 완성되었다는 점이다. 1880년과 1881년에 걸쳐 『동경대전』과 『용담유사』가 편찬될 수 있던 기반이 조성되었고 1883년에 출판되었던 것이다. 이러한 내외의 정세 및 상황은 동학이 다시 포교될 수 있는 좋은 계기가 되었으며 경기도지방도 예외는 아니었다. 그리하여 수원을 중심으로 경기도지방에 대한 동학의 포교가 활발히 전개될 수 있었다.

이러한 가운데 수원출신의 불교 승려인 서인주(徐仁周, 璋玉)와 호남의 동학간부였던 안교선(安敎善)이 1883년 3월 최시형을 방문하였다.[7] 이들은 이후 동학교단과 긴밀한 관계를 가지면서 경기도지방에서 동학을 전파하였다. 특히 안교선은 1884년 안승관(安承寬), 김정현(金鼎鉉)을 포교하였고 이들은 이후 수원지역의 동학 포교에 선도적인 역할을 하였다.[8] 그리고 1890년에는 서병학(徐丙學), 장만수(張晩秀), 이규식(李圭植), 김영근(金永根), 나천강(羅天綱), 신규식(申奎植) 등이 육임(六任)이 되었고 안

---

7) 오지영, 『東學史』, 영창서관, 1940, 60쪽. : 천도교중앙종리원, 『天道敎創建史』 해월신사편, 1933, 31쪽. : 『天道敎百年略史』(상), 143~144쪽,

8) 「水原郡宗理院沿革」, 『天道敎會月報』 통권 191, 1927. 2, 29쪽.

승관은 기호대접주, 김정현은 기호대접사가 되어 임병승(林炳昇), 백난수(白蘭洙), 나천강(羅天綱), 신용구(申龍九), 나정완(羅正完), 이민도(李敏道) 등의 접주를 관장하였다. 이들의 활동에 의하여 수원지역의 동학교도는 수 만 명에 달하게 되었다.9) 이로 보아 1883년이래 수원지역의 동학교세는 비약적으로 성장하였음을 알 수 있다. 그리하여 수원지역에서 동학의 대접주, 대접사, 접주 등의 교단조직이 마련되었던 것이다.

이와 같은 교세를 바탕으로 수원지역의 동학교도들은 1892·3년의 교조신원운동에도 적극적으로 참여하였다. 1893년에 있었던 보은집회에는 신용구과 이민도의 주선으로 수원의 동학교도 수 천 명이 참여하기도 하였다.10) 정부측의 기록에도 수원군의 동학교도가 보은집회에 참여했다는 기록이 있으며11) 이 때 참여한 수원의 동학교도는 대략 840 여 명이었다고 한다.12) 천도교측의 기록과 정부측의 기록에 적지 않은 차이가 있지만 수원지역의 다수의 동학교도가 보은집회에 참여한 사실은 확실하다. 이는 앞에서도 언급했듯이 10년 남짓한 동안 수원지역의 동학교세가 비약적인 성장을 하였다는 사실을 다시 한 번 보여준다.

한편 수원지역의 동학은 1894년의 동학농민운동에도 참여하였다. 1894년 9월 18일 최시형이 봉기를 지시한 이후 수원은 김래현(金來鉉, 鼎鉉)을 중심으로 기포하였다.13) 그리고 이들은 5천 군을 거느리고 수원부를 점령하고 남군이 오기를 기다리고 있었던 바 관병과 일병을 만나 싸우다가 마침내 패하였다.14) 이 전투에서 안승관과 김정현은 체포되어 서울의 남벌

---

9) 위와 같음.

10) 앞과 같음.

11) 「聚語」, 『東學亂記錄』(上), 국사편찬위원회, 1971, 110쪽.

12) 최홍규, 앞의 글, 90쪽.

13) 村山智順, 『朝鮮の類似宗教』, 52쪽 참조.

14) 오지영, 『東學史』, 영창서관, 1940, 152쪽.

원(南筏院)에서 사형을 당하였고[15] 김원팔(金元八)은 수원에서 사형을 당하였다.[16] 특히 안성사람인 김한식(金漢式)은 동학농민운동 과정에서 이들이 처형당한 후 수원지역의 포교에 공헌하였다.[17] 또한 삼괴(三槐)지역의 주민들은 수원의 고석주(高錫柱) 접주가 거느리는 동학군에 가담하여 활약하다 일본군과 관군에 패하여 많은 피해를 입은 후 백낙렬(白樂烈)의 인솔하에 집으로 돌아와 관헌들의 눈을 피해 동학의 포교에만 노력을 경주하였다.[18]

3. 수원지역 천도교의 성장과 활동

1) 동학의 천도교로의 개편

동학은 교세의 신장을 바탕으로 1900년 손병희가 도통을 계승한 이후 동학운동의 노선을 전환하였다. 즉 지금까지의 반봉건·반외세의 운동노선을 개화운동의 노선으로 전환하였던 것이다. 손병희가 이와 같이 운동 노선을 전환하고자 한 것은 장래에 동학을 세계에 알리고자 하면 문명의 대세를 관찰하지 않으면 안된다고 생각했기 때문이었다.[19] 이 연장선상에서 손병희는 1901년 일본으로 망명하였고 1902년 24명, 1904년 40명을 일본에 유학시켰다. 그리고 손병희는 국정개혁에 대한 건의문을 정부에 보내었다.[20] 이와 같은 동학과 손병희의 노력에도 불구하고 정부의 국정개

---

15) 「甲午實記」, 『東學亂記錄』(상), 38쪽.

16) 각주 7)과 같음.

17) 각주 7)과 같음.

18) 김승학, 『韓國獨立史』, 독립문화사, 1966, 655쪽.

19) 조항래, 「東學의 甲辰開化革新運動」, 『東學革命100週年紀念論文集』, 1994, 256쪽.

20) 이돈화, 『天道敎創建史』 제3편, 34~42쪽.

혁이 미진하자 손병희(孫秉熙)는 민회(民會)[21]의 설립을 추진하였다. 그리하여 1904년 초에 이종훈, 홍병기는 엄주동, 이용구, 신광우, 김명배 등과 함께 대동회(大同會)의 설립을 추진하였으나 정부의 제지로 결실을 맺지 못하였다. 그러자 홍병기, 박인호는 손병희의 명령을 받고 엄주동, 나용환, 김명준, 전국환, 박형채, 국길현, 최영구, 이종훈 등과 함께 대동회의 명칭을 '중립회(中立會)'로 변경하였다. 이 역시 지방의 관헌과 일본 주둔군의 제지로 조직이 여의치 않자 회의 명칭을 다시 진보회(進步會)라 변경하였다. 이리하여 1904년 9월 권동진(權東鎭), 오세창(吳世昌), 조희연(趙義淵) 등과 상의한 후 이용구를 대리인으로 내세워 진보회를 조직하였다. 진보회의 강령은 1. 황실을 존중하고 독립기초를 공고히 할 것, 2. 정부를 개선할 것, 3. 군정재정을 정리할 것, 4. 인민의 생명재산을 보호할 것 등이었다.[22] 이에 따르면 진보회는 국정을 개혁하여 국가를 보존하고 민생을 안정시키는 것에 그 목적이 있음을 알 수 있다. 그리하여 진보회는 전국의 360여 군에 지회가 조직되었다.[23] 그러나 진보회는 조직된 지 4개월만인 1904년 12월 2일 송병준(宋秉畯)이 조직한 일진회와 통합하였다. 그

---

21) 필자는 1896년 독립협회운동 이후 1905년 을사보호조약까지의 시기에 각종의 결사를 조직하여 民의 의사를 국정에 반영해야 한다고 주장하고 활동한 단체들은 '民會'를 지향했다고 생각한다. 즉 갑신정변이나 갑오개혁에서 나타난 국체의 지향점이 이들 단체들에 영향을 끼치면서 '民會'라는 개념은 개혁적인 세력들에게는 합의된 것으로 보인다. 실제 대한매일신보 등 당시의 신문에는 일진회, 진보회 등을 '民會'로 서술하고 있다. 또 鄭喬는 『民會實記』(1898)를 저술하여 독립협회의 활동을 '民會' 차원에서 서술하고 있다.

22) 「天道敎書」, 『아세아연구』 통권11, 1904년 甲辰條. 그러나 이용구가 회장으로 있던 京城進步會의 강령은 1. 皇室의 安寧을 도모할 것, 2. 人民의 生命財産을 보호할 것, 3. 政府에 改革을 獻議할 것, 4. 財政軍政을 정리할 것, 5. 同盟國軍에 義捐金을 보낼 것, 6. 會員은 斷髮을 할 것 등(『駐韓日本公使館記錄』22, 202∼203쪽.)으로서 진보회의 기본 강령에 2개의 내용이 추가되어 있다.

23) 조항래, 앞의 글, 261쪽.

리고 1905년 일진회는 조직을 개편하여 통합 당시 이용구(李容九)가 담당했던 13도지부총회(道支部總會)를 폐지하면서 제도적으로 진보회의 독자성을 말살하였다. 이와 동시에 일진회는 이른바 '일진회선언서'를 발표하여 조선을 일본의 보호국으로 하자는 주장을 하였다. 이와 같이 일진회가 친일을 전면으로 내세우자 일진회에 가입했던 동학교도들 가운데에는 이에 반발하여 일진회를 탈퇴하는 사람들이 많았다. 이러한 움직임은 동학 내부에서 뿐만이 아니라 일반 대중 속에서도 일진회에 대한 반대운동으로 나타나기도 하였다. 그리고 손병희 역시 이용구를 질책하는 동시에 1905년 12월 1일 교명을 천도교로 변경하였다. 수원지역도 예외가 아니어서 1907년 8월 9일에는 수원진위대의 군인들인 지홍윤(池弘允), 유명규(劉明奎), 이동기(李東基) 등이 무기고를 습격하여 무기를 주민들에게 나누어주고 동문(창룡문) 밖에서 군수와 일진회 수령 정경수(鄭景洙)24)를 처단하였다.

이러한 상황 속에서 수원에서도 진보회의 조직을 위한 움직임이 있었다. 그러나 수원진보회의 조직 시기는 확실히 알 수는 없다. 다만 수원지역의 활동가들 가운데 진보회운동에 참여했던 이종석(李鍾奭), 김한식(金漢式), 한세교(韓世敎) 등의 이름을 통해 확인할 수 있을 뿐이다.25) 또한 수원에서도 일진회가 1904년 12월 4일에 조직되어 정경수가 회장에 선출되었다.26) 이때 일진회의 집회에는 단발한 자가 약 150여 명이 참여하였다.27) 수원일진회의 조직과 이후 수원지역의 천도교의 성장에 역할을 한

---

24) 정경수는 안성출신으로서 동학농민운동 당시 대도주인 최시형이 행한 致誠式에 참여하였으며, 제2차 동학농민군이 기포할 때 안성의 접주로 참여하여 농민군의 선봉에 섰다.(최홍규, 앞의 글) 이후 일진회에 참여하여 수원일진회 회장, 總代를 역임하였다.(이인섭, 『元韓國一進會歷史』, 참조)

25) 이돈화, 『天道敎創建史』, 1933, 47쪽.

26) 이인섭, 『元韓國一進會歷史』卷之一, 58쪽.

27) 대한매일신보, 1904. 12. 12.

사람은 이종석과 임기진(林淇鎭)이라 생각된다.[28] 이들은 1905년 일진회의 사무실을 수원 신풍리에 설치하고 열렬히 활동하였다. 이리하여 당시 수원일진회는 회원이 급속히 증가하였다.[29] 특히 임기진은 전답 100여 두락을 희사하여 수원지역의 동학교단의 채무를 상환하였다.[30] 또한 이종석은 1861년 충북 진천군 방동면에서 출생하여 1891년 7월 14일 손병희에게 전도된 이후 불과 수 년에 기천호를 포교하여 최시형으로부터 대접주에 임명되었다. 그리고 1894년 동학농민운동에도 중군장으로 참여하였으며 손병희와 밀접한 관계 하에서 신앙활동을 전개하였다. 이렇게 충북을 근거지로 활동하던 그가 수원지역에 연고를 옮긴 것은 일진회운동이 전개되던 1905년을 전후한 시기부터였다.[31] 이후 그는 일진회 수원지회장을 역임하였고 천도교 수원교구의 초대교구장이 되었다. 즉 수원으로 근거지를 옮긴 이후 이종석은 수원교구의 지도자가 되어 나천강, 정도영과 함께 수원지역의 천도교를 이끌어갔다.[32] 한편 위에서 언급했듯이 수원일진회가 조직된 시기는 일진회와 진보회의 통합 이후의 일이므로 수원일진회의 조직은 곧 수원진보회의 일진회 지회로의 전환이었을 가능성이 높다고 하겠다.

2) 수원지역 천도교의 조직 정비와 교세 확장

1905년 12월 1일 천도교로 교명을 변경한 후 1906년 2월 손병희는 교단

---

28) 「水原郡宗理院沿革」, 『天道敎會月報』 통권 191, 29쪽.

29) 이병헌, 「수원교회낙성식」, 『天道敎會月報』 통권 292, 36쪽.

30) 「水原郡宗理院沿革」, 『天道敎會月報』 통권 191, 29쪽.

31) 이병헌, 「宗法師潼庵李鍾奭氏還元」, 『天道敎會月報』 통권 196, 27~28쪽.

32) 이종린, 「水原敎區室序」, 『天道敎會月報』 통권 60, 27쪽.

조직을 정비하였는데 이 때 이종석이 교령에 임명되었고[33] 5월에는 교구
장이 되었으며[34] 1906년 12월 6일 수원대교구장으로 이종석, 정도영(鄭道
永)이 대리에 임명되었다. 또한 1907년 전국의 지방교구를 72교구로 정비
하였을 때 이종석은 59교구장으로 임명되었다.[35] 그리고 종리사와 이문
원, 서무원, 경리원, 포교를 담당한 공선원, 교인으로서의 풍기를 담당한
전제원, 교리강좌를 담당한 강도원, 금융원, 전교실의 책임자인 전교사와
순회교사 등도 임명되었다. 수원교구와 남양교구의 주요 인물들은 다음과
같다.

水原教區[36]
教區長 : 李鍾奭(1906), 具洛書(1907), 鄭道永(1908~09), 李鳳九(1910),
　　　　孔炳台(1911), 李敏道(1912), 羅天綱(1913), 李鍾奭(1914), 鄭道
　　　　永(1915), 李鳳九(1916), 金仁泰(1917~19), 李星九(1920~21)
宗理師 : 李星九(1922), 羅天綱(1923), 金有卿(1924), 羅天綱(1925)
理文員 : 具洛書(1906), 鄭道永(1907), 鄭麒永(1908), 朴在舜(1909)
共宣員 : 孔炳台(1910), 崔赫來(1911), 陳始泳(1912~14), 羅天綱(1915),
　　　　李炳憲(1916), 李榮緖(1917), 安政玉(1918~19), 兪熙濬(1920),
　　　　李演鷽(1921)
庶務員 : 李演鷽(1922), 張煉秀(1923), 李演鷽(1924), 李鍾煥(1925)
金融員 : 李會信(1908~09), 高柱元(1910), 羅天綱(1911~12), 崔亨善
　　　　(1913), 羅天綱(1914), 金仁泰(1915~16), 金學習(1917), 李炳憲
　　　　(1918~19), 張基煥(1920), 金有卿(1921)
經理員 : 金相根(1922), 張基煥(1923), 張煉秀(1924), 李正兩(1925)

---

33) 이돈화, 앞의 책, 54쪽. 그런데 한 기록에는 수원교구가 1904년에 설립되었다는
　　주장이 있다.(이종린, 「水原教區室序」, 『天道教會月報』 통권 60, 27쪽.)
34) 「水原郡宗理院沿革」, 『天道教會月報』 통권 191, 29쪽.
35) 천도교중앙총부, 『天道教宗令集』, 1983, 22~23쪽.
36) 「水原郡宗理院沿革」, 『天道教會月報』 통권 191, 31~32쪽.

典制員：李會信(1910~15), 崔永善(1916), 李炳憲(1917~18), 金正淡
(1919), 李鍾煥(1920~21)
講道員：崔赫來(1911~14), 羅天綱(1915~16), 崔永善(1917), 李星九
(1918), 羅天綱(1919), 陳鍾九(1920~21)
巡廻教師：李會信(1906), 李鍾喆(1906~07), 李德有(1908), 張泳萬
(1909), 金興烈(1910~12), 尹泰益(1913~14), 洪鍾珏(1915), 李
鍾煥(1915), 安鍾麟(1916), 朴榮來(1916~18), 金有卿(1919), 李
演鵬(1920), 張煉秀(1920), 金顯周(1921)
傳教師：朴榮來, 曺連承, 金學習, 崔德煥, 金明基(靑北面), 張泳萬, 李圭
相, 孫俊應, 張基煥, 徐廷佑, 張泳寬, 崔基連(楊甘面), 洪在範,
李秉仁, 洪鍾珏, 崔永善, 洪鍾國, 李演鵬, 俞鎭哲(城湖面 細橋
里), 宋鍾洙, 嚴雲輔, 車載崙, 林永植, 李正雨, 宋鍾冕, 李南熙
(城湖面烏山里), 朴元秉, 元世鳳, 陳鍾萬, 金永學, 金演健, 金有
卿(高德面), 張基男, 朴斗秉, 金在天, 林容鎭, 崔敬烈, 邢源興,
姜聖會, 金顯根, 姜仁會, 崔義烈(東灘面), 李敏道, 孫壽漢, 吳起
泳, 李儒像, 朴利嬅, 張容俊, 崔貞來, 林景漢, 崔利來, 金化景,
李炳憲, 崔鍾煥(玄德面), 金興烈, 安鍾麟, 金學敎, 洪淳鎭, 林永
煥, 安鍾煥, 趙同學(鄕南面), 金勳, 韓池嬅, 崔在順, 金學仁, 金
相根, 李容善(水原面), 李鍾泰, 安在奎(梅松面), 李敎植, 李敎達,
崔光斗, 陳德煥(峰潭面), 尹泰翼, 廉錫敏(日刑面), 俞道濬, 俞相
濬, 俞鎭文(龍仁郡 水枝面), 宋益憲, 宋在恩, 宋昌憲(龍仁郡 浦
谷面), 朴永圭, 李德有(龍仁郡 邑三面)

남양교구[37)

教區長：禹英圭(1910), 金仁泰(1911), 趙東述(1912), 白樂溫(1913), 金大
植(1914), 韓世敎(1915~17), 羅天綱(1918)
共宣員：趙東述(1911), 金在仁(1912), 崔敏淳(1913), 禹鍾烈(1914), 趙東
述(1918)
典制員：白樂烈(1912), 李鍾根(1918)

---

37)『天道敎宗令集』, 181쪽 ;『天道敎會月報』 통권 48호, 36쪽.

講道員：李弼右(1913)

金融員：白樂烈(1911～12), 朴容殷(1913), 李寶成(1914), 趙東述(1914),
　　　　禹英圭(1915), 李寶成(1918), 金大植(1918)

傳教師：白南杓(1915), 韓興教(1916), 尹駿欽(1916), 朴時正(1917), 申泰
　　　　熙(1917), 金顯祚(1918), 裵應相(1918)

이외에도 수촌리의 백낙렬은 삼괴지역[38]의 포교 책임자였으며[39] 김성렬(金聖烈)은 팔탄면 고주리에서 포교하였고[40], 이병기(李秉虁)는 팔탄면 노하리에서 천도교를 포교하였다.[41] 또한 이정서(李正緒), 김명식(金明植)이 공선원, 이정서(李正緒)가 전제원, 고계원(高桂元), 최순희(崔淳喜), 이보성(李寶成)이 금융원, 김춘경(金春京)이 전교사로 활동하였다.[42] 이렇게 보면 천도교는 청북면, 양감면, 성호면, 고덕면, 동탄면, 현덕면, 향남면, 수원면, 매송면, 봉담면, 일형면, 우정면, 장안면 등 수원군 전역에 걸쳐 포교조직을 갖추고 있었다. 그리고 성호면의 세교리와 오산리 이외에도 남양교구의 장안면 기린동[43], 우정면 화산리[44], 내장면 거묵동[45]에도 전교실이 설치되었다. 이로 보아 수원지역의 천도교에서는 전교실은 리 단위로 설치되어 운영되었음을 알 수 있다.

또한 1908년에는 교인 및 일반인을 대상으로 한 교리전문강습소를 설치하였고 1909년에는 이봉구(李鳳九), 공병태(孔炳台)를 선발하여 중앙총

---

38) 삼괴지역은 우정면과 장안면을 통칭하는 말이다.
39) 김선진, 『일제 만행을 고발한다』, 미래문화사, 1983, 23쪽.
40) 김승학, 앞의 책, 576쪽.
41) 김승학, 앞의 책, 709쪽.
42) 『天道教宗令集』, 181쪽 ; 『天道教會月報』 통권 48호, 36쪽.
43) 『天道教會月報』 통권 52호, 22～23쪽.
44) 『天道教會月報』 통권 59호, 27쪽.
45) 『天道教會月報』 통권 43호, 22쪽.

부사범강습소(中央摠部師範講習所)에 입학[46]시켜 교리강습을 준비하였다. 또한 1911년에는 성호면에 종학강습소를 설치하였다.[47] 강습소에서는 근대화된 천도교의 교리와 일반상식, 기초지식을 교육하였다. 수원지역에는 수원군 제309강습소(율북면 불정리), 제310강습소(공향면 제암동), 제544강습소, 제634강습소, 제733강습소(음덕면 북동), 446강습소(鴨汀面 沙基村), 734강습소(장안면 장안리) 등 7개의 강습소가 운영되었던 사실을 확인할 수 있다. 여기에서 강습을 받은 인물들은 다음과 같다.

> 제310강습소 : 安興淳, 林晶植, 金永先, 金容天, 安相奎, 安鍾煥[48]
> 제446강습소 : 金仁泰, 趙東述, 禹性煥, 金益培, 韓崙錫, 裵炳吉, 李康鎰, 白南台, 禹鍾烈, 金學培(1911. 8. 졸업생),[49] 朴東鉉, 韓英錫, 金順模, 崔泰然, 崔秉權, 崔秉圭, 朴鳳鎬, 李大衡(1912. 3. 졸업생)[50]
> 제544강습소 : 崔敏學, 朴在舜, 尹泰翼, 金明植, 鄭麒永, 申達秀, 千潤根, 林永煥, 朴永昊, 李星九, 高柱元, 金有卿, 徐相德, 尹俊求, 朴春植, 朴健鍾, 吳詳根, 權奇昌, 具靈書, 李鍾煥, 張載健, 李正緒, 朴夏遠, 李炳憲, 尹泰五, 陳德羲, 奇鳳奎, 崔赫來, 玄雲煥, 李京淳, 朴奎秉, 朴秉秀, 陳秉軾, 吳台泳, 陳始泳, 權伯玉, 李弼佑, 崔永喜, 林衡來, 金英圭, 李元常, 安熙淳, 崔泰均, 沈英鎭, 朴在瓛, 吳眞泳(1911. 6. 졸업생)[51]
> 제634강습소 : 李演鸝, 洪鍾國, 金仁煥, 朴奎秉, 金容默, 林德來, 朴昌鎬, 林峰來, 金寅植, 李弼世(이상 진급인),[52] 李演鸝, 洪鍾國,

---

46) 「水原郡宗理院沿革」, 『天道教會月報』 통권 191, 29쪽.
47) 「水原郡宗理院沿革」, 『天道教會月報』 통권 191, 29쪽.
48) 『天道教會月報』 통권 20호, 48쪽.
49) 『天道教會月報』 통권 14호, 59쪽.
50) 『天道教會月報』 통권 21호, 49쪽.
51) 『天道教會月報』 통권 12호, 65쪽.

邢觀植, 朴元秉, 安熙淳, 林峰來, 金永會, 金容默, 金寅植, 李弼
世, 崔淳和, 鄭承煥, 徐容錫, 李鍾烈, 高星熙, 李周憲, 李丙瓚[53]
제733강습소 : 朴時順, 朴泰錫(이상 수업생), 朴淳榮, 金癸昌, 朴世榮,
黃聖昌, 洪承動(이상 진급생, 우등), 黃成男, 黃順福, 洪範順,
金兩薰, 白雲鶴, 金點山, 金貴福, 李鳳允, 洪性根, 金奇男(이상
진급생)[54]
제734강습소 : 金榮夏, 朴昌浩, 金億胤, 鄭東珍, 金溶伯, 金榮周, 鄭厚
山, 白昌洙, 林承鳳, 金형植, 禹淵玉(이상 진급생)[55]

다른 한편 교구사무실도 1904년에 수원 팔달문(八達門) 밖의 구천동에
마련하였다가 화서문(華西門) 밖의 율전동[56]을 거쳐 이회신(李會信), 이덕
유(李德有), 고주원(高柱元), 진종구(陳鍾九), 송익헌(宋益憲), 유상준(兪相
濬), 유도준(兪道濬) 등의 후원으로 화성(華城) 밖의 영화리에 마련하였고,
1910년에는 이봉구(李鳳九), 정도영(鄭道永), 고계원(高柱元), 이회신(李會
信), 이덕유(李德有), 이종철(李鍾喆), 진시영(陳始泳), 진종구(陳鍾九) 등의
후원으로 교구사무실을 장안동의 수십 여간의 초가로 옮겼다가[57] 1913년
에는 이종석, 정도영, 나천강, 김학습(金學習), 김정담(金正淡), 이규식(李
圭植) 등의 후원으로 북수리의 와가로 옮기게 되었다.[58] 그런데 북수리의
와가는 이른바 팔부자집이라고 한다. 이 집을 교구사무실로 매입하고자
한 것은 1907년 교조 손병희가 수원에 와서 강연을 할 때 앞으로 팔부자

52)『天道敎會月報』통권 29호, 49쪽.
53)『天道敎會月報』통권 37호, 45쪽.
54)『天道敎會月報』통권 83호, 43쪽.
55)『天道敎會月報』통권 68호, 37∼38쪽.
56) 이종린,「水原敎區室序」,『天道敎會月報』통권 60, 28쪽.
57)「水原郡宗理院沿革」,『天道敎會月報』통권 191, 29쪽.
58)「水原郡宗理院沿革」,『天道敎會月報』통권 191, 30쪽.

집을 교구실로 쓰도록 노력하라는 주문이 있었기 때문이라 한다.[59] 이는 곧 포교를 열심히 하여 보다 큰 장소를 교구사무실로 사용하라는 의미였다. 그리하여 1913년의 교구사무실의 이전은 수원교구가 수원대교구로 승격되는 것과 밀접한 관련이 있을 것으로 생각된다. 1914년 7월 현재 수원대교구에 속한 교구는 수원군교구, 진위군교구, 시흥군교구, 부천군교구, 인천부교구, 강화군교구, 용인군교구, 안성군교구, 광주군교구, 수원군 남양교구 등이었다.[60] 수원대교구는 이와 같이 매우 넓은 지역을 관할하게 되었기 때문에 공간이 보다 넓은 교구사무실이 필요했을 것이기 때문이다. 그러나 대교구의 건축비가 부족하여 수원지역의 천도교인 뿐만 아니라 용인, 안성, 시흥, 인천, 강화, 부평, 남양, 진위, 가평 등 각군에서 들어오는 의연금과 나천강, 최형선(崔亨善), 이병헌(李炳憲), 최영선(崔永善), 김인태(金仁泰) 등의 출연으로 건축할 수 있었다.[61]

이상에서 보았듯이 수원지역의 천도교는 교단 조직의 정비 및 교리강습소를 통해 교도들을 교육하고 일반 대중을 포교하였다. 그리고 이러한 수원지역의 천도교세의 확장에는 이종석, 나천강, 정도영, 이민도, 이병헌 등이 기여하였다.

한편 3·1운동 이후 천도교총부에서는 1919년 9월 천도교청년교리강연부를 설립하고 1920년 4월에는 천도교청년회를 조직하였다. 그리고 1923년에는 천도교청년회를 천도교청년당으로 변경하였다. 수원에서는 1920년 이병헌, 홍종각(洪鍾珏), 이연숙, 김유경의 발기로 천도교청년회 수원지회가 이병헌을 회장으로 하여 설립되었다.[62] 또한 같은 해 11월에

---

59) 민영순, 「水原行」, 『天道教會月報』 통권118호, 80쪽.

60) 『天道教宗令集』, 181쪽 ; 『天道教會月報』 통권 48호, 36쪽.

61) 「水原郡宗理院沿革」, 『天道教會月報』 통권 191, 30쪽.

62) 「水原郡宗理院沿革」, 『天道教會月報』 통권 191, 30쪽.

는 천도교청년회와 유희준(兪熙濬)의 노력에 의해 천도교교리강습회(天道
敎敎理講習會)를 설치하였다.[63]

4. 수원지역의 3·1 운동과 천도교

수원지역의 3·1 운동은 운동의 규모나 지속성이라는 측면에서 대표적
인 것이라 할 수 있다.[64] 특히 수원지역 3·1 운동의 특성은 초기에는 천
도교와 기독교가 중심이 되어 운동을 전개하였으나 시간이 지나면서 천
도교가 운동의 중심으로 자리잡았다. 즉 초기에는 감리교신자인 김세환
(金世煥)이 경기남부와 충청 일부를 책임지며 운동을 독려하였다. 동시에
천도교신자인 이병헌이 3월 1일 서울에서 내려와 북수동 천도교당에서
운동을 논의하였다. 이 회의에는 김정담(金正淡), 김정모(金正模), 안종환
(安鍾煥), 홍종각(洪鍾표), 안종린(安鍾麟), 김상근(金相根) 등이 참여하였
다.[65] 이 날 회의 이후 수원지역의 천도교는 3·1 운동에 적극적으로 참

---

63) 「水原郡宗理院沿革」, 『天道敎會月報』 통권 191, 30쪽.
64) 수원지역의 3·1 운동에 대한 연구는 단일지역으로는 상당히 축적된 편이다.
   수원지역의 3·1 운동에 대한 대표적인 논고는 다음과 같은 것들이 있다. 조병
   창, 「수원지방을 중심으로 한 3·1 운동 소고」, 단국대 석사학위논문, 1971. ;
   노천호, 「수원지방 3·1 운동연구」, 단국대 교육대학원 석사학위논문, 1978. ;
   이정은, 『화성군 우정면·장안면 3·1 운동』, 『한국독립운동사연구』9, 1995. ;
   최홍규, 「수원지방 3·1 운동의 역사적 배경」, 『3.1독립운동과 민족정기』, 199
   6. ; 조규태, 「천도교의 민족문화운동」, 『일제하 경기도지역 종교계의 민족문화
   운동』, 2001. 이외에도 기독교적인 시각에서 서술된 홍석창, 『수원지방 3·1 운
   동사』, 왕도출판사, 1981. ; 『수원지방교회사자료집』, 감리교본부교육국, 198
   7. ; 『감리교회와 독립운동』, 에이맨, 1998.이 있고 천도교측의 시각에서 서술된
   것으로는 김선진, 『일제의 학살만행을 고발한다』, 미래문화사, 1983. ; 성주현,
   「제암리의 3·1 운동」, 『신인간』 통권480호, 1990. 등이 있다.

여하였다. 즉 이 회의에 참여하였던 안종환은 서울에서 3월 1일의 시위운동에 참여하고 돌아온 장안면 수촌리의 백낙렬, 팔탄면 고주리의 김성렬 등의 천도교인과 감리교인인 향남면 제암리의 안종후와 비밀리에 독립운동을 계획하였다. 그리하여 1894년의 동학농민운동에 참여하였던 천도교 남양교구 순회교사인 백낙렬은 거묵골의 이종근, 우영규, 우종렬, 기림골의 김현조, 김익배, 장안리의 조교순, 김인태, 덕다리의 김창식, 우정면 사기말의 김영보, 고온리의 백낙온, 덕목리의 한세교, 안곡동의 박용석, 박운석, 우정면 주곡리의 차희식, 팔탄면 고주리의 김흥렬 등과 거사를 협의하였다. 또 김흥렬은 제암리의 안정옥과 안종환, 안종후, 팔탄면 가재리의 한학자인 이정근과 연락을 취하였다.[66] 그리고 이들에 의하여 우정면, 장안면, 팔탄면, 향남면의 시위운동이 주도되었다.

한편 수원지역에서 3·1운동의 특징 중 하나는 조직적인 주민동원을 통해 이들 지역의 일제의 관공서를 파괴 방화하고 일인 순사를 처단한 매우 조직적이고 공세적인 시위였다는 점이다.[67] 이와 같이 조직적인 운동이 될 수 있었던 이유는 이 지역이 비교적 이른 시기에 천도교, 기독교의 종교조직이 활발히 활동하고 있었기 때문이라 하겠다. 즉 앞에서 이미 살펴보았듯이 천도교는 각 리별로 전교실을 설치하여 포교활동을 하였으며, 기독교 역시 감리교를 중심으로 이 지역에 포교활동을 전개하고 있었다. 또한 구한말의 한학자인 이정근은 을사보호조약 이후 궁내부 주사직을 버리고 낙향하여 팔탄면, 향남면, 우정면, 장안면, 정남면, 봉담면, 남양면의 7개면에 서당을 세우고 후진을 양성[68]하였던 인물이다. 따라서 그의

---

65) 이병헌, 『3·1運動秘史』, 時事時報社出版局, 1959, 868쪽.

66) 이정은, 「화성군 장안면·우정면 3·1운동」, 『한국독립운동사연구』 9, 1995, 73쪽.

67) 이정은, 앞의 글, 앞의 책, 75쪽.

68) 조병창, 「수원지방을 중심으로 한 3·1운동 소고」, 단국대 석사학위논문,

서당은 3·1운동의 전파하는데 주요한 거점이 되었다고 할 수 있다. 이와 같은 천도교, 기독교와 이정근을 중심으로 한 유림세력의 조직은 수원지역 3·1운동을 전개하는데 매우 유리한 조건으로 작용하였다. 그가운데서도 교세와 종교조직의 분포가 가장 컸던 천도교가 군중을 동원하는데 지도적인 역할을 하였다. 예를 들면 삼괴지역의 경우 시위가 있기 며칠 전인 3월 27일 10명이 참석한 구장회의가 개최되었는데 이 중 수촌리의 백낙렬과 덕다리의 김대식이 천도교인이었다. 백낙렬은 위에서 보았듯이 동학농민운동에 참여하였고 삼괴지역의 3·1운동 주모자의 한 사람이었으며 이 시기에는 천도교 전제원과 금융원, 김대식은 천도교 남양교구장을 역임한 인물이었다. 이와 같이 천도교의 지도부가 장안면과 우정면의 3·1운동 과정에서 직접 군중동원에 나섰던 것이다. 또 3월 30일 삼괴지역의 우정면 석천리의 김재식, 매향리의 백남표, 화산리의 기봉규, 장안면 장안리의 최성학, 우정면 조암리의 김문명, 장안면 독정리의 우영규, 수촌리의 백남렬, 홍순근 등이 차한걸, 이순모와 함께 모여 운동을 논의하였는데[69], 백남표, 기봉규, 우영규가 천도교신자였다. 이와 같이 보면 천도교인들은 이 지역 3·1운동의 전개과정에서 핵심적인 역할을 하였던 것으로 생각된다.

5. 1920년대 수원지역 천도교의 민족운동

한편 3·1운동 이후 천도교총부에서는 1919년 9월 2일 "교리의 연구 및 선전, 조선의 문화 향상발전"을 목적으로 천도교청년교리강연부를 설

1971, 38쪽.

69) 『韓民族獨立運動史資料集』 19, 244쪽.

립70)하고 각지에 지부를 설치하였다. 그리고 천도교청년교리강연부는 1920년 4월에는 천도교청년회로 명칭을 변경하였다.71) 그리고 1923년에는 천도교청년회를 천도교청년당으로 변경하였다.

이와 같이 신문화운동을 전개하기 위하여 수원에서도 1920년 이병헌, 홍종각, 이연숙, 김유경의 발기로 천도교청년회 수원지회가 이병헌을 회장으로 하여 설립되었다.72) 1921년 2월에는 이병헌이 사임하고 홍종각이 회장에 선임되었다.73) 또한 같은 해 11월에는 천도교청년회와 유희준의 노력에 의해 천도교교리강습회를 설치하였다.74) 천도교청년회 수원지회는 1920년 1월 4일 강습회를 개최하였고, 2월 7일 본부 지방 각처에서 순회강연, 4월 15일에는 수원대교구 내에서 특별대강연, 8월 5일에는 본부 각처에 순회강연을 행하였다.75) 이에 앞서 1920년 5월 17일 수원대교구 성화실에서 특별대강연회를 개최하였다. 여기에는 박용회(朴庸淮), 이돈화(李敦化), 박사직(朴思稷)이 연사로 참여하였다.76) 또 천도교청년회 동경지회의 순회강연단이 1921년 7월 2일 수원에서 강연하였다. 이 강연회에서는 정일섭(「우리의 생활에 대하여」), 김의진(「누구의 죄」), 박달성(「아본주의와 종교의 석금」)이 강연하였다.77) 그리고 1921년 3월 31일 교리강습소의 수료자 25명에게 수료증을 주었다.78)

또한 혼춘사건을 계기로 동아일보에서 조직하였던 해외동포위문회의

---

70) 조기간, 『天道敎靑年黨一覽』, 天道敎靑年黨本部, 1928. 1쪽.
71) 「天道敎靑年敎理講演部의 名義改正」, 『天道敎會月報』 통권 117호, 114쪽.
72) 「水原郡宗理院沿革」, 『天道敎會月報』 통권 191, 30쪽.
73) 『天道敎靑年會會報』 3, 1921. 12, 13쪽.
74) 「水原郡宗理院沿革」, 『天道敎會月報』 통권 191, 30쪽.
75) 『天道敎靑年會會報』 3, 1921. 12, 16쪽.
76) 「天道敎靑年會特別大講演」, 『天道敎會月報』 통권118호, 102쪽.
77) 조규태, 『1920年代 天道敎의 文化運動硏究』, 서강대 박사학위논문, 1998, 119쪽.
78) 『天道敎靑年會會報』 3, 1921. 12, 16쪽.

강연이 1922년 7월 12일 수원 화홍문에서 개최되었다. 이 강연회 이후 수원에서는 해외동포위문회에 대한 후원회를 조직하였다. 여기에는 천도교청년회 수원지회, 청년구락부, 엡윗청년회, 여보호회, 학생친목회, 진명구락부 등 다양한 세력이 참여하였다.79)

한편 1925년 천도교는 신파와 구파로 분열하였다. 청년회도 예외는 아니어서 신파계열은 천도교청년당, 구파계열은 천도교 청년동맹으로 분열하였다. 수원에서는 홍종각이 중심이 되어 1928년 8월 1일 수원군종리원에서 천도교청년동맹 수원동맹을 조직하고80) 대표위원에 이연숙(李演鷫), 상무위원에 김찬기(金纘基), 집행위원에 김상근(金相根), 이병찬(李丙瓚), 이종환(李鍾煥), 박규희(朴奎熙), 임덕래(林德來), 임형래(林衡來), 검찰위원에 홍종각(洪鍾珏), 고문에 나천강(羅天綱)을 선임하였다.81) 그리고 남양동맹도 1929년경에 설립되었다.82) 남양동맹은 1930년 2월 28일 정기대회를 개최하고 지영태(池泳泰)를 대표위원, 박상훈(朴商勳), 윤영흠(尹英欽), 정태봉(丁泰奉)을 상무위원, 박상기(朴商基), 배재무(裵在務), 송영수(宋榮秀), 김영배(金英培), 최병기(崔秉冀), 김익배(金益培)를 집행위원에 선출하였다.83) 그런데 수원동맹의 집행위원인 김상근, 박규희는 각기 1929년에 조직된 수원청년동맹84)과 수진농민조합85)의 중견활동가이었다. 즉 김상근은 수원청년동맹 수원지부의 지부장이었으며 박규희는 수진농

---

79) 동아일보, 1922. 7. 14.
80) 『天道敎會月報』 통권 212호, 42~43쪽.
81) 위와 같음.
82) 성주현, 「1920년대 경기지역의 천도교와 청년동맹 활동」, 『京畿史論』 4, 130쪽.
83) 『天道敎會月報』 통권 231호, 1930. 3, 38쪽.
84) 이에 대해서는 이 책에 수록된 「1920年代 水原地域의 靑年運動과 水原靑年同盟」을 참조 바람.
85) 이 책에 수록된 「日帝下 水原地域의 農民組合運動」을 참조바람.

민조합사건에 연루되어 옥고를 치루었던 인물이었다. 그리고 홍종각은 신간회 수원지회의 핵심적인 인물이었다. 이렇게 보면 천도교청년동맹 수원동맹이 이들을 사회단체에 파견하여 사회운동과 일정한 연계를 맺으려 했던 것으로 생각된다.

한편 천도교청년동맹 수원동맹은 1928년 9월 1일 임시대회를 개최하여 박만근(朴萬根), 나창세(羅昌世), 곽금석(郭錦錫), 이용헌(李庸憲)을 집행위원으로 증선하였고, 회원관리를 효율적으로 하기 위하여 5개의 반(班)을 조직하고 임덕래, 곽금석, 이병찬, 유진철, 박만근을 반대표로 선임하였다.[86] 다른 한편 천도교청년동맹 수원동맹과 남양동맹은 1930년 8월 12일 홍종각을 대표위원으로 하여 통합하고 임덕래(상무), 박상훈(상무), 지영태, 정태봉, 임형래, 박상기(朴商基), 장재건(張載健)을 집행위원으로 선출하였다.[87] 이와 같이 조직을 정비한 천도교청년동맹 수원동맹은 관내 지역에 대한 순회강연[88], 기념강좌[89]를 통하여 교인 및 일반 대중을 상대로 계몽활동을 전개하였다.

이상에서 본 바와 같이 천도교의 청년운동단체는 주로 강연회를 통한 계몽활동을 중심으로 운동을 전개하였다. 그리고 동시에 이 활동은 천도교의 조직을 확대하는 과정이기도 하였다. 따라서 수원지역의 천도교세는 3·1운동 이후 쇠퇴하다가 청년운동단체의 활동에 의하여 부흥하고 있는 것이다.[90]

그런데 이와 같은 천도교세의 확대는 수원지역의 민족운동에서 중요한 의미가 있다. 즉 천도교의 종교조직을 바탕으로 수원지역의 신간회운동이

---

86) 『天道敎會月報』 통권 213호, 29쪽.
87) 『天道敎會月報』 통권 237호, 35쪽.
88) 『天道敎會月報』 통권 218호, 32쪽.
89) 『天道敎會月報』 통권 234호, 40쪽.
90) 이에 대해서는 성주현, 앞의 글. 참조 바람.

이루어지고 있는 것으로 보이기 때문이다. 즉 1927년 10월 17일 조직된 신간회 수원지회는 크게 보아서 사회주의, 천도교, 기독교(감리교)의 세력을 중심으로 전개되었는데 신간회의 조직을 담당하던 세력이 천도교세력이기 때문이다. 이를 다음의 <표 1>을 통하여 살펴보도록 하자.

〈표 1〉 신간회 수원지회 간부 일람

시 기	부 서, 간 부	출 처
설립대회 1927. 10. 17.	회장 김노적 서무부 총무간사 김병호, 상무 박영식, 재무부 총무간사 이각래, 상무 최신복, 조사연구부 총무간사 공석정, 상무 우성규, 조직선전부 총무간사 홍종각, 상무 박봉득, 간사 이연숙, 김현철(조)	조선, 1927. 10. 20. 동아, 1927, 10. 20.
1회정기대회 1927. 12. 18.	지회장 유보, 총무 김병호, 서무부 총무 김병호, 상무 이봉득(박봉득), 재부부 총무 이각래, 상무 박영식, 조사연구부 총무 공석정, 상무 최신복, 조직선전부 총무 홍종각, 상무 우성규, 간사 이연숙, 윤준흠	조선, 1927. 12. 21
임시대회 1928. 8. 19	지회장 김세환, 상무간사 공석정 이하 간사 확인 불명	동아, 1928. 8. 22
3회정기대회 1928. 12. 16.	지회장 김세환, 부회장 염석주, 서무부 총무간사 공석정, 간사 김봉희, 김상근, 재무부 총무간사 이건상, 간사 엄익홍, 김용준, 조직선전부 총무간사 홍종각, 간사 박승극, 이연숙, 조사연구부 총무간사 김병호, 간사 표덕중, 김현조, 기타 김도생, 곽병준	조선, 1928. 12. 23 1928. 12. 25.
2회임시대회 1929. 4. 7.	지회장 이각래, 부지회장 염석주 서무재정부 박승극, 이건상, 정치문화부 공석정, 김봉희, 조직선전부 엄익홍, 이연숙, 조사연구부 김병호, 김재덕	조선, 1929. 4. 10
임시대회 1930. 4. 25	집행위원장 박선태, 위원 김병호, 홍종각, 김기환, 민홍식, 장주문, 이수경, 우성규, 박상훈, 황응선, 이연숙, 변기재, 박봉득, 박해병, 박승극, 공석정, 이원식, 후보 조명재, 김재덕, 이용성, 검사위원 김세환, 나천강, 이창용, 박근실, 이각래, 대의원 공석정, 박승극, 후보, 민홍식, 서기장 민홍식, 재정부장 김병호, 조직부장 홍종각, 검사부장 우성규, 선전부장 공석정, 교육부장 박봉득, 연락부장 박승극, 검사위원장 이각래(상무집행위원은 전기 부장으로 함)	중외, 1930. 4. 27
집행위원회 1930. 8. 31	집행위원장 결원, 서기장 변기재, 회계 김병호, 조직부장 홍종각, 교육부장 박봉득, 조사부장 우성규, 연락부장 박승극, 전국대회 대표회원 박승극, 김병호, 후보 변기재, 경기도연합회대표 박승극, 김병호, 변기재	중외, 1930. 9. 5 (동아와 조선에는 변기재가 집행위원장으로 선출되었다고 보도)

시 기	부 서, 간 부	출 처
설립대회 1927. 10. 17.	회장 김노적 서무부 총무간사 김병호, 상무 박영식, 재무부 총무간사 이각래, 상무 최신복, 조사연구부 총무간사 공석정, 상무 우성규, 조직선전부 총무간사 홍종각, 상무 박봉득, 간사 이연숙, 김현설(조)	조선, 1927. 10. 20. 동아, 1927. 10. 20.
1회정기대회 1927. 12. 18.	지회장 유보, 총무 김병호, 서무부 총무 김병호, 상무 이봉득(박봉득), 재무부 총무 이각래, 상무 박영식, 조사연구부 총무 공석정, 상무 최신복, 조직선전부 총무 홍종각, 상무 우성규, 간사 이연숙, 윤준흠	조선, 1927. 12. 21
임시대회 1928. 8. 19	지회장 김세환, 상무간사 공석정 이하 간사 확인 불명	동아, 1928. 8. 22
3회정기대회 1928. 12. 16.	지회장 김세환, 부회장 염석주, 서무부 총무간사 공석정, 간사 김봉희, 김상근, 재무부 총무간사 이건상, 간사 엄익홍, 김용준, 조직선전부 총무간사 홍종각, 간사 박승극, 이연숙, 조사연구부 총무간사 김병호, 간사 표덕중, 김현조, 기타 김도생, 곽병준	조선, 1928. 12. 23 1928. 12. 25.
2회임시대회 1929. 4. 7.	지회장 이각래, 부지회장 염석주 서무재정부 박승극, 이건상, 정치문화부 공석정, 김봉희, 조직선전부 엄익홍, 이연숙, 조사연구부 김병호, 김재덕	조선, 1929. 4. 10
임시대회 1930. 4. 25	집행위원장 박선태, 위원 김병호, 홍종각, 김기환, 민홍식, 장주문, 이수경, 우성규, 박상훈, 황응선, 이연숙, 변기재, 박봉득, 박해병, 박승극, 공석정, 이원식, 후보 조명재, 김재덕, 이용성, 검사위원 김세환, 나천강, 이창용, 박근실, 이각래, 대의원 공석정, 박승극, 후보, 민홍식, 서기장 민홍식, 재정부장 김병호, 조직부장 홍종각, 검사부장 우성규, 선전부장 공석정, 교육부장 박봉득, 연락부장 박승극, 검사위원장 이각래(상무집행위원은 전기 부장으로 함)	중외, 1930. 4. 27
집행위원회 1930. 8. 31	집행위원장 결원, 서기장 변기재, 회계 김병호, 조직부장 홍종각, 교육부장 박봉득, 조사부장 우성규, 연락부장 박승극, 전국대회 대표회원 박승극, 김병호, 후보 변기재, 경기도연합회대표 박승극, 김병호, 변기재	중외, 1930. 9. 5(동아 와 조선에는 변기재 가 집행위원장으로 선출되었다고 보도)
설립대회 1927. 10. 17.	회장 김노적 서무부 총무간사 김병호, 상무 박영식, 재무부 총무간사 이각래, 상무 최신복, 조사연구부 총무간사 공석정, 상무 우성규, 조직선전부 총무간사 홍종각, 상무 박봉득, 간사 이연숙, 김현설(조)	조선, 1927. 10. 20. 동아, 1927. 10. 20.
1회정기대회 1927. 12. 18.	지회장 유보, 총무 김병호, 서무부 총무 김병호, 상무 이봉득(박봉득), 재무부 총무 이각래, 상무 박영식, 조사연구부 총무 공석정, 상무 최신복, 조직선전부 총무 홍종각, 상무 우성규, 간사 이연숙, 윤준흠	조선, 1927. 12. 21
임시대회 1928. 8. 19	지회장 김세환, 상무간사 공석정 이하 간사 확인 불명	동아, 1928. 8. 22
3회정기대회 1928. 12. 16.	지회장 김세환, 부회장 염석주, 서무부 총무간사 공석정, 간사 김봉희, 김상근, 재무부 총무간사 이건상, 간사 엄익홍, 김용준, 조직선전부 총무간사 홍종각, 간사 박승극, 이연숙, 조사연구부 총무간사 김병호, 간사 표덕중, 김현조, 기타 김도생, 곽병준	조선, 1928. 12. 23 1928. 12. 25.

시 기	부 서, 간 부	출 처
2회임시대회 1929. 4. 7.	지회장 이각래, 부지회장 염석주 서무재정부 박승극, 이건상, 정치문화부 공석정, 김봉희, 조직선전부 엄익홍, 이연숙, 조사연구부 김병호, 김재덕	조선, 1929. 4. 10
임시대회 1930. 4. 25	집행위원장 박선태, 위원 김병호, 홍종각, 김기환, 민홍식, 장주문, 이수경, 우성규, 박상훈, 황용선, 이연숙, 변기재, 박봉득, 박해병, 박승극, 공석정, 이원식, 후보 조명재, 김재덕, 이용성, 검사위원 김세환, 나천강, 이창용, 박근실, 이각래, 대의원 공석정, 박승극, 후보, 민홍식, 서기장 민홍식, 재정부장 김병호, 조직부장 홍종각, 검사부장 우성규, 선전부장 공석정, 교육부장 박봉득, 연락부장 박승극, 검사위원장 이각래(상무집행위원은 전기 부장으로 함)	중외, 1930. 4. 27
집행위원회 1930. 8. 31	집행위원장 결원, 서기장 변기재, 회계 김병호, 조직부장 홍종각, 교육부장 박봉득, 조사부장 우성규, 연락부장 박승극, 전국대회 대표회원 박승극, 김병호, 후보 변기재, 경기도연합회대표 박승극, 김병호, 변기재	중외, 30. 9.5(동아와 조선에는 변기재가 집행위원장으로 선출되었다고 보도)

위의 <표 1>을 통해 알 수 있는 것은 설립대회부터 천도교세력이 신간회의 조직부서를 장악하고 있다는 점이다. 즉 설립대회, 1회 정기대회, 3회 정기대회, 30년의 임시대회와 집행위원회에서 천도교의 홍종각이 조직부서를 담당하였고 29년의 2회 임시대회에서도 이연숙이 조직선전부를 담당하였던 것이다. 이로 보아 신간회 수원지회는 천도교의 종교조직에 크게 의존하였음을 알 수 있다. 이와 같이 수원지역의 천도교가 신간회 수원지회의 조직과 활동에 적극적으로 참여할 수 있었던 것은 이병헌이 홍종각과 긴밀한 연락관계를 가짐으로써 가능하였다.[91]

6. 맺음말

이상에서 우리는 수원지역에 동학이 전파되고 성장하는 과정과 3·1

---

91) 이병헌, 「新幹會運動」, 『신동아』 60호, 1969. 8, 207쪽.

운동과 1920년대 민족운동에 대해 살펴보았다. 그리고 이러한 정리를 통해 우리는 다음의 몇 가지 사실을 확인할 수 있었다.

첫째, 동학이 수원지역에 최초로 전파된 시기는 서인주와 안교선이 최시형을 방문한 1883년 무렵이었다. 이들은 이후 수원지역 뿐만 아니라 경기지역에 동학을 전파하는데 중요한 역할을 하였다. 그리고 이들의 활동의 결과 1892·3년의 교조신원운동에 수원지역의 동학교도가 비교적 많이 참여할 수 있었다. 그리고 동학농민운동의 전개과정에서도 수원지역의 교도들이 참여하였음을 확인할 수 있다. 이는 곧 수원지역의 동학이 당시 활발히 전개되었던 동학의 반제반봉건운동에 적극적으로 참여하였음을 보여준다고 할 것이다.

둘째, 1905년 천도교로의 개칭과 이에 따른 교단조직의 확대의 과정에서 이종석과 임기진이 천도교의 확산에 기여하였다. 이들은 진보회와 일진회활동을 전개하면서 천도교의 조직을 확대하였다. 그런데 일진회의 친일활동에 대해 손병희는 이용구 등을 출교시키면서 민족종교로서의 위상을 확인하였다. 수원지역에서도 일진회와의 차별성을 부각시키면서 교단조직을 정비하였다. 즉 각 리를 단위로 전교실을 설치하는 동시에 교리강습회를 통해 교인과 일반 대중에 대한 교육 활동을 전개하였다. 이러한 과정을 통하여 수원지역의 천도교는 교세를 크게 신장시켰다.

셋째, 이와 같은 교세의 신장을 바탕으로 수원지역의 천도교는 3·1 운동에 적극적으로 참여하였다. 천도교의 종교조직을 통하여 군중을 동원하였다. 그리하여 제암리, 고주리, 화산리, 기린동, 거묵동 등 전교실이 설치되었던 마을은 적극적으로 3·1 운동에 참여할 수 있었다.

넷째, 1920년대에 접어들면서 수원지역의 천도교는 청년조직을 중심으로 교세를 유지, 확대하였다. 그리하여 천도교청년회 수원지회와 천도교청년동맹 수원동맹이 조직되었다. 그리고 이러한 조직들은 강연회나 교리강습을 통해 교인과 일반 대중을 계몽하였다. 특히 천도교청년동맹 수원동맹의 김상근과 박규희는 각기 수원청년동맹과 수진농민조합에 적극적으로 참여하였다. 그리고 홍종각은 신간회 수원지회에서 핵심적인 역할을 하였다. 이러한 이들의 활동은 결국 천도교와 민족운동을 연결하는 활동으로 인정된다. 즉 천도교의 종교조직을 민족운동에 연결하는 역할을 하였다고 생각된다.

마지막으로 이상의 정리를 통해 우리는 수원지역의 천도교가 일제하 수원지역의 민족운동의 전개과정에서 핵심적인 역할을 하였음을 확인할 수 있었다. 그리고 이러한 천도교의 활동은 주로 3·1 운동과 민족협동전선이라 할 수 있는 신간회, 청년동맹의 활동에서 특히 발견되고 있는 사실에 주목하고자 한다. 이는 곧 수원지역의 천도교가 민족운동의 전개과정에서 분열이 아닌 통합지향적인 활동에 주력하였음을 보여주는 것이라 생각된다.

(『京畿史論』4·5합집, 2001.)

1920年代 京畿道 水原地域의 靑年運動과 水原靑年同盟

1. 머리말

일제하 민족운동에서 청년운동은 민족운동의 선도 혹은 전위로서의 역할을 하였다. 뿐만 아니라 신문화를 수용하는 과정에서도 지대한 역할을 담당하였음은 잘 알려진 사실이다. 특히 1920년대 초반 이후에는 청년운동의 이러한 성격이 가장 잘 나타나고 있다. 즉 1920년대 초 유지층을 중심으로 전개되었던 청년운동은 민족부르주아지운동으로서 문화운동을 중심으로 운동을 전개하였다. 그러나 민족운동에 사회주의가 수용되기 시작하는 1920년대 중반 이후에는 청년운동은 새로운 사상으로서의 사회주의를 가장 먼저 수용하기도 하였다. 이는 곧 이 시기 이후의 청년운동이 계급적인 성격을 가지면서 전개되었음을 의미한다.

한편 필자는 이와 같은 발전을 보인 청년운동도 지역사회에 기반을 두고 있었다는 사실을 주목하고자 한다. 기존의 연구는 대부분 기반으로서의 지역사회에 대한 연구보다는 중앙 차원에서 전개된 운동에만 주목함으로써 중앙과 지역 사이의 동질성과 차이점을 구명하는데는 어려움이 많았다. 이러한 연구 경향은 지역사 혹은 지방사에 대한 인식의 부족과 함께 자료가 한정되었기 때문에 나타난 결과이기도 하였다. 그런데 근래 이러한 한계에도 불구하고 지역을 중심으로 한 연구가 발표되어 우리 민족운동사에 대한 이해의 지평을 넓혀주고 있다.[1] 그러나 앞의 연구도 지역 혹은 지방의 관점에서 서술한 것이 아니라 중앙의 관점에서 서술하고 있다. 이는 중앙사의 변형이라 생각된다. 필자는 이러한 한계를 극복하기 위하여 지역 혹은 지방의 관점에서 본고를 서술하고자 한다.

필자는 이미 수원지역의 농민운동과 사립학교의 성장에 대해 살펴본 바가 있다.[2] 이러한 연장선상에서 필자가 수원지역의 청년운동을 본고의 주제로 선정한 것은 다음의 몇 가지 이유 때문이다. 첫째, 청년운동을 살펴봄으로써 지역사회의 민족운동의 주체가 성장, 변화하는 과정을 확인할수 있었기 때문이다. 즉 사회주의 수용 전후 시기의 청년운동 주체의 변화, 그리고 1920년대 중반 이후 초기 청년운동 주체의 성장을 살펴볼 수 있는 계기가 되기 때문이다. 이는 필자가 궁극적으로 지향하고 있는 지역사회에서의 친일파 형성의 문제와 연관지어 의미 있는 작업이라 생각된다. 둘째, 지역 단위에서의 민족협동전선의 형성과 전개에 관하여 살필 기회가 되기 때문이다. 흔히 1931년 신간회의 해소 이후 민족협동전선이 붕괴되었다고 하는데 지역사회에서도 그와 같은 결과가 나타나는지를 확인해보고자 한다. 셋째, 군(청년동맹)−면(지부)−리(반)라는 조직체계가 지역사회에서 절대적이었는가를 확인해보고자 한다. 이는 지역사회의 활동

---

1) 청년운동의 경우에도 김일수의 「1920년대 경북지역 청년운동」과 이애숙의 「1920년대 전남 광주지방의 청년운동」(『한국근현대청년운동사』, 풀빛, 1995.) 이 발표된 바 있다.
2) 「일제하 수원지역의 농민조합운동」, 『동국역사교육』 5, 1995. : 「일제하 수원지역의 사립학교의 성장」, 한국근현대사연구회 발표문, 1999. 10.

가들이 지역의 사정에 맞게 운동을 전개하고 있는가를 확인하는 작업이 될 것이다.

이상의 작업을 통하여 필자는 수원이라는 지역사회 속에서 지역의 활동가들이 운동을 어떻게 전개하였으며, 이들이 이후 어떠한 변화와 성장을 보이는가를 확인해보고자 한다. 그리고 이를 통하여 청년운동에서 지역과 중앙 차원의 운동의 동질성과 차이를 보다 명확히 밝히는 계기가 될 것으로 믿는다.

2. 초기 청년단체의 조직과 활동(1920~1923)

1) 청년단체의 창립과 조직구성

3·1 운동 직후인 1920년경부터 전국 각지에서는 청년단체들이 조직되었다. 이 단체들은 교육과 산업의 진흥을 통하여 국권을 회복하고자 하였다. 이러한 상황 속에서 1920년에는 오상근(吳祥根), 장덕수(張德秀) 등이 주축이 되어 조선청년연합회(朝鮮靑年會聯合會)가 조직되었다. 조선청년회연합회는 지·덕·체의 발달을 통하여 사회개조를 이룩하자는 목적을 가지고 있었으며 비조직적이고 자연발생적으로 조직된 전국의 청년단체들을 모아 청년운동의 통일을 꾀하고자 하였다.

이와 같은 시대의 조류 속에서 1920년에 접어들면서 수원지역에서도 청년단체들이 창립되기 시작하였다. 이를 창립된 순서로 보면, 수원엡윗청년회(1908년 가을 창립. 1910년 해체. 1917년 부활), 수원학생친목회(1917년 창립), 남양청년회(1920. 5. 18. 창립. 1921년에 남양엡윗청년회로 개칭), 수원청년구락부(1920. 7. 3. 창립), 수원진명구락부(1920. 7. 11. 창립), 천도교청년회 수원지회(1920년 창립. 날짜 미상), 수원청년회(1920년 창립. 날짜 미상), 천주교청년회(1921. 9. 11. 창립), 팔탄청년회(1922년경 조직) 등이 있었다.

이 단체들은 창립 목적을 실력양성에 두고 있었다. 예를 들면 수원청년 구락부는 지식의 계발, 체육의 진흥, 풍습의 개선 등을 목표로 하였고[3], 학예과, 운동과, 오락과, 경리과를 설치하였다. 그리고 남양청년회는 문예부, 사회부, 운동부를 설치하였다.[4] 또한 성공회 계통의 진명구락부는 덕성을 함양하고 예지를 개발하며 부원 상호간에 친목을 도모하고 종교활동을 통해 피압박민족의 자주독립에 공헌하는 것을 목적으로 하였으며, 부장에 김인(金仁), 총무 조용호(趙鏞昊), 도서부장 김로적(金露積), 운동부장 박선태(朴善泰) 등이 선임되었다.[5] 이러한 부서의 성격은 수원지역에서 사회주의자들이 청년단체의 주도권을 장악한다고 생각되는 1928년 이후에 서무부, 재정부, 교양부, 조직부, 여자부, 소년부, 체육부를 설치[6]한 것과 비교된다. 즉 부서의 성격에서 우리는 계몽활동 위주의 청년회가 계층별 부서와 조직사업을 위주로 한 부서로 바뀌고 있음을 알 수 있다. 이로 보아 그 활동도 계급·계층별 활동을 점차 강화하고자 하였음을 알 수 있다. 이와 동시에 1920년대 초반의 청년단체는 대개 회장제를 채택하였고, 수원청년구락부와 진명구락부는 부장제를 채택하였다. 특히 수원청년구락부는 부장 아래에 과장을 두는 특이한 조직구성을 보이고 있다. 이러한 구조는 회장(부장) 개인의 능력에 회의 운영과 장래가 좌우되는 구조였다. 하지만 수원청년구락부를 제외한 다른 단체들은 창립 이후 활발한 활동을 하지 못하였다. 더욱이 수원지역의 핵심지역인 수원읍을 연고로 하

---

3) 동아일보, 1920. 6. 12.

4) 동아일보, 1920. 6. 11.

5) 동아일보, 1930. 1. 1.

6) 중외일보, 1929. 11. 15.

는 수원청년회는 창립 이후 그 활동이 거의 없어 존재조차 찾기 어려웠다.[7)

그런데 구성원이 거의 같았을 것으로 보이는 수원청년회와 수원청년구락부의 활동은 비교된다. 즉 상대적으로 수원청년구락부의 활동이 수원청년회보다는 활발하다는 것이다. 필자는 이와 관련하여 다음의 추측이 가능하다고 생각한다. 즉 두 단체의 구성원은 대개 일치하였을 것이기 때문에 수원청년구락부의 활동에 보다 무게가 두어졌을 것이라는 점이다. 이는 오락, 취미, 친목 등을 목적으로 하는 구락부의 성격이 '회'보다는 보다 활동하기가 편했을 것이기 때문이다. 그렇다면 수원청년구락부의 구성원들은 어떤 사람이었을까. 구성원 모두를 확인할 수는 없지만 창립 당시 부장 나홍석(羅弘錫), 이사 홍사훈(洪思勛), 학예과장 최상훈(崔相勳), 운동과장 김종심(金鍾深), 오락과장 박성근(朴盛根), 경리과장 이광현(李光鉉)이라는 임원진을 볼 때 수원지역의 유지층이었으리라 생각된다. 즉 부장인 나홍석은 시흥·용인군수를 역임한 나기정(羅基貞)의 장남으로서 1909년 3월 와세다대학 정치과를 졸업하였고, 1918년 수원청년구락부를 조직하여 부장이 되었고, 같은 해 수원금융조합 서기, 그리고 1920년에는 수원면협의원에 선출되었다. 1922년에는 서울로 이사하여 중개업에 종사하였고, 1923년 2월 이후에는 각조합 경성변리사(소개업)의 이사로 활동하기도 하였다. 재산상태로는 당시의 화폐로 동산 2천원, 부동산 1만 3천원으로 여유 있는 형편이었다. 그리고 최송(崔松)·최린(崔麟)·윤경중(尹敬重)·지공숙(池公淑)·최상훈(崔相勳)·홍사선(洪思先) 등과 친밀하게 지냈다.[8)

---

7) 동아일보, 1927. 1. 19. 이 당시 수원청년회의 회장은 洪思勛이었는데 수원청년회의 개편과 홍사훈의 도협의원 진출과는 밀접한 관련이 있을 것으로 생각된다. 즉 홍사훈은 수원청년회를 자신의 도협의원 진출의 발판으로 삼았을 가능성이 있다.

8) 『倭政時代人物史料』3, 97쪽. 이 자료에는 나홍석이 수원청년구락부를 조직하여

홍사훈은 수원지역 3대지주 중의 한 사람으로서 경성 보성중학을 중퇴하고 수원상업강습소 법상과를 졸업하였다. 삼일학교 학무위원, 수원청년회장, 수원체육회장을 역임하였고, 수원상업강습소를 인수하여 화성학원을 창설하였다. 세류포목점을 경영하였으며, 용수홍농주식회사 취체역, 수원극장 대표이사, 만종원(1932년 1월 창립) 대표이사를 역임하였다.[9] 최상훈은 내과의사로서 수원의원에서 진료를 담당하였고[10], 수원상업강습소의 교사[11], 동아일보 기자를 역임하였다.[12] 한편 나홍석의 지기(知己)인 최송은 기호흥학회 수원지회의 간사원[13]으로서 개화자강운동에 가담하였던 인물이고, 홍사선은 1930년 1월 현재 수원면협의원[14], 1932년 주식회사 만종원의 창립 시 대표이사를 역임하였다.

이상의 인물들의 성향으로 보아 수원청년구락부는 수원지역의 유지들을 중심으로 구성되었다고 생각된다.[15] 그리고 진명구락부의 김노적은 수원상업강습소와 배재고보를 졸업하였다. 그는 수원지역의 3·1운동 당시 김세환의 지도 하에 박선태 등과 함께 적극적으로 참가하여 일제에 저항하였고, 이후 구국민단, 신간회 수원지회, 임시정부에 참여하였다.[16] 박선

부장에 취임한 것이 1918년으로 되어 있으나 본고에서는 신문 기사에 창립소식이 전해오기 때문에 수원청년구락부의 조직시기를 1920년으로 보았다.

9) 이승언, 『한말일제하수원기사색인집』, 수원문화원, 1996, 93쪽.

10) 이승언, 앞의 책, 82쪽.

11) 동아일보, 1922. 1. 27.

12) 동아일보, 1920. 4. 1.

13) 『畿湖興學會月報』제2호, 61쪽(아세아문화사 영인, 1978)

14) 조선일보, 1930. 1. 4.

15) 수원지역의 청년운동과 사립학교 설립과 관련한 일련의 분석과정에서 수원지역 초기 청년운동의 지도자들은 지역사회의 유지층이었고, 이들이 1920년대말 무렵부터 산업자본가로 성장하고 있음을 확인할 수 있었다. 이에 관하여는 별도의 논고를 준비 중이다.

태는 역시 수원지역 3·1 운동의 핵심적인 인물이었고, 구국민단[17]을 지도하였으며, 이후 수원실업협회 상의원이 된 것으로 보아 산업자본가로의 성장 과정에 있었던 것으로 생각된다. 그리고 나중에 살펴보겠지만 이러한 조직원의 구성상 이들은 실력양성론을 바탕으로 운동을 전개했다고 생각된다.

2) 초기 청년단체의 활동

수원지역의 초기 청년단체는 야학과 강습소의 운영, 강연회 등을 통한 계몽활동에 중점을 두고 활동하였다. 먼저 남양엡윗청년회는 문예부 주최로 야학회를 개설하여 조선어, 한문, 산술을 필수과목으로 가르쳤고, 수시로 상식과 수양에 필요한 학과를 교수하였다.[18] 또 스포츠에도 힘을 기울여 축구, 정구 등의 종목이 안성과 서울의 한성은행 등과 친선경기를 갖기도 하였다.[19] 수원청년구락부는 1920년 7월 25일 제1회 강연회를 열고「知識上의 飢渴」(張致完),「우리」(金露積),「今日 朝鮮人界의 衛生」(崔相勳),「吾人의 力量과 水原의 發展」(羅弘錫) 등을 강연하였다.[20] 이외에도 축구, 정구 등의 스포츠에도 상당한 정열을 가지고 임했다.[21]

다른 한편 1922년 6월 17일 조선청년회연합회강연단의 강연회가 수원

---

16) 이제재,「水原地方 獨立運動의 先驅者 金露積先生」,『畿甸文化』10, 1992. 참조바람.

17) 구국민단의 활동에 대해서는 박환,「1920년대 초 수원지방의 비밀결사운동-혈복단과 구국민단을 중심으로」,『경기사학』2, 1998. 참조바람.

18) 동아일보, 1921. 12. 21.

19) 동아일보, 1921. 6. 20. ; 6. 29. ; 9. 21. 참조.

20) 동아일보, 1920. 7. 30.

21) 동아일보, 1921. 6. 20. ; 1921. 6. 29 ; 1921. 9. 21 등을 참조 바람.

상업강습소에서 있었는데, 「時代的 生活」(高龍煥), 「世界의 進運」(金喆壽), 「聯合靑年 第3回 總會延期案에 대하여」(鄭魯湜)의 강연이 있었다.[22] 이 강연회가 수원청년구락부와 동아일보 수원지국의 후원 하에 개최되었던 것으로 보아 수원청년구락부는 조선청년회연합회가 표방하던 문화운동론을 수용한 것으로 보인다. 이는 앞에서 보았던 지식의 계발, 체육의 진흥, 풍습의 개선이라는 수원청년구락부의 창립 목표와 조선청년회연합회가 표방했던 7개의 강령[23]이 내용상 일치하였다는 점에서도 확인된다. 이상의 활동에서 볼 때 1920년대 초반 수원지역의 청년단체들은 조선청년회연합회가 내세웠던 문화운동론에 입각하여 활동하였음을 확인할 수 있다.[24]

그런데 한가지 유의할 점은 다른 지역의 청년단체의 경우는 주로 야학을 중심으로 활동을 전개하였음에 반하여 수원지역에서는 강연회와 스포츠 등을 통한 문화활동 위주로 운동이 전개되었다는 특색이 있다는 점이다. 이는 아마도 수원상업강습소와 삼일학교[25]라는 비교적 대규모의 무산 아동 교육기관이 지역 내에 존재하였기 때문이 아닌가 한다.[26] 물론 이

---

22) 동아일보, 1922. 6. 22.

23) 조선청년회연합회는 "사회를 혁신할 사", "세계의 지식을 광구할 사", "건강한 사상으로 단결할 사", "덕의를 존중할 사", "건강은 증진할 사", "산업을 진흥할 사", "세계문화에 공헌할 사"의 7개항의 강령을 채택하였다.(『我聲』제1호, 86~87쪽 ; 동아일보, 1920. 7. 15.)

24) 조선청년회연합회의 활동에 대하여는 안건호, 「朝鮮靑年會聯合會 組織과 活動」, 『韓國史硏究』88. 참조 바람.

25) 삼일학교는 1903년 李夏榮, 林勉洙, 羅重錫, 車裕舜, 崔翼煥, 洪建杓, 李聖儀, 金濟九 등이 설립하였다.(김세한, 『三一學院六十五年史』, 34~37쪽.).

26) 즉 삼일학교는 1911년 현재 전체 학생수가 400여명이었고 화성학원은 1927년 현재 전체 학생수가 430명에 이를 만큼 많은 학생들을 수용하였다.(동아일보, 1927. 1. 17.)

학교들이 초기 청년단체의 영향을 전혀 받지 않았다는 것은 아니다. 이 학교들의 발기인이나 교사들은 각각 수원엡웟청년회와 수원청년회, 수원청년구락부의 중심적인 인물들이었다. 수원상업강습소(화성학원)는 1909년 양성관(梁聖寬), 홍건섭(洪健燮), 홍민섭(洪敏燮), 김홍선(金興善), 신준희(申駿熙) 등이 중심이 된 수원상업회의소에서 설립하였으나 1926년 홍사훈이 단독으로 인수하여 이후 경영하였다.[27] 특히 홍사훈은 수원청년회의 회장을 비롯하여 수원청년구락부의 이사 등 초기 청년단체의 지도적인 인물이었고, 교사로 있던 최상훈 역시 수원청년구락부의 학예과장이었다. 그리고 삼일학교는 수원종로교회 내에 위치하였었는데, 종로교회는 당시 미국의 북감리회의 지원을 받아 설립되었다. 따라서 종로학원 내에 설립된 삼일학교의 교사진은 수원엡웟청년회와 연관이 있을 것이라 추측된다.

3. 청년단체의 혁신과 수원청년동맹의 조직(1924~1928)

1) 청년단체의 혁신

일반적으로 청년단체의 '혁신'이 이루어지는 시기는 대략 1923~1924

---

27) 수원상업강습소가 일제하 수원지역에서 차지하는 비중은 대단히 컸다. 특히 삼일학교가 기독교세력이 중심이 된 학교라면 수원상업강습소(화성학원)는 수원상업회의소를 중심으로 한 토착 유지층에 의하여 설립, 운영된 학교로서 이후 수원지역민의 열렬한 성원을 받으며 성장하였다. 그리하여 1930년에 수원지역의 유지 40여명이 화성학원유지회라는 단체를 조직하여 10,235원의 기부금을 조성하였던 것이다(동아일보, 1930. 1. 23.). 그리고 삼일학교와 수원상업강습소의 교사는 수시로 교류가 되었던 것으로 생각된다. 예를 들면 김세환, 김노적, 정준화 등의 이름을 수원상업강습소와 삼일학교의 교사 명단에서 볼 수 있다

년경이다. 그리고 그 '혁신'에 관한 구체적인 내용은 조직을 회장제에서 집단지도체제인 위원제 혹은 간사제로의 변경을 통한 신진 청년층에 의한 조직의 주도권 장악, 유지층과 청년층 사이의 대립을 반영한 회원의 연령 제한, 기존 강령의 사회주의적 지도 이념으로의 변경, 사회주의를 바탕으로 한 새로운 청년단체의 조직 등이다.[28)

수원지역에서도 이 시기에는 청년단체의 혁신이 이루어지고는 있으나 그 내용은 일반적인 것과는 약간의 차이가 있다. 이 시기 수원지역에서 창립된 청년단체로는 갑자단(甲子團, 1924년 조직)과 팔탄청년회(八灘青年會, 1923년 경 조직)[29), 정남청년회(正南青年會, 1924년 8월 27일 창립), 혁파청년회(革華青年會, 1924년경 조직), 혁성단(革成團, 1926년 창립) 등이 확인된다. 다만 이 가운데에서 혁성단 만이 수원지역 유일의 사상단체[30) 였던 것으로 보아 수원지역에서도 이 시기가 되면 사회주의에 기반한 청년단체가 조직되고 있음을 확인할 수 있다. 이는 곧 대부분의 다른 지역에서는 1926년 말~27년 초반 시기에는 사회주의가 운동의 주도권을 장악하고 있는데 비하여 수원지역은 이 시기가 되어야 사회주의에 기반한 청년단체가 조직되었다는 점에서 사회주의의 성장이 여타 지역보다 늦었다는 점을 알려준다. 수원지역에서 사회주의가 운동의 주도권을 장악하는 시기는 1929년에 수원청년동맹을 조직하면서부터라고 생각된다. 이 점은 수원지역의 유지층이 나름대로 지역사회에서 기반을 가지고 활발한 활동을 전개하였다는 점과 관련하여 생각할 수 있다. 즉 수원지역의 유지들은

---

28) 이준식, 『농촌 사회변동과 농민운동-일제침략기 함경남도의 경우』, 민영사, 1993 : 김일수, 「1920년대 경북지역의 청년운동」, 『한국근현대청년운동사』, 풀빛, 1995 : 이애숙, 「1920년대 광주지방의 청년운동」, 『한국근현대청년운동사』, 풀빛, 1995. 참조바람.

29) 동아일보, 1923. 12. 27.

30) 동아일보, 1927. 1. 20.

삼일학교나 화성학원 등 지역사회의 무산아동교육기관에 대한 거액의 기부와 경영을 통한 이미지 조작[31], 그리고 1925년에 조직된 수원구제회[32]를 통한 무산대중 및 불우 노인에 대한 구호 활동, 그리고 뒷 시기이기는 하지만 마름혁파와 소작인조합의 조직[33]을 통한 농민대중의 지지 획득 등의 활동으로 농민대중에 대한 영향력을 상실하지 않았던 것으로 생각된다. 즉 1923~24년 시기에 소작인상조회 수원지회와 형평사 수원지부가 조직되어 있었으나 활동이 그리 활발하지 않았던 이유는 수원지역의 유지층이 지역사회에서 '인심'을 잃지 않았기 때문이라 생각된다. 그렇다 하더라도 이 시기에 사회주의 혹은 사회주의자가 청년운동에 대한 영향력을 확대하지 못했다는 것은 아니다. 이 시기에 공석정이나 조명재와 같은 사회주의자들이 청년단체 내에서 성장하고 있었던 것이다.

한편 이 시기의 청년단체의 활동은 이전 보다는 상당히 활발히 전개되고 있다. 수원엡웟청년회는 1923년 5월 12일 소학생을 대상으로 현상토론회를 개최하였고[34], 1925년 12월 3-4 양일간 교화영화대회(敎化映畵大會)를 개최하고자 하였다.[35] 한편 수원학생친목회(水原學生親睦會)에서는 1924년 6월 21일 수원상업강연회를 개최하였는데, 김장성(金將星)이 「死線으로 향하는 우리」, ×윤범(允範)이 「學生은 努力하자」라는 제목으로 연설하였다.[36] 그리고 수원청년회에서는 1924년 단오절을 기하여 소인극을 공연하기로 하였으나[37], 여러 가지 사정으로 이루어지지 못하다가

---

31) 예를 들면 양성관과 강석호 같은 이는 삼일학원에 막대한 기부금을 내었고, 나중석은 토지 900평을 기증하였다.(김세한 , 앞의 책, 참조) 그리고 홍사훈은 화성학원을 경영하였다. 특히 화성학원에는 현재까지도 "돈이 없어서 졸업하지 못한 학생은 한 명도 없다."는 말이 전해 올만큼 지역사회에서 무산아동교육기관으로 알려져 있다. 이와 관련하여 화성학원을 유지하기 위하여 1930년 1월 16일 화성학원유지회가 설립되었는데(동아일보, 1930. 1. 23.), 이 중 확인 가능한 인물들의 성분을 분석하면 다음의 <표 1>과 같다.

〈표 1〉 화성학원유지회원의 성분 분석

이 름	학 력	활 동	비 고
洪思勛	보성중학 중퇴, 수원상업강습소 법상과 졸업	수원청년회장, 동아일보 수원지국장, 기호흥학회 수원지회, 수원체육회	수원지역의 3대지주, 용수흥농주식회사 취체역, 만종원대표이사, 1933년 마름폐지, 수룡수리조합장, 경기도평의원
梁聖寬	명륜학교 졸업	수원상업강습소 설립 주도, 상무사도중, 공립보통학교 학무위원, 수원전기회사 취체역, 수원금융조합장, 적십자사 유효회원	수원지역의 3대지주, 화성흥산주식회사 대표
車裕舜		기호흥학회원, 삼일학교 설립촉성회위원	수원지역의 3대지주
尹龍熙		수원상업강습소 교사, 수원실업협회 상의원	
朴善泰	휘문고등보통학교 졸업	구국민단 주도, 신간회 수원지회, 수원상업강습소 보조교사, 수원실업협회 상의원, 수원체육회	
金世煥	한국외국어학교, 일본중앙대	수원상업강습소 교사, 삼일학교 교사, 수원실업협회 상의원, 수원체육회장	3·1 운동 48인 중의 1인
尹泰仁	수원상업강습소 졸업		수원면협의원
李聖儀		기호흥학회 수원지회, 삼일학교설립촉성회위원, 삼일학교 교사	
崔益煥		기호흥학회 수원지회, 삼일학교 설립촉성회위원, 상무사도중	수원면협의원
金炳浩		신간회 수원지회, 수원기자동맹, 삼일학교 교사, 수원체육회	
車載潤	삼일학교 졸업	수원읍의원	경남주조주식회사(1928.10), 소화직물공장(1938), 조선염직공장 대표
金幸權		수원청년동맹, 수원체육회	해방 후 수원시축구협회장
崔松		기호흥학회 수원지회 간사원	
李珏來		신간회 수원지회장	
嚴柱喆		조선일보 수원지국장, 수원유치원 설립발기위원회 실행위원	
權泰東		수원실업협회 상의원, 수원동화의원장	남양민립의원에 부임
洪思憲		수원실업협회 평의원	
朴慶根		수원실업협회 평의원	합자회사 수원정미소 대표
李完善		수원실업협회 평의원, 수원유치원 설립발기회 실행위원, 수원체육회	수원면협의원, 운곡의원장
車泰益		수원유치원설립발기회 실행위원	
洪喆厚			삼정흥업주식회사 대표(1934. 9. 창립)
洪思先		수원체육회	수원면협의원 주식회사 만종원 대표(1932. 1. 창립)
安永台			수원정미소 대표(1917.9. 창립)
安巨福			거복상회 대표

1924년 6월 8~9일 양일간 수원극장에서 공연을 하게 되었다. 공연은 현대 무산자의 상태를 연출하여 관중에게 감동을 주어 동정금 65원이 모금되었고 3명이 금일봉을 내기도 하였다.[38] 그리고 1925년에는 수원청년회 연예부 주최와 시대일보, 동아일보지국의 후원으로 심청전을 공연하였다.[39] 또한 1926년 2월 20일에는 기호가투대회(畿湖歌鬪大會, 노래자랑)를 개최하기도 하였다.[40] 그리고 오산에서 조직된 갑자단은 그 목적을 교육의 보급에 두고 있었다.[41]

이와 같이 지역사회의 유지층은 여전히 지역민들에게 영향력을 행사하고 있었다. 그리고 기존의 수원청년회의 활동이 이전 시기와 비교하여 활발히 전개되고 있는 것으로 보아 유지층은 이전 시기보다 사회활동에 보다 적극적으로 참여하고 있다고 할 수 있다. 그러함에도 불구하고 1926년에 혁성단과 같은 사회주의 단체가 조직되고 있는 것으로 보아 이 시기 수원지역에서도 사회주의자들에 의하여 청년단체의 혁신을 위한 움직임이 시작되고 있음을 알 수 있다.

---

32) 동아일보, 1927. 1. 20.

33) 조선중앙일보, 1933. 9. 12.

34) 조선일보, 1923. 5. 15.

35) 시대일보, 1925. 11. 29.

36) 시대일보, 1924. 6. 25.

37) 시대일보, 1924. 5. 26.

38) 조선일보, 1924. 6. 13.

39) 동아일보, 1925. 2. 7.

40) 조선일보, 1926. 2. 23.

41) 조선일보, 1924. 8. 26.

2) 수원청년동맹의 조직

앞에서도 살펴보았듯이 수원지역에서는 1920년대 중반 경까지도 사회
주의세력은 지역사회운동의 전면에 나서지 못하였고 사회운동도 그리 활
발한 것은 아니었다. 그러나 1926년에 혁성단이 조직되었고, 양감면의 반
도청년회, 오산의 사-르 청년동맹, 북진청년회, 발안의 발안청년회 등이 활
동하고 있었다. 특히 반도청년회 회장인 박승극과 사-르 청년동맹의 공석
정은 사회주의자로서 이후 수원지역 사회운동의 중심적인 역할을 하는
인물이었다. 또한 사-르 청년동맹[42]은 수원지역의 유일한 사상단체인 혁성
단과 합동간친회를 개최[43]한 것으로 보아 역시 사회주의적 성향을 지니
고 있었던 것으로 보인다. 이와 같이 수원지역에서도 1926년 무렵에는 사
회주의적인 성향을 갖는 단체나 인물들이 청년단체의 지도적인 위치에
서게 되면서 지역사회운동의 중심적인 인물로 성장하여 갔다.

이러한 과정에서 수원지역에서는 1927년 말부터 1928년 초반에 이르기
까지 수원청년동맹을 조직하고자 하는 움직임이 발생하였다. 즉 1928년 1
월 28일 진위, 포천, 오산, 발안 등지의 청년운동자들이 모여 수원청년운
동자간담회를 개최하였는데, 이 간담회에서 오산의 사-르 청년동맹과 양감
면의 반도청년회, 성호면의 광활청년회 등이 청년동맹을 조직하고 수원에
지부를 설치할 것을 결의하였다.[44] 그리고 1923년 이래 침체상태에 빠져
1928년을 전후한 시기에는 유명무실했던 수원청년회가 1928년 5월 15일
화성학원에서 3년만에 전회장인 홍사훈의 사회로 임시총회를 열어 위원
장에 신충(申忠), 상무위원에 권순증(權舜曾)을 선출하고 회원의 연령을

---

42) 사-르 청년동맹은 오산의 성호면에 있던 甲子團과 革華靑年會가 1927년 봄에 합
  동하여 성립한 단체이다(동아일보, 1927. 1. 20.).

43) 조선일보, 1927. 2. 8.

44) 동아일보, 1928. 1. 31.

17세~30세까지로 제한하였다.45) 이와 같이 회원의 연령제한과 위원제로의 변화가 이루어는 시기가 1928년이었다. 이는 곧 사회주의적 성향의 신진 청년층이 운동의 주도권을 장악했음을 의미한다.

그런데 이와 같이 수원청년회가 부활한 것은 수원청년동맹의 조직과 관련이 있다. 왜냐하면 수원청년회에서 1928년 8월 4일 수원군청년동맹준비위원회를 조직하여 간부 전원이 준비위원이 되어 활동하고 있기 때문이다.46) 그리고 1928년 7월 7일에는 제5회 정기대회를 열어 하계 소인극·강연·아동 강연 개최에 관한 건 등을 결의하였는데, 회칙개정에 관한 문제로 갑론을박의 논란이 있었다.47) 여기에서 주목되는 점은 부흥 당시 임시총회의 사회를 홍사훈이 보았다는 점, 회칙개정문제를 둘러싼 논쟁이 있었다는 점과 앞에서 본 수원청년회 부흥 당시 집행위원으로 선임되었던 우성규(禹聖奎)와 최신복(崔信福)이 즉석에서 사임하였다는 점이다.48) 특히 홍사훈이 부흥 총회에서 사회를 보았다는 것은 청년운동의 주도권이 초창기의 유지층 혹은 민족주의적 성향의 인물에서 사회주의적 성향의 신진 청년층에게로 비교적 순탄하게 이행되었음을 의미한다고 할 것이다. 그리하여 신충(申忠), 권순증(權舜曾), 정광수(鄭光秀), 공석정(孔錫政), 이용성(李用成)과 같은 인물들이 새로이 지도적인 인물로 등장할 수 있었고 회원의 나이 제한문제도 큰 무리없이 결정될 수 있었다. 그러나 그 과정에서 수원지역의 민족주의세력과 사회주의세력 사이에 노선을 둘러싼 갈등이 없었던 것은 아니었다. 바로 이 때문에 사회주의적 성향의 우성규와 최신복이 사임하였다고 생각된다. 그것은 수원청년회의 새로운 지도

---

45) 동아일보, 1928. 5. 18.
46) 동아일보, 1928. 8. 8.
47) 동아일보, 1928. 7. 11.
48) 동아일보, 1928. 5. 18.

자들 중 이후의 활동으로 보아 공석정과 권순증은 사회주의자로 볼 수 있는데, 이들의 운동 방향과 신충, 정광수, 이용성 등의 운동 방향이 대립했을 가능성이 있기 때문이다. 즉 1928년 5월 25일 수원청년회의 회장 신충을 비롯한 간부 6명이 수원경찰서에 검거되었는데, 그 이유는 앞에서 본 1928년의 임시총회 때에 채택한 선언과 강령이 이전의 그것과 다르며 선언문 중 '조선 민족의 ○○(자주-인용자)권을 획득'이라는 문구와 그것이 무엇을 의미하는가에 대한 물음에 신충은 '그 뜻을 넓게 해석하면 ○○○○(조선독립-인용자)을 얻기까지'라는 대답을 하였던 것에서 추측할 수 있다.49) 그리고 결국 이와 같은 민족주의와 사회주의의 대립이 회칙개정 문제를 둘러싼 논쟁으로 발생하게 되었던 것으로 보인다.

또한 일반적으로는 군 단위의 청년동맹이 조직된 이후에는 기존의 청년회는 청년동맹의 지부 또는 지회로 흡수되는 것이 보통이지만 수원지역에서는 발안청년회와 수원청년동맹준비위원회의 주력단체인 수원청년회가 수원청년동맹의 창립 이후인 1929년까지도 활동을 전개하는 것으로 보아 청년동맹에 흡수되지 않은 것으로 생각된다. 특히 발안청년회는 1929년 10월 3일부터 노동야학을 개최하여 조선어, 국어(일본어), 산술 등을 교수하였다. 이로 보아 사회주의세력의 확대·강화에 대하여 민족주의세력이 대항함으로써 이들 사이에 갈등이 지속되고 있는 것으로 볼 수 있다. 그리고 아래에서 서술하듯이 청년동맹이 조직과정에서 일제의 탄압으로 조직되지 못했을 때 수원청년회와 발안청년회는 청년동맹조직준비위원회에 대해 비난을 하지 않았던 것이라 생각된다.

그런데 민족주의세력과 사회주의세력의 갈등문제는 수원청년동맹운동장의 사용문제에서 크게 드러났다. 즉 1929년 8월 30일 김세환을 위원장으로 창립50)된 수원체육회에서는 같은 해 9월 28일 수원시민대운동회를

---

49) 동아일보, 1928. 5. 29.

개최하고자 하였다.[51] 그러나 체육회가 운동회의 장소로 수원청년회(수원청년동맹—인용자)운동장을 청년회의 양해없이 사용하겠다고 광고함으로써 문제가 불거졌다. 그 이유는 "단지 체육회에서 우리 회의 운동장을 빌어 시민운동회를 한다면 별문제가 있겠습니까? 그러나 아시는 바와 같이 체육회는 우리 사회 단체와 실질상 다른 것 뿐 아니라 본회에서 아무 허락도 없이 사용한다는 것을 자의 광고한 것은 잘못이지요. 더구나 동회의 중요 간부이고 전자 청년회에도 묵은 책임을 가지고 있던 모씨는 우리들 단체의 운동장 소유권까지 박탈하려던 야심이 발로되었으므로 실상은 그것이 큰 문제"[52]라고 하였다.(밑줄은 인용자) 이로 보아 수원청년회운동장 사용문제는 첫째, 운동장의 소유권 문제를 둘러싼 분쟁 둘째, 운동장 사용의 형식과 절차상의 문제 셋째, 체육회와 청년회의 성격 문제 등으로 요약할 수 있다. 특히 성격문제는 이 시기 수원지역 청년운동의 주도권을 장악해가고 있던 사회주의세력에 대한 기존의 유지층 혹은 민족주의세력의 저항과 관련이 있을 것으로 생각된다. 수원체육회의 회장인 김세환을 비롯하여 부회장인 박선태, 이사인 김병호, 김세완, 홍사훈, 이완선, 홍사선 등 간부진[53]의 성격에서 확인할 수 있다. 결국 이와 같은 노선차이로 인해서 운동장의 소유권문제를 체육회측에서 제기한 것이라 생각된다.

한편 이상과 같은 문제점이 노정되기는 하였으나 수원청년동맹은 1929

---

50) 조선일보, 1929. 9. 7.

51) 조선일보, 1929. 9. 17.

52) 조선일보, 1929. 10. 14.

53) 수원체육회의 간부진은 최소한 사회주의의 영향을 받은 것 같지는 않다. 앞의 <표 1>에서 확인되듯이 이들은 지역사회의 유지층으로서 화성학원유지회와 수원실업협회에 참여한 인물들이 중심이 되었다. 따라서 이들은 민족주의적인 성격을 가졌거나 아니면 현실추수적인 성향의 인물들일 가능성이 상당히 높다.

년 1월 무렵에는 조직이 완료되었던 것으로 보인다. 왜냐하면 수원청년회에서는 권순중을 각 면과 리의 청년회에 파견하여 1928년 8월 12일을 창립대회일로 정하였으나 수원경찰서에서 이를 인정하지 않아 창립대회를 열지 못한 점54)과 1929년 6월 9일 임시총회를 소집하여 박승극을 집행위원장으로 선출55)한 것으로 보아 알 수 있다. 이와 관련하여 주목되는 점은 6월 9일의 임시총회에서 오산청년동맹이 조선청년총동맹의 조직원칙인 1군 1동맹의 원칙을 수용하면서 스스로 해체한 후 수원청년동맹이라 개칭한 점이다.56) 하지만 오산청년동맹이 수원청년동맹으로 전환하였다는 것이 아니라 1929년 조직된 수원청년동맹의 지부로 가맹한 것으로 이해된다. 즉 수원청년동맹으로 개칭한 직후 오산청년동맹은 수원청년동맹 성호지부로 개편되고 있기 때문이다.57) 그러나 일제는 수원청맹이 조직되는 과정에서 허가를 내주지 않으려 하였다. 그리하여 일제와 교섭하는 과정에서 교섭위원 권순중이 단순히 실업자라는 명목으로 구류 25일에 처해지기도 하였다.58) 상황이 이와 같이 전개되자 창립대회일인 8월 12일에는 준비위원 10명 중 2명만이 출석하여 청년동맹이 조직되지 못하였다. 그리하여 양감청년회(陽甘青年會), 정남청년회(正南青年會), 인쇄공친목회(印刷工親睦會), 고등리청년회(高等里青年會) 등의 비난을 받았던 것이다.59)

그러나 상황이 이와 같음에도 불구하고 수원지역의 사회주의자들이 수원군청년동맹의 조직과정에서 민족주의자들과의 협동을 지속적으로 추진한 것은 조선청년총동맹이 1927년에 채택한 '신운동방침'60)을 수용했고,

---

54) 동아일보, 1928. 8. 14.

55) 동아일보, 1929. 6. 13.

56) 조선일보, 1929. 6. 12.

57) 조선일보, 1929. 6. 12.

58) 동아일보, 1929. 6. 13.

59) 동아일보, 1928. 8. 14.

현실적으로도 유지층의 영향력이 강했기 때문이라 생각된다. 즉 수원지역의 유지층은 구한말 대한자강회 남양지회와 기호흥학회 수원지회, 수원상업회의소와 같은 조직을 통하여 유대감이 강하였을 뿐만이 아니라 기호흥학회 수원지회원들과 상업회의소는 지역사회의 대표적 사립학교인 삼일학교와 수원상업강습소(화성학원)를 통하여 나름대로 지역사회에 대한 영향력을 확대·강화할 수 있었다. 더욱이 남양지역은 1908년 일본인 금융조합 이사인 색천원시(色川元市)가 "이곳 지방민의 상황을 말씀드리면 극히 악질로 배일사상이 가장 격렬한 곳이며 해안으로 남양반도의 전면에는 대부도를 주로 하고 크고 작은 여러 개의 섬이 있어 폭도가 잠복하거나 총기 등을 몰래 옮기기에 아주 편리한 곳이다."[61]라고 하여 항일사상이 매우 강렬함을 보고한 지역이다. 따라서 지역 정서 역시 의병운동의 항일운동정신을 반영하고 있었을 것이라는 점도 유지층 혹은 민족주의세력의 영향력이 강하게 유지될 수 있었던 이유라고 생각된다.

이후 수원청년동맹은 1929년 8월 25일 제1회 정기대회를 개최하여 집행위원장에 박승극을 선출하는 한편 서무부장 엄익홍, 재무부장 김행권, 교양부장 권순증, 조직부장 황응선, 조사부장 홍경촌, 여자부장 이년적, 소년부장 김도생, 체육부장 이용성, 검사위원장 공석정, 변기재[62]를 선출

---

60) 조선청년총동맹의 신운동방침에 대하여는 안건호·박혜란, 「1920년대 중후반 청년운동과 조선청년총동맹」, 『한국근현대청년운동사』, 풀빛, 1995. 참조.

61) 『南陽關係書類』, 규장각도서번호 22048.

62) 변기재는 1902년생으로서 오산공립학교를 졸업하고 인천공립상업학교에 입학했으나 학비난으로 인하여 1년만에 중도퇴학하고 1925년 7월경 上京(渡日의 의미-인용자)하여 신문배달을 하면서 苦學하다가 1927년 4월 조선으로 돌아와 1928년 4월경부터 조선일보 오산지국장이 되고 丸星運送店烏山營業所를 직장으로 하였다. 수원청년동맹 오산지부 집행위원, 수진농민조합원으로서 지역사회운동에 적극적으로 참여하였다.(昭和7年 刑控 第519號, 「邊基在에 대한 判決文」)

하고 '조선청총집회 해금의 건'과 '사립교육기관협의동맹 촉성의 건' 외 2개항을 결의하였다.[63]

그런데 같은 해 11월 9일 제3회 집행위원회에서 권순중의 사임원을 수리하는 한편 신충을 신임집행위원으로 선출하고 서무부장 김도생(金道生), 재무부장 강덕중(姜德仲), 교양부장 신충, 조직부장 엄익홍, 여자부장 이년적(李年積), 소년부장 홍경표(洪景杓), 체육부장 이용성으로 개선하였다. 그리고 각부의 부원으로 한창수(韓彰洙), 임범진(林凡辰), 홍정헌(洪貞憲), 장주문(張柱文), 이××(李××), 조명재(趙明載), 김행권(金幸權) 등이 선임되었다.[64]

3) 수원청년동맹의 활동

(1) 지부 설치 활동

이상과 같이 조직된 수원청년동맹은 1929년 7월 21일의 제1회 집행위원회에서 박승극을 집행위원장으로 선출한 이후 군내 고립청년단체에 관한 건 등 8개항을 결의[65]하면서 면 단위의 지부를 설립하기 위한 활동에 들어가 성호, 양감, 오산, 수원지부 등을 설치하였다. 앞에서도 언급했듯이 성호지부는 1929년 6월 9일 창립되었으며, 수원지부는 1929년 8월 25일 정기대회 직후 표덕중(表德仲)을 집행위원장으로 선출하면서 창립되었다.[66]

그러나 지부의 설치를 위한 활동이 진행되면서 일제의 탄압도 강해졌

---

63) 동아일보, 1929. 8. 29. : 조선일보, 1929. 8. 28.

64) 중외일보, 1929. 11. 15.

65) 조선일보, 1929. 7. 24.

66) 조선일보, 1929. 8. 28.

다. 즉 양감면지부의 경우는 일제의 집회 금지로 인하여 지부의 설립이 늦어지기도 하였다. 즉 반도청년회는 수원청년동맹 양감지부로의 전환을 결의하고[67] 1928년 9월 1일 이를 결의하기 위한 임시총회를 개최하였으나 일제가 수원청년동맹의 창립대회를 금지하자 양감청년회(楊甘靑年會)로 개칭[68]하여 활동하였다. 이후에도 일제의 탄압은 지속되어 양감청년회가 경영하던 노농강습회를 적화선전할 우려가 있다는 이유로 금지하였다.[69] 그리고 1929년 11월 9일 집행위원회에서 양감지부의 설치를 결의하였고[70], 26일 설치하고자 했던 양감지부의 설치대회도 역시 금지하였다.[71] 그러다가 1930년 3월 20일 수원청년동맹 양감지부가 장주문을 위원장으로 하여 설치되었고[72] 반을 조직하기 위한 활동도 전개하였다.[73] 또한 일제는 수진농민조합 양감지부의 설치도 역시 금지하였다.[74]

이와 같이 일제가 수원청년동맹 양감지부의 설치를 방해한 이유는 첫째, 양감면은 수원지역에서도 사회운동이 가장 활발한 지역이었고 둘째, 당시 양감면근검저축조합의 분규문제[75]가 있었기 때문이었다. 즉 양감면은 수원청년동맹 위원장인 박승극이 출생한 지역이었고, 이미 1927년경에 반도청년회(양감청년회로 변경)가 조직되어 노농강습회를 운영하는 등 청

---

67) 동아일보., 1928. 8. 17.

68) 동아일보, 1928. 9. 9.

69) 중외일보, 1928. 11. 7.

70) 조선일보, 1929. 11. 14.

71) 동아일보, 1929. 11. 26.

72) 중외일보, 1930. 3. 25. 양감지부는 서무재정부(崔海潭), 조직선전부(韓彰洙), 교양부(金觀培), 조사연구부(李鍾宜), 소년부(韓彰洙), 체육부(郭錦錫)와 반책임자(韓彰洙, 郭錦錫, 金贊鉉), 대의원(韓彰洙, 金聖培, 崔海潭, 張柱文)을 두었다.

73) 중외일보, 1930. 8. 20.

74) 동아일보, 1930. 10. 12. : 조선일보, 1930. 10. 12.

75) 조선일보, 1929. 11. 26.

년회의 활동이 활발히 이루어지고 있던 지역이었다. 더욱이 박승극은 '매우 부유한 집'에서 태어나 1928년 7월 일본대학(日本大學) 예과 1년을 중퇴하고 귀향하여 이원섭(李元燮), 장주문 등과 함께 정문리에서 신흥학당(新興學堂), 용소리에 대화의숙(大化義塾), 사창리에 보신강습소(普信講習所)를 설치76)하거나 무산교육기관으로 개조하여 무산교육에 노력하기도 하였다. 이러한 기반 하에서 박승극은 양감면에서 지도력을 확보할 수 있었다. 그리하여 일제는 양감면지부의 창립을 극력 방해하였던 것이다.

그러나 일제가 수원청년동맹의 지부설립을 모두 금지한 것만은 아니었다. 1929년 6월 1일 오산청년동맹은 임시총회를 열어 동맹의 명칭을 수원청년동맹 오산본부(지부 - 인용자)로 변경하였던 것이다.77) 그리고 6월 9일 성호지부가 설립되었고 설립시기는 알 수 없으나 수원지부도 설치되어 있음을 확인할 수 있었다. 성호지부는 1929년 11월 14일 제3회 집행위원회를 개최하여 정남반 조직의 건 외 3개항을 결의하였다.78) 이로 보아 수원청년동맹은 리 단위의 반조직을 결성하였음을 확인할 수 있다. 이상과 같은 지부 설치의 활동과 함께 수원청년동맹은 조직을 정비하기 위한 활동을 전개하였다. 그리하여 수원청년동맹은 1930년 3월 8일 집행위원회 내에 상무집행위원회를 설치하였다.79) 이후 수원청년동맹의 제반 사항은 상무위원회에서 실질적으로 결정하였던 것으로 보인다.

그리고 지부가 조직되지 않은 면에는 순회위원을 파견하여 지부를 조직하고자 하였다. 순회위원으로는 안용, 일형면에는 신충, 황응선, 우정, 팔탄면에는 이덕곤, 김도생, ××, 양감면에는 박승극, 장주문이 선출되었

---

76) 水警高秘 第4782號, 昭和 6年 12月 28日, 「秘密結社 赤色農民組合組織計劃에 關한 件」, 김경일편, 『韓國民族運動史資料集』4.

77) 중외일보, 1929. 6. 4.

78) 조선일보, 1929. 11. 19.

79) 중외일보, 1930. 3. 12.

다.[80] 그러나 이들 순회위원이 파견된 이후 이들 지역에서 수원청년동맹의 지부가 설치되었는지는 확인되지 않는다.

(2) 일반 활동

수원청년동맹은 자체적으로 야학을 운영하기도 하였다. 오산지부에서는 오산노동야학원을 운영하였으며[81], 양감지부에서도 야학원 유지를 계획하였고[82], 집행위원인 김도생과 박봉득(朴鳳得)은 화성학원의 교사를 역임하였다.[83] 오산지부가 운영한 노동야학원의 운영 목적은 무산 농민 및 노동자의 자제들에게 어릴 때부터 공산주의적 교양을 베풀어 계급투쟁 의식을 주입하여 공산주의운동의 투사를 양성하는 데 있었다.[84] 즉 공산주의제도의 확립을 위해서는 우선 의식분자, 투쟁분자의 양성이 선결문제가 된다. 그리하여 조선일보에서 주최한 문자보급운동의 일환으로 전개되었던 문자보급반을 인수하여 명칭을 노동야학이라 개칭하여 변기재, 이원식(李元植), 조명재, 황경후(黃慶厚), 이수경(李秀經) 등이 교사가 되어 60여명의 학생을 2개조로 나누어[85] 교양하였다. 그리고 상식강좌[86]와 강연회[87]의 개최, 또는 문고의 설치[88]를 통한 교양사업을 계획하였고 성호지부에서는 정구대회를 개최하기도 하였다.[89] 이로 보아 수원청년동맹이

---

80) 중외일보, 1930. 3. 12.

81) 조선일보, 1930. 9. 8.

82) 중외일보, 1930. 3. 25.

83) 조선일보, 1930. 10. 14.

84) 昭和7年 刑控 第519號,「邊基在에 대한 判決文」.

85) 위와 같음.

86) 동아일보, 1929. 7. 24.

87) 중외일보, 1930. 1. 21.

88) 조선일보, 1929. 8. 19.

운영하였던 야학이나 강연회 등은 그 내용이 학생들을 공산주의적으로 교양하는데 그 목적이 있었다고 생각된다.

그리고 소년동맹의 설치를 통해 소년운동을 지도하고자 하였으며[90], 지역민의 일상 이익을 옹호하기 위한 활동도 전개하였다. 즉 1930년 8월 16일 양감면 사창리의 김후봉(金後鳳)이 축우검사장에서 황소에게 받쳐 중상을 입은 사건이 발생하자 이에 개입하여 김후봉에 대한 치료 조치를 요구하고 있는 것이다.[91] 또한 기념일 투쟁도 전개하여 국제청년데이를 기념하고자 계획하였고[92], 메이데이를 기념하였다.[93] 그리고 사립교육기관에 대한 지지를 확고히 보이기도 하였다. 즉 앞에서 보았듯이 제1회 정기대회에서 사립교육기관협의동맹에 관한 건을 결의하였고, 양감지부의 창립대회에서도 사립교육기관지지를 결의하였다.[94] 이는 화성학원이나 삼일학교를 비롯한 수원지역의 대규모의 사립교육기관 뿐만이 아니라 야학, 강습소를 포함한 교육기관에 대한 관심과 지지를 표명한 것으로 생각된다. 그리하여 앞에서 보았듯이 수원청년동맹의 집행위원인 김도생과 박봉득이 화성학원의 교사로 파견되었던 것으로 보인다.

특히 1931년에 있었던 화성학원에 대한 수원청년동맹운동장의 양도문제는 1934년 수원지역의 사회단체들의 해소가 의결되면서 사회문제가 되었다.[95] 결국 운동장을 양도하던 1931년에는 문제가 되지 않았던 것이 3년이 지난 후에야 사회문제화 되었다. 이는 1931년에는 화성학원을 비롯

---

89) 조선일보, 1929. 8. 7.

90) 조선일보, 1929. 8. 19.

91) 조선일보, 1930. 9. 26.

92) 조선일보, 1930. 9. 13.

93) 조선일보, 1931. 5. 12.

94) 중외일보, 1930. 3. 25.

95) 동아일보, 1934. 9. 8.

한 사립학교를 지원해야 한다는 생각이 일반화되어 있었다는 것을 보여주는 것이라 할 수 있다. 동시에 수원지역 사회주의운동의 지도적 인물인 박승극이 수원지역의 민족주의 혹은 유지층을 대표한다고 할 수 있는 홍사훈의 화성학원에 운동장을 양도하였다는 것은 1928년 7월 홍사훈이 수원청년회 부흥대회에서 사회를 보고 회의 주도권을 신진세력에게 이양한 것과 함께 수원지역 사회운동 세력이 이념을 초월하여 협동하였다는 것을 보여주는 것이라 할 것이다.[96] 이를 방증할 수 있는 또 다른 근거로는 프로레타리아 미술전람회가 개최된 장소가 화성학원이었다는 점을 들 수 있다. 특히 1931년이라는 시기는 수원청년동맹에서 조선청년총동맹을 해소해야 한다는 결의안을 제출한 시기였다는 점에서 더욱 의미 있는 일이라 할 것이다. 즉 수원청년동맹이 노동·농민조합의 청년부로의 해소를 주장하는 계급·계층별 조직노선을 추구하던 시기이기 때문에 더욱 그러한 것이다.

그러나 1929년 8월 10일에 있었던 수원학생친목회 창립 12주년 기념 육상경기대회에서 발생한 사건은 지역사회의 명망가에 대한 도전이라는 점에서 주목된다. 즉 수원청년동맹, 신간회 수원지회, 수원노동조합, 프롤레타리아 예술동맹 수원지부 등이 대회위원장이 경기도평의원인 洪某(洪思勛−인용자)라는 사실을 발견하고 관료배 위원장 아래에서는 경기를 할 수 없다고 하면서 위원장의 변경을 요구하였으나 주최측이 이를 거부하자 대회를 보이콧트한 사건이다.[97] 이 사건은 사회주의세력이 유지 혹은 민족주의지향의 세력과 협력하고 있었다는 앞의 주장과 모순이랄 수도

---

96) 특히 홍사훈은 1927년에 실시된 도협의원선거에서 수원지역에서 당선되었다. 당선 직후 그는 수원청년회의 부흥대회에서 사회를 보고 회의 주도권을 신진세력에게 이양하였다.

97) 조선일보, 1929. 8. 13.

있으나 이는 친일화하고 있는 유지층 혹은 민족주의세력에 대한 견인의
의미라 생각된다.

다른 한편으로 수원에서는 1930년 3월 29~30일에 걸쳐 양일간 조선프
로레타리아 제1회 미술전람회가 개최되었는데 수원청년동맹에서는 이를
후원하기도 하였고98), 성호지부에서는 경비를 충당하고자 명함인쇄업을
개시하기도 하였다.99) 이로 보아 수원청년동맹의 재정은 그리 원활한 것
은 아니었다고 볼 수 있다. 또한 수원청년동맹은 수원소년동맹원들의 격
문사건을 지도했다고 생각된다. 이 격문사건은 수원소년동맹원인 김장성
(金長星)과 홍종근(洪鍾根)100)에 의하여 1930년 10월 12일 새벽에 발생하
였는데, 「無産大衆에게 격함」이라는 격문이 수원시내의 요지인 팔달문,
수구문, 조선곡자회사, 수원청년동맹운동장 등지에 나붙은 사건이다.101)
이 격문의 취지는 "무산대중에게 격함. 노동자 농민이여 일치단결하자. 전
민족적 대중투쟁을 궐기하자. 자본가의 착취에 대해 최후까지 반항하자.
조선총독부폭압정치를 타도하자. 무산자, 노동자, 농민 만세"102)로서 일제
와 지주, 자본가에 대한 투쟁을 강조하고 있다. 이 사건은 수원지역에 매
우 큰 충격을 주었다. 수원청년동맹을 비롯한 수원지역 사회단체들의 지
도자들은 물론이고 화성학원의 교사, 학생들까지 일제에 검거되어 취조를
받고 있기 때문이다.103)

---

98) 중외일보,1930. 3. 21.
99) 동아일보, 1929. 9. 5.
100) 昭和6年 刑控 第90號, 「金長星에 대한 判決文」.
101) 조선일보, 1930. 10. 13.
102) 昭和6年 刑控 第90號, 「金長星에 대한 判決文」.
103) 조선일보, 1930. 10. 14.

(3) 청총 해소 활동

조선청년총동맹은 1929년 12월 중앙상무집행위원인 차재정을 비롯한 중앙 간부들이 광주학생운동과 관련하여 대검거를 겪으면서 합법운동으로 전환하고자 하였다. 이에 청총 산하의 지방 단체들과 좌익은 청총의 방향전환을 비판·반대하였다. 이러한 상황 속에서 각지에서는 청총의 중앙기관의 개선을 반대하는 성명서를 발표하였다. 1930년 12월 14일 경상남도연맹을 시작으로 하여 인천·수원·의주·광주·평양의 청년동맹이 반대의사를 표명하였다. 이들이 반대한 이유는 첫째, 청년운동의 당면임무가 변하였으며 둘째, 청총과 청맹의 조직적 결합 때문이었다. 즉 노농조의 확대·강화라는 전술적 변화를 겪으면서 청년동맹을 노농조의 청년부로 귀속시키고자 하였던 것이다.

먼저 수원청년동맹은 1931년 1월 24일 청총의 중앙위원 개선 문제로 말미암아 해소를 제의하게 되었다.[104] 청총의 중앙위원개선문제란 1929년 12월 청총의 중앙상무위원이던 차재정을 비롯한 중앙 간부들이 광주학생운동과 관련하여 대검거를 당한 후 신임 간부를 선임하는 과정에서 발생한 사건이다. 즉 청총은 창립 이래 한 번도 개최된 적이 없던 정기대회를 소집하기 위하여 허정숙·차재정·박승극 외 3인을 집회해금 교섭위원으로 선임하여 일제측과 교섭하였으나 실패하였다.[105] 이에 청총은 1930년 11월 중 이른바 전설대회를 통하여 중앙집행위원장 윤형식, 상무서기 김약천, 추병환을 비롯한 신임 간부를 선출하였다.[106] 그러나 신임 간부진은 소위 공민권획득을 주장한 '합법운동파'[107]로서 우경화하였다고 보았기

---

104) 京畿道警察部,『治安狀況』, 1931. 7, 박경식편,『朝鮮問題資料叢書』제6권, 441쪽
   : 동아일보, 1931. 1. 28.

105) 동아일보, 1929. 11. 27.

106) 경기도경찰부, 앞의 책, 432쪽.

때문에 수원청년동맹을 비롯하여 중앙청년동맹과 인천청년동맹 등의 반대에 직면하게 되었다.[108] 이에 앞서 1930년 3월 말경 수원청년동맹 집행위원장인 박승극은 함북 경성(鏡城)청년동맹이 제기했던 전국청년동맹대표자소집준비회에 참석하기 위하여 상경하였으나 발기단체인 경성청년동맹의 위원이 한 명도 보이지 않고 준비회를 연기하자 청총과 함북도연맹, 경성청맹에 책임을 묻는 성명서를 발표하기도 하였다.[109] 이 성명에는 장흥청년동맹(金斗煥), 홍성청년동맹(金在翰), 강계청년동맹(李松奎), 중앙청년동맹(朴昊辰), 김제청년동맹(朴斗彥), 철원청년동맹(林茂山), 전주청년동맹(金文玉), 수원청년동맹(朴勝極)이 서명하였다. 그런데 홍성청년동맹의 김재한은 1931년에 성립된 윤형식을 중앙집행위원장으로 한 청총의 핵심 간부로서 우경화한 청총의 대표적인 인물이었다. 그리고 이 사실을 1930년초부터 허일, 윤형식 등이 청총을 합법운동으로 이끌고자 계획했다는 일제의 기록[110]과 비교하면 김재한이 이 성명에 서명한 것 역시 청총을 합법운동으로 이끌고자 한 운동의 연장선상에 있던 것이라 할 것이다.

이와 같은 과정을 거치면서 윤형식 등은 앞에서 서술했듯이 1930년 11월 전설대회의 형식으로써 청총을 장악하였다. 이에 수원청년동맹은 1931년 1월 24일 청총의 해소를 주장하였는데 수원청년동맹이 청총의 해소를 주장한 이유는 다음과 같다.[111]

　　　(경남도연맹, 함남북도연맹, 평남도연맹 등에 대하여) 도연맹 주최

---

107) '합법운동파'의 운동 논리에 대해서는 이애숙, 「1930년대 초 청년운동의 동향과 조선청년총동맹의 해소」, 『한국근현대청년운동사』, 풀빛, 1995. 참조바람.
108) 경기도경찰부, 앞의 책, 437쪽.
109) 중외일보, 1930. 3. 24.
110) 경기도경찰부, 앞의 책, 428쪽.
111) 경기도경찰부, 앞의 책, 441~442쪽.

로서 청총 간부를 개선하여 청총을 해소하고 <u>노동·농민 단체에 청</u>
<u>년부를 설치해서</u> 단체의 확대강화를 도모 (강조는 인용자)

이러한 청총의 해소논리는 1931년초 신간회가 해소되고 혁명적 노동조
합과 농민조합이 확대·강화되던 시대적인 상황과 일치한다. 그리고 또한
신간회 해소 직전 조직된 신간회 중앙집행위원에 수원의 박승극과 공석
정이 당선되고 있는 것으로 보아 신간회와 청년동맹의 해소에 수원지역
은 적극적으로 찬성하고 활동한 것으로 보인다. 이는 지역 차원에서 전개
된 청년운동이라 하더라도 중앙 차원에서 이루어지고 있던 논쟁이나 파
벌투쟁에서 자유롭지 못했다는 것을 의미한다. 그러나 한편으로는 지역사
회의 성격상 이들은 민족주의 혹은 사회주의를 가리지 않고 협력하고 있
음을 확인할 수 있었다.[112] 신간회의 해소될 무렵인 1931년에 있었던 수
원청년동맹운동장의 화성학원에 대한 양도는 민족주의와 사회주의의 협
력이 깨어지는 시기에도 지역사회에서는 이들 세력이 상호 협력하기도
하였음을 보여주는 좋은 예라 할 것이다. 한편 수원청년동맹의 해소 이후
동맹원들은 수진농민조합의 청년부 산하에 들어가 활동을 하며 집행위원
장이었던 박승극은 1931년 수진농민조합이 혁명적으로 전환하는 과정에
서 적극적인 활동을 전개하고 있다.[113]

---

112) 이와 관련하여서는 김일수, 「1920년대 경북지역 청년운동」과 이애숙, 「1920년
대 전남 광주지방의 청년운동」, 『한국근현대청년운동사』, 풀빛, 1995. 참조.
113) 수진농민조합에 관하여는 이 책에 수록되어 있는 「日帝下 水原地域의 農民組合
運動」, 참조바람.

4. 맺음말

1920년대 초반 전국적으로 청년단체가 급속히 조직되고 확산되는 과정에서 수원지역에서도 청년단체들이 조직되기 시작하였다. 그리고 이 단체들은 당시의 지적인 풍조 속에서 실력양성을 목적으로 하였다. 그러나 1920년대 중반에 이르면 청년단체는 '혁신'을 꾀하게 되며 이는 청년운동에 새로운 방향성을 제시하는 것이기도 하였다. 즉 사회주의를 이념으로 하는 청년단체가 조직되는가 하면 기존의 청년단체에 사회주의가 영향을 미치기도 하였다. 수원지역의 경우 사회주의를 이념으로 하는 청년단체가 최초로 조직되는 시기는 혁성단이 조직되는 1926년이기 때문에 다른 지역보다는 늦은 감이 있다. 이는 수원지역의 유지층 혹은 민족주의세력이 상대적으로 영향력을 여전히 유지하고 있었기 때문이었다. 따라서 1920년대 중반 이후 이들에 의하여 주도된 청년단체의 활동이 1920년대 초반의 경우보다 오히려 활발해지고 있기까지 한 것이다. 그러나 이러한 과정에서도 사회주의의 영향력은 확대되어 1929년에는 군단일 청년동맹이 조직되어 이후 청년운동을 주도하였다.

1920년대 수원지역의 청년운동의 특징은 다음과 같이 정리할 수 있다. 첫째, 1920년대 초반 수원지역의 청년단체는 지식인, 지주, 상공인, 종교인 등이 주도하였고, 이들은 실력양성을 목적으로 하였다. 그리하여 이 시기 청년운동은 주로 교육과 강연회 등을 중심으로 한 계몽활동에 주력하였다. 그러다가 1924년을 전후한 시기부터 서서히 청년단체의 혁신을 위한 움직임이 시작되어 1926년에는 사회주의 이념에 입각한 청년단체가 조직되기에 이르렀다. 둘째, 군 단일 청년동맹의 조직이 다른 지역보다 조금 늦은 1929년 초반에야 가능했다는 점이다. 이는 유지층으로 대표되는 민족주의세력 혹은 현실 순응적인 세력의 영향력이 여타 지역보다 강했

덜 지역적인 특성과 그에 따른 사회주의세력의 늦은 성장에서 그 이유를 찾을 수 있다고 생각한다. 셋째, 청년단체의 혁신 과정에서 다른 지역에서 보였던 유지층과 청년층의 대립과 같은 문제는 심각하게 나타나지 않았다. 이 점은 앞에서도 지적했듯이 사회주의자들이 조선청년총동맹의 조직원칙을 수용하면서 민족주의자들과 대립하지 않으려 하였다는 점도 있지만 현실적으로도 개화운동이나 의병운동의 흐름을 이어받은 지역사회 유지층의 활발한 사회활동의 결과 민중에 대한 그들의 영향력이 여전히 강했기 때문이라고도 할 수 있다. 그리하여 청년회 혁신의 주요한 특징 중의 하나인 연령 제한과 회장제에서 위원제로의 변경이 비교적 순탄하게 이루어졌던 것이다. 넷째, 중앙에서 전개되었던 논쟁이나 파벌투쟁이 지방에까지 영향을 미치고 있음을 확인할 수 있었다. 그러나 민족협동전선인 신간회가 해소된 이후에도 수원지역에서는 화성학원에 대한 수원청년동맹운동장의 양도와 같은 민족·사회 양대세력 사이에 협력이 제한적이나마 이루어지고 있었다. 이는 지방의 경우에는 지역사회의 객관적 조건을 지역사회의 활동가들이 유연하게 활용하고 있었다는 것을 시사한다. 마지막으로 군(동맹)-면(지부)-리(반)으로 이어지는 청년동맹의 조직체계가 지역의 사정에 따라서 정남반의 조직에서 볼 수 있듯이 면 단위의 반조직이 설치되고 있었다는 점을 확인할 수 있었다. 이는 앞에서도 지적한 있듯이 지역사회의 활동가들이 지역의 조건에 맞게 운동을 전개하고 있었다는 또 다른 증거가 된다고 할 것이다.

(『한국민족운동사연구』24, 2000)

朴勝極과 朝鮮프롤레타리아藝術同盟 水原支部

1. 머리말

일제하 특히 1920년대 중반 이후 1930년대 수원지역의 민족운동을 이해하기 위해서는 박승극이라는 인물에 대한 이해가 필수적이라 할 수 있다. 그는 수원청년동맹, 신간회 수원지회, 수진농민조합, 수원노동조합 그리고 조선프롤레타리아예술동맹(이하 카프-인용자) 수원지부 등 1920-1930년대 수원지역 대중단체의 집행위원장 혹은 집행위원으로서 핵심적인 역할을 하고 있기 때문이다. 따라서 일제하 수원지역의 민족운동에 대한 올바른 이해를 위해서도 박승극에 대한 연구는 필요하다고 할 것이다. 그러나 수원지역사에 대한 연구 과정에서 박승극에 대해 주목한 연구는 드문 형편이다.[1] 이는 그가 사회주의 활동을 전개했던 인물이었고 해방

---

[1] 박승극 개인에 관한 연구는 그의 문학 작품이나 평론에 관한 것이 몇 편이 있으나 수원지역을 중심으로 한 그의 활동에 대한 직접적인 연구는 한 편도 없다. 박승극의 문학작품과 평론에 대한 연구로는 정영진, 「<정치문인> 朴勝極의 軌跡」, 『現代文學』, 1992. 3. ; 조남현, 「朴勝極의 실천·비평·소설」, 『韓國文化』 25, 서울대학교 한국문화연구소, 2000. 6. 등이 있다.

이후에는 화성군과 수원군의 인민위원장으로서 수원지역민들에게 각인되어 있기 때문이라 할 수 있다.

　그러나 필자는 역사적인 인물을 평가할 때는 시기에 따라 나누어 볼 필요가 있다고 생각한다. 특히 식민지시대사의 경우에는 더욱 그러하다고 생각된다. 왜냐하면 해방 이전과 해방 이후의 한국사의 전개과정에서 남북의 분단과 한국전쟁이라는 특수한 현실이 있기 때문이다. 해방 이후 박승극의 행적에는 입장[2]에 따라 적지 않은 논란이 있다. 이 입장 때문에 박승극이라는 인물이 제대로 평가를 받지 못한다면 이는 수원지역사 더 나아가 식민지시대사의 연구에 큰 손실이 아니라 할 수 없다.

　따라서 필자는 식민지시대 박승극의 활동에 주목하였다. 그의 활동 가운데 주목되는 것은 수원지역 민족운동의 지도자라는 점 외에도 그가 소설가로 혹은 평론가로 활발히 활동하였다는 점이다. 특히 그는 카프 수원지부의 집행위원장으로서 1930년에 한국 최초로 프롤레타리아미술전람회를 수원에서 개최하였다. 이는 카프의 지부가 어떠한 활동을 하였는가

---

2) 여기에서 말하는 입장이란 사상적인 입장뿐만 아니라 그와 그의 인척인 박승길(朴勝吉)의 집안 사이에서 있었던 폭행사건에 대한 입장까지를 말한다. 이 사건의 원인은 박승길의 부친인 박희양(朴喜陽)과 정문리 입구의 술집 여주인과의 사이에서 있었던 불륜을 비판하는 소설을 박승극이 창작한 데에 있다. 이 사건은 해방 이후 박승길이 대동청년단에 가입하고 경찰에 투신하면서 더욱 확대되었다. 즉 박승극의 소설로 인해 박승극과 박승길의 사이에는 나쁜 감정이 싹텄고 결국 해방 후 박승길이 박승극가의 일을 보아주는 농민들을 평택의 서탄면 사람들을 동원하여 테러하는 사건으로까지 이어졌다. 그리고 한국전쟁이 발발한 이후에는 박승극이 수원군인민위원장으로 내려오고 그의 부친인 박흥양(朴興陽)이 양감면인민위원장이 되자 정문리에 피난와 있던 박승길을 체포하여 사망하게 한 사건이 발생하였다. 이를 두고 수복 이후 박승길의 부친인 박희양은 박승극이 자신의 아들을 죽였다면서 박승극가의 사람들을 혹독하게 다룬 사건이 있었다. 그리하여 당시 박희양의 집은 마치 경찰서와 같았다고 한다.(崔長植의 증언, 1930년생, 화성군 정문2리 348, 2000. 9. 24)

를 보여주는 매우 중요한 사례라 생각되었다. 또한 그가 남긴 문학 작품을 통하여 그의 역사관을 확인할 수 있으리라 생각하였다. 여기에서 그는 청년동맹이나 신간회와 같은 실천활동의 경험을 과감하게 작품으로 재구성[3]하였다는 점에서 당대의 독특한 존재라는 점을 강조하고 싶다.

이 글을 작성하게 된 목적은 크게 두 가지로 볼 수 있다. 첫째는 카프에 대한 기존의 연구[4]는 대개 중앙 조직을 중심으로 한 조직의 변화와 시기에 따른 지도부의 교체 및 작품 분석이 중심이 되었다. 이에 따라 카프에 대한 연구는 상당히 축적되었으나 지부의 활동에 대한 연구는 전무한 실정이었다. 따라서 수원지부의 활동을 통해 카프의 지부 활동과 구성원의 성격을 분석함으로써 카프의 성격을 보다 명확히 밝히고자 한다. 둘째는 위에서도 언급했지만 식민지시대 수원지역의 민족운동의 실상에 대해 보다 명확한 이해를 위해 당시 수원지역의 대표적인 민족운동가인 박승극의 전모를 살피는데 있다. 이렇게 함으로써 우리는 수원지역의 민족운동에 대한 보다 실증적이고 명확한 이해에 도달할 수 있으리라 생각한다.

2. 박승극의 약력과 문학론

1) 약력

박승극은 일제하 수원지역의 사회운동가로 혹은 소설가, 문학평론가로

---

3) 조남현, 앞의 글, 80쪽.

4) 대표적인 저서로 권영민, 『한국계급문학운동사』, 문예출판사, 1998. : 김시태, 『한국프로문학비평연구』, 아세아문화사, 1978. : 김윤식, 『한국근대문예비평사연구』, 일지사, 1976. : 김재용, 「일제하 프로소설사론 연구」, 연세대학교 박사학위논문, 1992. : 역사문제연구소, 『카프문학운동연구』, 역사비평사, 1989. 등을 들 수 있다.

알려진 인물이다. 그에 대해 알려진 바는 극히 드물지만 그의 약력은 그가 1960년대 초에 직접 밝혔던 것으로 보이는 약력5)과 일제의 재판기록6)이 전해져 오기 때문에 대체적으로는 알 수 있다. 이 기록에 따라 박승극의 약력을 재구성해보면 다음과 같다. 박승극은 1909년 12월 14일 수원군 양감면 정문리의 농가에서 출생하였다.7) 1923년 4월 보신강습소가 설치되면서 박승극은 2학년에 입학하였으나, 여름 방학이 끝난 후 서울의 배재학당에서 배재고보에 입학하기 위한 강습을 받기 위해 보신강습소를 중퇴하고 1924년 배재고보에 입학하였다. 1928년 서울배재고등보통학교를 4년 수료한 이후 일본의 동경으로 건너가 일본대학에 입학했으나 같은 해 7월 대학에 재학하면서부터 좌익출판물을 탐독하여 공산주의에 공명하여 부르주아교육을 혐오, 퇴학하고 귀국하였다. 귀국 이후 그는 1928년 말 카프에 가맹하였으며, 수원에서 조선일보 수원지국을 경영하고, 이원섭·장주문과 함께 정문리에서 신흥학당, 용소리에 대화의숙, 사창리에 보신강습소8) 등을 설치하거나 무산교육기관으로 개조하여 무산교육을 실시하였

---

5) 조선작가동맹출판사, 『조선문학선집』제9권, 평양, 1960.(정영진, 「<정치문인> 朴勝極의 궤적」, 『현대문학』, 401~411쪽, 1992. 3에서 재인용)

6) 水警高秘 弟4782號, 昭和 6年 12월 28日, 「秘密結社 赤色農民 組合組織計劃에 關한 件」, 김경일 편, 『韓國民族解放運動史資料集』 第4권.

7) 그가 스스로 농가에서 출생하였다고 한 것은 북한에서의 정치적인 필요에 의한 것으로 보인다. 일제의 문서에 따르면 그는 "매우 부유한 집"에서 태어났다고 한다.(水警高秘 第4782號, 昭和6年 12월 28日, 「秘密結社 赤色農民組合組織計劃에 關한 件」, 김경일 편, 『韓國民族解放運動史資料集』 제4권) 일제의 이러한 분석은 타당한 것으로 보인다. 증언에 따르면 박승극의 부친인 박홍양은 30마지기 정도의 농사를 지었으며 정문2리(浦塘洞)의 구장을 지냈다고 한다. 박승극 역시 해방 이후까지 정문리에서 과수원을 경영하였다고 한다(韓南洙의 증언, 1930년생, 화성군 양감면 정문1리 205, 2000.9.24.).

8) 보신강습소는 사창2리의 光山金氏 문중에서 설립하였다고 한다. 당시에 학감은 김용묵이었고, 3개의 교실과 운동장을 갖추고 있었다고 한다. 일제에 의하

다. 그리고 신간회 수원지회 · 수원기자동맹 · 수원청년동맹9) · 카프 수원
지부 · 수진농민조합10) 등을 조직하거나 가입하여 활동하였다. 또한 1930
년에는 수원에서 우리나라 최초로 프롤레타리아 미술전람회를 개최하여
농촌청년에 대하여 혁명의식을 교양하였다.11) 특히 1931년 수진농민조합
사건에 관계되어 검거되어 1932년 무죄 석방된 것을 포함하여 25차례나
구금되기도 하였다. 한편 그는 1945년 해방 이후 남반부에서 지하공작을
하였고, 조선문학건설본부와 조선프롤레타리아문학동맹에 참여하였고,
남조선문학가동맹 중앙상무위원이 되었다. 1946년에는 민주주의 민족전
선 결성에 참여하여 경기지부 사무차장 및 선전부장, 중앙위원을 역임하
였다. 그리고 1948년 8월 월북하여 조선민주주의 인민공화국 최고인민위
원회 대의원으로 선출되었고, 한때 문화선전성 문학예술부장과 국립출판
사 사장을 역임하였다.

그런데 박승극은 1920년대 후반부터 해방에 이르는 시기까지 한 번도
수원을 떠나지 않았다. 이는 지역을 대표하는 활동가로서의 박승극의 역
사적 위상을 보여준다. 그리고 박승극에게는 승우(勝愚), 승호(勝浩)의 두
동생이 있었는데 이들 역시 박승극의 영향을 받아 좌익활동을 하였다.12)

여 강제로 폐지된 이후에는 김용철이 서당을 개설하여 한문을 교수하였는데
이 당시에도 일제는 경찰을 파견하는 등 감시가 심했다고 한다.(金善基의 증언,
1927년생, 화성군 양감면 사창2리, 2000. 9. 24)

9) 수원청년동맹에 대해서는 이 책에 수록되어 있는 「1920년대 京畿道 水原地域
의 靑年運動과 水源靑年同盟」 참조 바람.

10) 수진농민조합에 대해서는 이 책에 수록되어 있는 「日帝下 水原地域의 農民組合
運動」 참조 바람.

11) 김경일편, 앞의 글, 앞의 책.

12) 한남수의 증언, 2000. 9. 24. 그에 따르면 박승우는 한국전쟁 당시 마포구인민위
원장이었으며, 막내인 박승호는 보도연맹에 가입하여 활동하였다고 한다. 그
리고 박승우는 박승극과 함께 월북하였으며 박승호는 한국전쟁 중 총살당하였

다른 한편 주목되는 것은 박승극이 조선청년총동맹과 조선프롤레타리아예술동맹의 해산을 촉구하는 글을 발표하였다는 것이다.[13] 이로 보아 박승극은 수원지역의 사회운동 뿐만 아니라 전국 차원의 사회운동에도 상당한 관심을 갖고 있었음을 알 수 있다. 그리하여 그는 조선청년총동맹의 해산 활동에 깊숙이 관여하고 있는 것이다.[14]

박승극은 1929년『조선지광』에 소설「농민」을 발표한 이래 1970년「밤하늘의 별들」(『조선문학』, 1970. 10)을 발표하기까지 창작활동에 정진하였다. 1932년 석방된 이후 사회운동보다는 창작 및 평론활동에 더욱 적극적이었던 것으로 보인다. 그의 창작과 평론이 주로 1932년 이후에 이루어지고 있기 때문이다. 현재 확인된 박승극의 주요 저작은 다음과 같다.[15]

<소설 및 수필>
「농민」,『조선지광』, 1929. 6.
「재출발」,『비판』3~4, 1931. 7~8.
「풍진」,『신인문학』, 1935. 4.
「그 여인」,『신인문학』, 1935. 8
「색등 밑에서」,『신인문학』, 1935. 10.
「화장」,『신조선』, 1935. 12.
「풍경」,『신조선』, 1936. 1.
「추야장」,『신인문학』, 1936. 1.
「술」,『비판』, 1939. 4.
「백골」,『비판』, 1936. 9.

다고 한다.

13) 조선청년총동맹의 해산을 주장한 글은 박승극,「朝鮮靑年總同盟解消論」,『解放』3-3, 1931. 3. 참조 바람.

14) 이에 대해서는 졸고, 앞의 논문,『한국민족운동사연구』24, 2000. 참조 바람.

15) 박승극의 저작에 관한 자료는 박승극문학전집발간위원회의 도움에 힘입은 바 크다.

「눈(雪)」, 『신세기』, 1939. 10.

「생산적인 문학」, 『조광』, 1940. 1.

「농민문학의 옹호」, 『동아일보』, 1940. 2.

「항간사」, 『신인문학』, 1945. 12.

「상투와 꽃과 인민위원회와」, 『예술운동』 창간호, 1945. 12.

「그날 밤」, 『우리문학』 창간호, 1946. 2.

「떡」, 『문학』2, 1946. 11.

「농민문학의 신과업」, 『협동』3, 1947. 1.

「길」, 『문학평론』3, 1947. 4.

「별도 성내다」, 『신조선』5, 1947. 6.

「밥」, 『남선경제신문』, 1948. 10. 1~1948. 11. 6.

「제2작업반장」, 『조선문학』, 1956. 7.

「어느 젊은부부의 이야기」, 『조선문학』, 1957. 12.

「어머니의 품」, 『조선문학』, 1962. 12.

「크나큰 길」, 『조선문학』, 1963. 9.

「보리고개」, 『조선문학』, 1964. 9.

「밤하늘의 별들」, 『조선문학』, 1970. 10.

『다여집』, 1938.

<평론>

「조선청년총동맹해소론」, 『해방』3-3, 1931. 3.

「프로문학운동에 대한 감상」, 『비판』9, 1932. 1.

「프로작가의 동향」, 조선일보, 1933. 9. 2~9. 5.

「창작의 기술문제」, 조선일보, 1933. 9. 6.

「최근 문단의 일별」, 조선일보, 1933. 9. 7.

「최근의 프로시단」, 조선일보, 1933. 9. 30.

「최근의 창작평」, 조선일보, 1933. 9. 30~10. 6.

「이기영, 권환, 송영 삼씨의 공저 <농민소설집> : 농민문학문제에 관련하여」, 조선일보, 1933. 12. 10~12. 14.

「객랍 서거한 노문호 루나찰스키의 추억」, 동아일보, 1934. 1. 13~14.

「조선에 있어서의 자유주의 사상」, 조선중앙일보, 1934. 7. 14~31.

「문예시평」, 조선일보, 1934. 9. 11~9. 13.

「문단신평」, 『신인문학』, 1934. 11.

「문예시평」, 조선일보, 1934. 11. 3~4.

「창작 <育つ>에 대하여」, 조선일보, 1934. 11. 3~11. 4.

「조선문단의 회고와 비판」, 『신인문학』, 1935. 3.

「리얼리즘소고」, 조선중앙일보, 1935. 3. 11~30.

「2월 창작평」, 『조선문단』, 1935. 4.

「김동인씨의 난평을 박함」, 『조선문단』, 1935. 4.

「중국 여류작가 정령에 대하여」, 『조선문단』, 1935. 5.

「조선문학의 재건설」, 『신동아』6, 1935. 6.

「예술동맹 해산에 제하여」, 『신조선』, 1935. 8.

「고이관용박사를 추억함」, 『신조선』, 1935. 8.

「문화옹호 국제작가회의 경과」, 조선중앙일보, 1935. 9. 8~11.

「문예시평」, 『신인문학』, 1935. 10.

「이북명시의 '초지'에 대하여」, 조선중앙일보, 1935. 10. 13~16.

「창작방법의 확립을 위하여」, 조선중앙일보, 1935. 12. 14~22.

「문예시감」, 『신조선』, 1935. 12.

「1936년을 맞은 각국 문단 개황고」, 조선중앙일보, 1936. 2. 25~3. 1.

「문학의 일보 전진」, 『비판』, 1936. 3.

「노동자에 서는 작가」, 조선중앙일보, 1936. 6. 3~7.

「문화옹호국제작가대회」, 『비판』, 1937. 2.

「금일의 문학도」, 『비판』, 1937. 2.

「퇴영과 저조의 난류」, 『비판』, 1937. 2.

「그의 인간사상과 작품 문단에 대하여」, 『풍림』, 1937. 5.

「문필가의 당면한 부분적 임무」, 조선중앙일보, 1937. 7. 11~13.

「지성옹호문제사건」, 『비판』, 1938. 11.

「동아일보 신인문학 콩쿨에 대하여」, 『비판』, 1939. 2.

「문예시평」, 『조선문학』, 1939. 5.

「상반기 창작계를 총결산하면서」, 『비판』, 1939. 6.

「예술은 길고」, 매일신보, 1940. 9. 19.

「문단 분위기」, 매일신보, 1940. 9. 19.

「비평시비론」, 매일신보, 1940. 9. 23.

「생산문학의 전망」, 매일신보, 1940. 12. 17~24.

「전쟁과 문학」, 『학생월보』, 1946. 8.

이상의 박승극의 저작을 통해보면 그는 일반문학뿐만 아니라 사회운동 단체에 대한 해소론에 이르기까지 다양한 분야에 대한 글을 남겼음을 알 수 있다. 이는 그가 문학뿐만 아니라 우리 사회 전체에 대해 관심을 갖고 있었음을 알려준다. 그리고 그의 이러한 문제 의식은 실천을 통하여 획득된 것이라 생각된다. 1920년대 후반~1930년대 초에 이르는 시기의 실천 활동의 경험이 그의 글 속에 투영되었다고 보이기 때문이다. 한편 그는 해방 이후 『샛별』이라는 잡지를 창간하였다고 한다.[16]

2) 문학론

앞에서 보았듯이 박승극은 문학에 지대한 관심을 가지고 있었다. 소설 및 수필을 다수 창작했을 뿐만 아니라 비평도 상당히 많이 남기고 있는 것이다. 그의 소설을 내용적으로 보면 「농민」, 「그 여인」, 「색등 밑에서」 등과 같이 농민이나 여급이나 뻐스걸이 의식화되어 가는 과정을 그린 것, 「재출발」, 「풍경」, 「떡」처럼 주의자가 투쟁하는 모습을 구체적으로 그려낸 것, 「풍진」, 「추야장」, 「화초」 등과 같이 감옥에서 계속 학습을 하면서 조용히 미래를 대비하는 모습을 그린 것, 「항간사」처럼 사이비주의자를 그린 것 등으로 나누어 볼 수 있다. 소설유형별로 보면 「풍진」, 「그 여인」, 「화초」, 「추야장」 등과 같은 감옥소설, 「재출발」, 「풍진」, 「추야장」, 「떡」 등과 같은 주의자소설 혹은 사상소설, 「재출발」, 「풍경」, 「떡」 등과 같은 노동자소설, 「농민」과 같은 농민소설, 「색등 밑에서」와 같은 여급소설, 「항간사」와 같은 사기꾼소설 등으로 분류할 수 있다.[17] 이상에서 그의 소설은 민중의 계급적 성장과 사회주의

---

16) 한남수의 증언, 2000. 9. 24.

자들의 투쟁 등을 주된 관심으로 하고 있음을 확인할 수 있다.

다음으로 그의 문학에 대한 관점을 잘 알려주는 것은 임화(林和)와 김남천(金南泉)의 작품에 대한 비평[18]을 비롯한 일련의 비평 속에서 찾을 수 있다. 그는 우선 1933년 무렵 임화가 정치, 경제, 철학, 문학의 다방면에 걸친 글을 쓰고 있는 데에 대해 부정적인 평가를 하고 있다. 즉 "그 어느 것이나 학구의 냄새가 나고 일본 직수입적 불가해의 한문 문구를 늘어놓지 않은 것이 없"고 다방면에 걸친 그의 관심은 결국 그의 작품이 매우 어려워 소위 "○○○○(부르주아-인용자) 인텔리겐차도 알아볼 수 없는 정도의 글을 쓰는 데로 다름질치고 있다."고 하였다. 이는 임화가 평이하고도 쉽게 일반대중이 이해할 수 있는 작품을 쓰고 있지 않다는 것을 비판하고 있는 것이다. 따라서 박승극은 평이하고도 쉬운 문장을 사용함으로써 일반대중도 문학작품에 쉽게 접근할 수 있어야 한다는 점을 강조하고 있다. 또한 박승극은 김남천에 대해서도 신랄한 비판을 하고 있다. 즉 그에 따르면 김남천은 소부르주아적인 생활을 영위하며 그의 작품 속에서 소부르주아 극좌적 망동을 계급적으로 엿볼 수 있다고 하였다. 따라서 박승극은 프롤레타리아적인 입장에서 창작해야 함을 강조하고 있다. 이는 다음과 같은 그의 문학관에서 기인하는 것으로 보인다.[19]

> 黨派心!! 정당한 의미의 黨派心을 우리는 固守하는 바이다. 그러기 때문에 藝術至上主義者들과는 永遠히 妥協치 못하고 또 金煥泰씨 모양으로 덮어놓고 「文壇」, 「文學」을 擁護하는 것이 아니며 또한 작품을 一貫한 進步的인 이데올로기를 첫째로 따지는 것이다.

---

17) 조남현, 앞의 글, 85쪽.
18) 박승극, 「프로作家의 動向」, 조선일보, 1933. 9. 2~9. 5.
19) 박승극, 「文藝時感」, 『新朝鮮』, 1935. 12, 71쪽.

이로 보아 박승극은 계급적 당파성을 견지하는 것을 문학활동의 제1차적 의무라 생각했던 것으로 보인다. 하지만 그는 동시에 문학작품은 조직적 통제하에 있어야 한다고 하였다.[20]

이러한 연장선상에서 그가 농민소설에 관심을 가지고 있었던 것은 당연한 결론이라 하겠다. 그는 1932년에 출간된 이기영, 권환, 송영의 『농민소설집』에 대한 비평에서 발표되지는 않았지만 「농민문학운동과 그의 배포문제」와 「농민문학에 대하여」라는 논문과 『싹트는 곳』과 『농민조합』이라는 소설을 자신이 썼다는 사실을 말하면서 자신이 농민문학에 관심이 많다는 것을 강조하였다.[21] 실제로 그는 앞에서도 언급했듯이 수진농민조합의 지도자로서 농민문제를 해결하기 위해 실천투쟁을 하기도 하였다. 이는 곧 그가 이미 농민문제에 관심을 갖고 있었다는 것을 보여주며 동시에 이 과정에서 얻은 경험은 그의 창작 및 비평 활동에 어떠한 형태로든 영향을 끼쳤을 것이라 생각된다.

다른 한편 그는 식민지라는 조선의 현실 속에서 농민문제가 가장 중요한 문제가 된다고 보았다.[22] 따라서 그에게는 농민문제를 해결하는 것이 모든 문제를 해결하는 것이라 인식되었다. 그러면 그는 어떠한 방법을 농민문제의 해결책으로 생각했을까. 그의 실천 활동에서도 확인할 수 있듯이 그는 농민조합과 같은 조직을 통해 농민문제를 해결하고자 하였다. 권환(權煥)의 『목화와 콩』에 대한 평론에서 그는 "목화와 콩 재배장려 등과 공동 판매에 대한 정체의 설명과 아지(선동-인용자), 프로(선전-인용자)적

---

20) 박승극, 「Book Review 『農民小說集』 農民問題와 關聯하여」(上), 조선일보, 1933. 12. 10.

21) 박승극, 「Book Review 『農民小說集』 農民問題와 關聯하여」(上), 조선일보, 1933. 12. 10.

22) 박승극, 「Book Review 『農民小說集』 農民問題와 關聯하여」(上), 조선일보, 1933. 12. 11.

담화로 말미암아 각성이 되고 단합을 해서 드디어 일을 일으켰다는 것은 자연스러운 묘사이며 ○○농조 ○○지부 경화동반이 성립되었다는 것도 필연적"[23)이라고 하였다. 이는 결국 농민조합의 조직과 그 활동을 통해 농민문제를 해결할 수 있다는 인식과 투쟁을 통한 조직관을 바탕에 깔고 있었다는 점을 잘 보여준다.

이상에서 보듯이 그는 농민문학에 관심을 가졌고 문학작품은 프롤레타리아트의 계급적 관점을 견지하면서 일반 대중이 알기 쉽게 써야 한다는 점을 강조하였다. 그리고 이러한 문학 활동은 카프라는 조직적 틀을 유지하는 것을 전제로 하는 것이었다.

3. 카프 수원지부의 설립과 활동

1) 설립과 조직 구성원의 성격

카프의 조직에 주도적 역할을 했던 단체는 송영, 이적효, 이호, 박세영, 김홍파 등이 주도하던 염군사와 김기진, 박영희, 이상화, 이익상, 김석송, 연학년, 안석주, 김복진 등이 주도하던 파스큘라였다. 이 두 단체는 1925년 초 염군사의 합작요구 이후 우여곡절을 겪으면서 통합하여 카프를 조직하게 된다. 그리하여 1925년 8월 17일 일본의 사회주의자요 프롤레타리아 작가로 이름높던 나카니시(中西伊之助)의 조선 방문 환영회에서 조직 준비 모임을 갖고 8월 23일 정식 결성되었다.[24) 이후 수원을 비롯하여 함

---

23) 朴勝極, 「Book Review 『農民小說集』 農民問題와 關聯하여」(上), 조선일보, 1933. 12. 14.

24) 조선프롤레타리아예술동맹의 결성에 대해서는 권영민, 『한국계급문학운동사』, 문예출판사, 1998, 참조 바람.

홍·평양·해주·금산·개성·원산·경성·목포·의주, 안주, 동경, 간도 등지에 지부가 결성되었다.

카프 수원지부는 1929년 4월 23일 신간회 수원지회 사무실에서 조직되었으며, 서무부 박승극, 교양부 공석정, 선전 및 조사부 권순증을 선출한 후 1. 기관지『무산자』지지에 관한 건, 1. 문예강연회에 관한 건, 1. 사무소에 관한 건, 1. 회비증모에 관한 건을 토의하였다.[25] 앞의 토의 사항 중에서『무산자』지지에 관한 건은 박승극으로 대표되는 수원지역의 사회주의자들이 ML파를 지지하였음을 의미한다. 즉 카프의 기관지로서『예술운동』이 있음에도 불구하고 카프 동경지부의 조직원인 김두용, 이북만, 성자백 등이『무산자』라는 새로운 잡지를 발간한 것은 경성의 카프 본부와 대립적 입장에 있음을 의미한다. 이는 ML파의 고경흠과 연결된 동경지부원들의 예술에 대한 인식에서 출발한다. 동경지부의 입장을 대표하는 임화는 "모든 박해와 곤란을 무릅쓰고 나아가는 영웅적 투쟁"[26]을 주장함으로써 경성본부를 대표하는 김기진이 주장하였던 "현실에서 얻을 수 있는 조건하에서 취하는 합법적 행동"[27]이라는 주장을 논박하였다. 더 나아가 동경지부의 이우적은 "예술동맹은 문예청년 대중을 정치투쟁으로 끌어내기 위한 중계자"[28]라 하여 정치투쟁을 강조하고 있다. 이러한 동경지부의 입장을 대변하는『무산자』를 지지한다는 것은 곧 수원지부 역시 이들과 같은 입장을 갖고 있었다는 것을 말한다. 그러나 이들의 입장이 실제의 운동 과정에서 관철되었을까. 필자는 그렇지 않았다고 생각한다. 필자가 이미 살펴본 수진농민조합, 수원청년동맹의 활동을 통해 볼 때 이들은

---

25) 중외일보, 1929. 4. 28.
26) 임화,「김기진에 답함」,『조선지광』1929, 11, 69쪽.
27) 김기진,「藝術運動에 대하여」, 동아일보, 1929. 9. 21.
28) 이우적,「청년운동과 문예투쟁」,『예술운동』, 1927, 11, 36쪽.

최소한의 경제투쟁에 머물고 있음을 확인할 수 있다. 이는 당시 수원지역의 객관적인 운동 조건과 수원지역 사회주의자들의 운동 역량 때문이었다고 생각된다. 보통 군 단위의 청년동맹이 조직되는 것은 1927년을 전후한 시기인데 비하여 수원지역에 청년동맹이 조직되는 시기는 1929년 초반으로 추정된다. 이와 같이 다른 지역보다 수원지역의 청년동맹이 늦은 시기에 조직되는 이유는 수원지역 유지층의 영향력이 상대적으로 강했기 때문이었다.29) 이러한 상황 속에서 수원지역의 사회주의자들이 정치투쟁을 실천할 수는 없었다고 생각되는 것이다. 이로 보아 이들이 『무산자』를 지지한 것은 선언적인 차원으로 이해해야 한다고 본다.

카프 수원지부는 1929년 8월 12일 제1회 정기대회를 개최하고 박승극을 위원장에 선출하는 한편 서무부 권순증30), 교양부 공석정, 조직부 엄익홍, 조사부 황응선(黃應善)을 선출하였다. 그리고 1. 본부대회 촉성의 건 1. 연극공연의 건 1. 자체 내 개량주의자 속출의 건 1. 평양사건 상세 조사의 건을 결의하였다. 또 1929년 11월 11일에는 집행위원회를 열어 서무부 위원으로 정광수를 선임하고 노동조합 인공반과 공동개최하기로 하고 본부대회의 촉진을 결의하였다.31) 이와 같은 카프 수원지부의 설립 경위에 관하여서는 박승극이 남긴 글이 있다.32) 이 글에서 박승극은 "나는 학생시대부터 문학방면에 취미를 가졌었고 또 마침 수원에「중성극우회」라는 소부르주아 유한청년 및 기생층을 망라한 좋지 못한 예술단체가 조직되어" 이에 대항하기 위하여 카프 수원지부를 조직하였다고 진술하고 있다.33) 이는 결국 카프 수원지부의 결성 목적 가운데에는 소부르주아적인

---

29) 졸고, 앞의 글, 『한국민족운동사연구』24, 236~237쪽. 참조 바람.

30) 권순증을 일부 연구에서는 권순회로 잘못 쓰고 있어 바로 잡는다(권영민, 『한국계급문학운동사』, 문예출판사, 1998. 147쪽.

31) 조선일보, 1929. 11. 14.

32) 박승극, 「藝術同盟解散에 際하야」, 『新朝鮮』, 1935. 8.

예술단체 및 활동을 견제하고자 하는 의도가 내포되어 있다고 할 수 있다.[34]

그리고 카프 수원지부의 조직에 중심적인 역할을 한 인물로 자신 이외에 공석정·권순증·김봉희 등을 들고 있다. 이외에도 카프 수원지부의 활동에 적극적이었던 인물들은 제1회 프롤레타리아미술전람회에 출품했던 우성규, 임범진, 김정원, 김×내, 변기재, 곽병영, 황응선, 차재화, 이×현 등과 집행위원이었던 엄익홍, 정광수 등을 들 수 있다. 이들의 이력을 살펴보자. 먼저 공석정은 오산지역의 핵심적 활동가로서 오산청년동맹, 수원청년동맹, 신간회 수원지회 등의 핵심인물이었으나 1935년 8월경에는 "세간에 악평만 남겨놓고 행방불명"[35]된 인물이었다. 권순증은 수원청년회, 수원청년동맹 등의 핵심적인 활동가였으며, 김봉희와 함께 1935년 8월 현재 일본의 동경 토요타마(豊多摩)형무소에 복역[36]하고 있었다. 그리고 우성규는 화성학원[37] 출신으로서 수원기자동맹, 수원청년회, 수원소년군, 삼월회 등 수원지역 사회단체의 중견인물이었다. 변기재는 오산지역의 핵심적인 활동가로서 수원청년동맹과 신간회 수원지회, 수진농민조

---

33) 중성극우회는 민족운동에 적극적으로 참여한 단체로는 보이지 않는다. 1929년 3월 23일 신간회 수원지회의 간사인 공석정이 중선극단과의 폭행사건으로 인하여 '신간회를 위하여' 자신이 희생하지 않으면 안되었다는 사실에서 알 수 있다.(동아일보, 1929. 3. 28)

34) 중외일보, 1929. 5. 9.
그런데 같은 해 5월 7일 수원경찰서에서는 카프 수원지부의 규약을 출판 허가를 받지 않고 등사하였다는 이유로 압수하였다.

35) 박승극, 「藝術同盟解散에 際하야」, 『新朝鮮』, 1935. 8.

36) 박승극, 「藝術同盟解散에 際하여」, 『新朝鮮』, 1935. 8. 권순증이 복역한 이유는 일본의 공산주의자 佐野學의 공판 때 동지탈환투쟁을 계획한 사건의 주모자로 체포되었기 때문이다(조선중앙일보, 1934. 7. 28.).

37) 화성학원에 대해서는 이 책에 수록되어 있는 「日帝下 水原地域의 私立學校의 成長」 참조 바람.

합에서 활동하였고 오산노동야학원사건에 관련되어 수형생활을 하였다.[38] 황응선은 수원청년동맹과 수원노동조합의 집행위원을 역임하였고, 차재화는 수원소년동맹과 수원노동조합 집행위원이었으며, 해방 이후 월북하였다고 한다. 그리고 김정원은 형평사 수원지부의 집행위원장이었고[39], 임범진은 수원노동조합의 집행위원이었다. 엄익홍은 수원청년동맹의 집행위원이었고, 정광수는 수원청년동맹의 조직 과정에서 일정한 역할을 하였던 인물이다.

이상과 같이 이들의 대부분은 수원청년동맹이나 그와 관련있는 단체의 인물들이었다. 이로 보아 카프 수원지부와 수원청년동맹 등 수원지역 사회단체의 구성원은 대개 일치하였을 것으로 보인다. 이는 곧 카프의 지부는 주로 신간회의 지회조직이나 청년총동맹의 지부 조직을 기반으로 결성되었다는 기존의 연구 성과[40]와 크게 다를 바가 없다. 이러한 이유로 인하여 카프 수원지부의 구성원들이 모두 예술 방면에 취미나 재능이 있었던 것은 아니었다. 박승극이 지적하고 있듯이 공석정과 권순증은 문예 방면에 관심이 적은 편이었고, 김봉희는 열에 넘치는 문학애호가였고 특히 박영희, 조명희의 글은 하나도 빼지 않고 다 읽은 사람이었다.[41] 이는 곧 카프 수원지부원이 모두 문학(예술)에 관심을 가지고 있지는 않았다는 사실을 보여준다. 다시 말하면 카프 수원지부의 구성원들은 카프 지부를 청년동맹이나 신간회와 같은 하나의 대중운동단체로서 생각하였다. 카프의 지부 조직이 이와 같이 대중단체로서의 성격을 갖게 된 이유는 "본 동맹은 동맹의 강령 및 규약을 준수하는 개인으로 구성함"[42]이라는 카프의

---

38) 昭和7年 刑控 第519號,「邊基在에 대한 判決文」.

39) 京畿道警察部,『治安狀況』, 453쪽.(박경식편,『朝鮮硏究資料集』6)

40) 권영민, 앞의 책, 143쪽.

41) 박승극, 앞의 글, 앞의 책, 81쪽.

42)『藝術運動』, 1927. 11, 53쪽.

규약을 통해서도 알 수 있다.

2) 활동

카프 수원지부는 창작 활동보다는 강연회, 연극 등을 통하여 민중 교양 활동을 중심으로 하였다. 먼저 카프 수원지부는 창립 이후 1929년 4월 13일 창립대회에서 결정한 문예강연회를 1929년 5월 11일에 개최하였다.[43] 박승극의 사회로 진행된 강연회에 초청받은 연사는 윤기정, 박팔양, 송영, 유완희(赤駒), 김기진, 박영희 등 6명이었으나[44] 계출관계로 말미암아 윤기정(「당면의 예술활동」)과 박팔양(「근대문학사조에 대하여」)만이 강연을 할 수 있었다. 그러나 박승극과 공석정의 교섭 결과 김기진은 개회사를, 임화는 「우리 오빠와 화로」라는 시를 낭독하였다.[45] 이 강연회에 참석한 청중은 대부분이 학생과 청년 등 인텔리들이어서 다른 강연과는 근본적으로 차이가 있었다고 한다. 그리고 이들 가운데는 남양, 오산, 양감, 진위 등지에서 온 사람도 있었다. 또한 강연회장 내의 분위기는 "그야말로 시대적 청중이다. 추수같이 고요한 공기와 군성같이 빛나는 시선들만이 장내에 가득 찬 곳"[46]이었다. 계속해서 그는 청중들에 대해서 다음과 같이 말하고 있다.

邪流, 誤流의 演士이면은 時代的 無識을 巧辭로 假葬하려는 演士이

---

43) 중외일보, 1929. 5. 14.
   이 강연에 대해서는 연사로 참여했던 송영의 글이 남아 있어 당시의 상황을 상세히 살펴볼 수 있다(송영, 「水原行」, 『朝鮮之光』, 1929. 6.).
44) 박승극, 「藝術同盟解散에 際하야」, 『신조선』, 1935. 8, 81쪽.
45) 송영, 「水原行」, 『朝鮮之光』, 1929. 6, 95쪽. : 조선일보, 1929. 5. 13.
46) 송영, 「水原行」, 『朝鮮之光』 1929. 6, 94쪽.

면은 近代化한 迷信을 雄辯式으로 說敎하려는 演士이면은 一齊히 일
어나서 내어쫓고도 남을 그러한 똑바른 意識과 意氣를 가진 聽衆들
이다.[47]

이를 통해 우리는 이 강연회의 분위기가 매우 진지하였으며 민족적 혹
은 계급적 의식을 지녔음을 알 수 있다. 그리고 카프 수원지부는 1929년
8월 24일 수원극장에서 프로연극을 공연하기로 하였으나[48], 각본 검열이
늦어진 관계로 연기하였다가[49] 각본이 허가되지 않아 공연을 하지 못하
였고[50], 시부집행위원이었던 정광수는 검거되어 신체검사까지 받았다. 이
때 상연하고자 하였던 작품은 「하차(荷車)」, 「순례(巡禮)」, 「양상군자(梁上
君子)」였다.[51]

특히 카프 수원지부의 활동 가운데 주목되는 점은 1930년 3월 29일과
30일 양일간 화성학원에서 사복경찰의 삼엄한 감시 하에[52] 조선프롤레타
리아미술전람회(이하 프로미전)를 개최하였던 것이다. 출품작품은 좌익적
회화, 만화, 사진, 포스타, 조각 등이며, 미술적 가치보다 선전적 색채를 가
진 것이면 정리를 한다[53]고 하여 최소한의 예술성을 요구하고 있다. 프로
미전에 출품된 작품은 총 120건인데 이 중 일제의 검열에 걸려 전시가 금
지되고 경찰에 압수된 것이 73건이었다.[54] 이 중에는 일본프롤레타리아미

---

47) 앞과 같음.
48) 조선일보, 1929. 8. 15.
49) 조선일보, 1929. 8. 23.
50) 박승극, 「藝術同盟解散에 際하야」, 『新朝鮮』, 1935. 8, 84쪽.
51) 조선일보, 1929. 12. 9.
52) 중외일보, 1930. 3. 31.
53) 위와 같음.
54) 水警高秘 第991號, 昭和5年 4月 1日, 「朝鮮프롤레타리아藝術同盟 水原支部 美術
    展覽會 開催에 關한 件」, 『思想에 關한 情報綴』 第4冊. 출품작의 수와 관련하여

술가동맹에서 출품한 12점의 작품이 포함되어 있을 것으로 생각된다. 박승극은 일본으로부터 온 작품들은 "내 손에 쥐어보지도 못했다"[55]고 하였다. 프로미전에 출품한 작가는 임화(林和, 일본 동경), 김×(金×, 원산), 김××(金××, 수원), 이정현(李定鉉, 해주), 김천수(金泉水, 평양), 임범진(林凡辰, 수원), 우성규(禹聖奎, 수원), 박승극(朴勝極, 수원), 김정원(金正元, 수원), 변기재(邊基在, 수원), 곽병×(郭炳×, 수원), 이상대(李相大, 서울), 전덕×(錢悳×, 부안), 형평사 수원지부, 황응선(黃應善, 수원), 강호(姜湖, 서울) 등 16명이었다.[56] 이들 중 수원출신이 9명으로 대다수를 차지하였고 모든 카프의 지부에서 출품되지 않은 것으로 보아 이 시기에는 카프 중앙뿐만이 아니라 지부 역시 침체 상태에 있었다고 보아야 할 것 같다. 결국 이로 보아 프로미전은 전국적인 규모가 되지 못했음을 알 수 있다. 또한 전시된 작품 중에도 일제의 탄압으로 제목을 달지 못한 작품도 많았고 이에 대하여 수원지부가 (팜플렛에) 출품자의 이름을 붙여 등사한 끝에 '전선 각지와 멀리 ××(일본-인용자)에서 비래(飛來)한 작품을 발표치 못하게 한 것은 유감'이란 문구를 게재한 것이 불온하다 하여 인쇄물 100여 장을 압수 당한 일, 개막일 당일 사복경찰이 고등계 형사를 인솔하고 전시장에 들어와 관계자들을 모두 내쫓고 작품에 대한 평을 했다[57]는 등 프로미전에 대한 일제의 탄압은 대단하였다. 일제는 프로미전이 초유의 일이기 때문에 공안풍속을 해할 우려가 없는 정도의 작품만을 공개하도록

박승극은 총 150점, 전시작품 60점이라 하여 작품 수에서 일제측의 기록과 차이를 보이고 있다.(박승극, 앞의 글, 앞의 책) 이는 아마도 박승극이 기억에 의존하여 글을 썼을 것이기 때문에 일제측의 기록에 신빙성이 있다고 생각된다.

55) 박승극, 「藝術同盟解散에 際하야」, 『新朝鮮』, 1935. 8, 85쪽.

56) 水警高秘 第991號 昭和5年 4月 1日, 「朝鮮프롤레타리아藝術同盟 水原支部 美術展覽會 開催에 關한 件」, 『思想에 關한 情報綴』제4책.

57) 중외일보, 1930. 3. 31.

함58)으로써 상당한 경계를 하였음을 알 수 있다. 그리고 프로미전의 폐막 당일인 3월 30일 주최측의 대표적인 인물인 공석정과 박승극을 검속하였다가 석방한 후 이튿날 다시 이들 외에 중외일보 수원지국의 기자였던 우성규를 검속59)하였다. 그러나 일제는 미술작품이 시각적으로 민중에 대해 끼치는 영향이 크지 않을 뿐 아니라 주최측의 배후에 "불온책동 또는 비밀결사 등이 존재하지 않았기 때문에"60) 석방하였다. 이로 보아 일제는 프로미전의 배후에 공산주의 조직이 있지 않았던가 의심했던 것으로 생각된다. 한편 일제는 프로미전에 출품된 작품을 다음과 같이 분석하였다.61)

　　　출품물은 주로 신문 잡지의 회화 등을 오려낸 것이나 또는 그림엽
　　서류로서 창작물은 적고 대개 階級鬪爭을 표현하였다. 작품 중에는
　　有産階級者가 無産勞動者의 人肉을 먹는 것 같은 말로 표현할 수 없
　　는 그림도 있다. 그 작품들에 내포되어 있는 主義思想을 여실히 나타
　　내는 것도 적지 않다.

프로미전이 대중적으로 성공을 거둔 것으로 생각되지는 않는다. 프로미전의 관람료는 5전이었고, 입장객은 첫날인 3월 29일에는 조선인 65명, 둘째 날인 30일에는 일본인 5명, 조선인 57명으로 총 127명이 관람하였다. 관람자 중에는 경성과 개성에서 온 3명이 이외에는 모두 수원지역의 신간회와 청년동맹원으로서 지역의 사회운동단체에 관련된 사람들이었고, 진지한 자세로 관람하는 사람도 없었다는 일제측의 기록에서 이를 알 수 있

---

58) 水警高秘 第991號, 앞의 문서, 앞의 책.

59) 중외일보, 1930. 4. 3.

60) 水警高秘 第991號 昭和5年 4月 9日, 「朝鮮프롤레타리아藝術同盟 水原支部 美術展覽會에 關한 件」, 『思想에 關한 情報綴』第4冊.

61) 水警高秘 第991號, 昭和5年 4月 1日, 앞의 글, 앞의 책.

다.[62]

3) 카프의 해체론

위에서 보았듯이 카프라는 조직적 틀 속에서 창작활동을 해야 한다고
주장한 박승극은 1935년 6월 「朝鮮文學의 再建設－上半期 創作 及 評論
의 批判과 一斑文學問題에 關한 討究－」(『신동아』, 1935. 6)라는 논문을
통해서 카프의 해체를 정면으로 제의하였다. 그러나 이 시기에는 이미 이
형림과 한효에 의하여 카프의 해소 혹은 해산이 주장되고 있었다.[63] 이
시기에 카프의 해소 문제가 발생하게 된 배경에는 1931년 조선공산주의
자협의회사건에 카프의 맹원이 다수 연루되어 구금되는 상황과 1934년
'신건설사'사건의 확대가 있다. 이 사건들은 카프의 활동을 사실상 끝나게
하였다. 더욱이 1933년 10월 7일 카프를 지도해왔던 박영희의 카프 탈퇴
는 카프의 활동을 더욱 위축시켰다.

박승극이 주장한 카프의 해소론을 이해하기 위해서는 우선 이형림과 한
효의 해소론을 살피는 것이 순서라 생각한다. 이형림이 카프의 해소를 주
장한 근거는 첫째, 당시의 카프가 프롤레타리아문학의 역할을 제대로 수
행하고 있지 못했고 둘째, 이와 함께 카프의 조직적 전통의 중압과 천박한
정치지상주의가 오히려 조선의 프롤레타리아문학운동의 장해물이 되었으
며 셋째, 객관적인 정세가 변화했다는 점이다.[64] 카프가 이와 같은 상황에
이르게 된 이유로 이형림은 카프지도부의 정치지상주의적인 입장에서 찾
고 있다. 이는 곧 1929년 『무산자』의 창간 이후 카프 동경지부원을 중심으

---

62) 水警高秘 第991號, 昭和5年 4月 1日, 앞의 글, 앞의 책.

63) 이형림, 「藝術同盟의 解消를 提議함」, 『신동아』, 1934. 7. : 韓曉, 「1934年度의 文
　學運動의 諸方向」, 조선중앙일보, 1935. 1. 11.

64) 이형림, 「藝術同盟의 解消를 提議함」, 『新東亞』 1934. 7. 참조.

로 했던 정치지상주의에 대한 비판이었다고 할 것이다. 반면에 한효는 "카프가 대중적 신임과 그의 기초 위에 건립되지 못하였기 때문에 정당한 계급적 이익을 대표하지 못하는 것이고 또 그것 때문에 해소"[65]되어야 한 다고 주장하였다.

이와 같은 이형림과 한효의 해소론에 대하여 박승극의 해소론[66]은 이 들의 논리를 비판하면서 제기되었다. 그에 의하면 이형림의 논리는 극히 일면적 관찰로서 '정치지상주의'나 '종파적 편향'은 인정하지만 그것이 카프가 무력하게 된 근본 원인은 아니라는 것이다. 그에 따르면 카프가 무 력하게 된 이유는 "정세의 급변으로 인한 일반프롤레타리아의 사업이 위 축과 잠적을 한 때문에 광범한 기업과 문학층에 뿌리를 두지 못하고 소장 지식층에 의하여 운전되던 결과"라는 것이다. 즉 그는 일제의 식민지 지 배정책이 파쇼화한 사실을 카프가 무력하게 된 가장 큰 이유로 파악하고 있고 카프 조직원의 힘이 임화나 김남천 등 소장지식층의 종파주의적 행 동을 제어할 만큼 강하지 못했던 것을 부차적인 원인으로 파악하고 있다. 다음으로 그는 한효의 논리에 대해서는 일부 긍정적으로 보고 있다. 한효 가 주장한 내용이 보다 진실에 접근했다는 것이다. 하지만 그는 한효가 "우리는 해소 후에 정당한 코스의 발견을 확실히 기하지 않는 한에 있어 서 해소를 시인할 수 없는 것"이라 한 것에 반해 '무조건적인 해산'을 주 장하였다. 즉 그는 "회생시키지 못할 형해를 즉시 해산하는 것이 장래를 보아 또는 현재의 어려운 길을 터나가는데 있어서 가장 유리한 책략"이라 하여 "카프는 오직 해산이 있어야 할" 것이고 그 방법으로 "오늘이라도 남아있는 멤버에 의하여" 이루어져야 한다고 주장하였다.

이러한 그의 입장은 박승극이 카프의 맹원으로 활동하면서도 카프에 대

---

65) 한효, 「1934年度의 文學運動의 諸動向」(5), 조선중앙일보, 1935. 1. 11.
66) 박승극, 「朝鮮文學의 再建設」, 『新東亞』6, 1935. 6.

해 애정어린 '비판자'였다는 사실에서 나온다. 이는 그가 '소장지식층'이
라 본 임화와 김남천을 비판하는 글[67] 속에서 그의 입장을 확인할 수 있다.
그는 김남천이 조선의 문학가들이 프로문학운동을 논의하는 것을 '서(鼠)
의 애(愛)'에 비한 것에 대하여 비판하고 있다. 즉 김남천은 「서(鼠)의 애(愛)
」를 통하여 쥐가 자기의 새끼를 핥아 나중에는 피가 나고 결국은 죽고 말
것이라는 논리로 당시의 일련의 비평가들이 행하고 있던 카프에 대한 비판
을 비난하였다. 이에 대하여 박승극은 인간은 쥐가 아니라 의식이 있는 존
재라는 점을 강조하면서 카프에 대한 비판은 카프에 대한 애정에서 나온
것임을 강조하고 있다. 결국 박승극의 카프에 대한 해소론의 출발은 카프
의 지도부가 카프의 내외에서 제기된 카프 및 그 활동에 대한 비판에 적극
적으로 대응하지 못하고 이를 '서(鼠)의 애(愛)'로 의미를 평가절하 하는 등
의 문단 내적인 상황에 대한 분석과 일제의 지배정책이 점차 노골적으로
파쇼화 하는 것에 대한 정세분석 속에서 나온 것이라 할 수 있다. 이러한
정세 판단하에서 박승극은 카프의 해소를 적극적으로 지지하였다. 그리하
여 그는 1934년에 카프 수원지부를 해체하였고 1935년에는 5월 중순 카프
중앙본부의 임화의 제의에 따라 카프의 해산에 동의하였다.[68]

그는 앞에서도 보았듯이 『무산자』를 지지하는 입장에서 카프 활동을
해왔으며, 그에 따라 실천 활동을 전개했다. 즉 카프 수원지부의 결성 이
전부터 그는 수원청년동맹, 신간회 수원지회, 수원기자동맹, 수진농민조
합, 수원노동조합 등 수원지역의 대중 단체의 지도적인 활동을 하였다.
그리고 이러한 활동의 결과 앞에서도 보았듯이 25차례에 걸쳐 일제에 검

---

67) 박승극, 앞의 글, 조선일보, 1933. 9. 2~9. 5.
68) 박승극, 「藝術同盟解散에 際하야」, 『新朝鮮』, 1935. 8, p. 86. 이 때 카프의 해소
   에 찬성한 지부는 7개, 반대한 지부는 2개, 기권한 지부 역시 2개였다고 그는
   밝히고 있다.

거되었던 것이다. 이는 그가 일개 문학가가 아니라 사회주의 활동가로서 현실문제의 해결에 적극적으로 뛰어들었다는 것을 의미한다. 이러한 연장선상에서 그는 대중의 의식을 계급투쟁적으로 각성하기 위하여 프로미전을 개최하였던 것이다. 또한 그가 남긴 작품 속에서도 그의 이러한 활동은 확인된다.[69] 즉 박승극은 운동이 먼저이고 문학이 나중인 삶을 살았던 것이다.

4. 맺음말

이상에서 보았듯이 박승극은 수원지역의 부농 혹은 지주출신의 인텔리켄차로서 사회주의에 입각해 일제의 식민지지배에 정면으로 저항한 민족해방운동가이었으며 카프의 구성원으로서 소설가, 비평가이기도 하였다. 하지만 그는 일제시기 다른 활동가들과는 달리 해방 후 월북하기 전까지 고향인 수원지역을 떠나지 않고 활동하였다. 이는 그가 토착 활동가로서 지역사회에 강한 연고를 가지며 활동하였음을 알려준다. 반면에 그의 문학활동은 서울을 중심으로 이루어지고 있다. 그가 발표한 소설과 비평들은 중앙 일간지와 중앙에서 발간되는 잡지들이었다. 그의 소설은 주로 노동자, 농민, 여급 등 하층민의 생활을 중심으로 이들이 의식화되어 가는 과정을 묘사하고 있다. 결국 그의 문학적 관심은 민중의 계급적 성장과 사회주의자들의 투쟁에 있음을 알 수 있다.

그리고 그는 신간회 중앙위원으로서 신간회의 해소에 찬성하였고 조선청년총동맹과 카프의 중앙위원으로서 해소를 주장하는 글을 공개적으로

---

69) 조남현, 「朴勝極의 실천・비평・소설」, 『韓國文化』25, 서울대학교 한국문화연구소, 2000. 6, 86쪽.

발표하였다. 이는 그가 지방의 토착 활동가이었으나 중앙과 일정한 연결을 가지면서 활동하였음을 보여준다. 이러한 그의 삶은 식민지시기 지식인의 일반적인 삶과는 다른 모습을 보여준다. 흔히 서울을 중심으로 활동하는 활동가들이 지방에 강력한 연고를 가지지 못하는데 비하여 박승극은 지방에 강력한 연고를 가지면서도 중앙에서도 일정한 발언권을 행사하고 있기 때문이다. 즉 그가 조선청년총동맹이나 카프의 해산을 주장한 대표적인 인물이라는 것이다.

한편 박승극은 임화나 김남천 등 카프의 지도자들을 비판적으로 이해하였다. 즉 박승극은 카프가 종파주의적으로 흘러 활동이 원만하지 못하게 된 원인을 일제의 식민지지배의 파쇼화와 함께 소장지식층 때문이라 하여 카프의 지도부를 맹비난하고 있다. 그러한 연장선상에서 박승극은 카프의 해소를 주장하였다.

다른 한편 박승극의 활동 가운데 특이한 점은 그가 카프 수원지부를 지도하면서 전무후무한 프로미전을 개최한 점에서 찾을 수 있다. 일제가 평가한 것과 마찬가지로 프로미전은 대중적으로는 성공하지 못하였으나 프로미전의 개최 자체가 당시로서는 '사건'이었다. 특히 프로미전이 개최될 당시인 1930년은 카프의 활동이 부진했던 시기였다는 점에서 지방의 지부 차원에서 프로미전을 개최했다는 점은 높게 평가받아 마땅하다 할 수 있다. 다만 프로미전에 출품한 작가와 작품 수를 볼 때 미흡한 점이 있으나 프로미전을 개최했다는 사실만으로도 박승극을 비롯한 수원지역의 활동가들의 활동이 상당히 활발했음을 알 수 있다. 그러나 이러한 활동이 정치투쟁으로까지는 발전하지 못하였고 경제투쟁의 단계에 머물러 일제에 타격을 주지는 못했던 것으로 생각된다. 이는 수원지역의 민족운동의 한계를 그대로 반영하는 것이라 할 수 있다.

(『한국독립운동사연구』16, 2001)

日帝下 水原高農의 學生運動과 常綠樹運動

1. 머리말

일제하 한국민족운동사에서 양적인 면에서나 질적인 면에서나 큰 변화를 가져온 사건은 3·1 운동이라 할 것이다. 그것은 3·1 운동 이후 우리의 민족운동이 더욱 풍부하게 전개되었다는 것을 의미한다. 즉 노동운동, 농민운동, 학생운동, 청년운동, 여성운동, 형평운동 등 여러 부문에서 운동이 비약적인 발전을 보였다는 사실이다. 이는 양적인 측면에서만이 아니라 질적인 측면 즉, 이념적인 측면에서의 변화도 내포하는 것이었다. 그리하여 3·1 운동 이후 민족운동의 새로운 이념인 사회주의가 대두하였고, 민족주의도 타협적 민족주의(민족개량주의)와 비타협적 민족주의로 분화되었다. 이러한 사상적인 분화는 3·1 운동에 대한 평가와 앞으로의 운동노선의 차이에서 비롯되는 것으로서 특히 사회주의는 1920년대 중반 이후 민족운동의 한 주체로서 자리잡았던 것이다.

여기에서는 1920년대 중반 이후의 이러한 변화를 수원고등농림학교(이하 수원고농)의 학생운동을 중심으로 살펴보고자 한다. 필자가 수원고농의 학생운동을 사례연구의 대상으로 선택한 것은 다음의 두 가지 이유 때문이다. 첫째, 수원고농은 전문학교로서 당시 조선 최고의 지성이 재학하였다. 그리고 1928년 조선개척사 사건은 조선 전문학교 최초의 비밀결사 사건으로서 세간의 주목을 받았다. 뿐만 아니라 이후 수원고농 졸업생을 중심으로 한 비밀결사 사건이 빈번하였다. 둘째, 수원고농의 학생운동은 민족주의(실력양성론)에 입각하였다가 1931년 이후에는 사회주의에 입각하여 전개되었다. 따라서 수원고농의 학생운동은 민족주의에서 사회주의로 운동노선이 전환되는 사정을 비교적 자세히 보여준다고 생각하기 때문이다. 그리하여 본고에서 우리는 사회주의사상이 한국민족운동에 수용될 수 있었던 계기를 찾아 볼 수 있을 것이다. 이와 같은 문제의식 하에 필자는 1920년대 우리나라의 학생운동을 살핀 후 수원고농의 학생운동을 실력양성론에 입각한 시기(1923~1928)와 사회주의에 입각한 시기로(1931~)나누어 논지를 전개하고자 한다.

2. 1920년대 학생운동의 발전

근대적인 의미의 한국학생운동은 일본제국주의에 의하여 국권을 강탈당하고 3·1운동이 끝난 이후 시작되었다고 할 수 있다. 그러나 1910년대의 학생운동은 사회운동 또는 민족운동의 한 부문운동으로 정립되어 있었다기보다는 정립되어 가는 과정에 있었다고 할 것이다. 또한 사회 성격적으로도 학생층은 자신이 직접 현실생활에 참여하지 않는 관계로 정권이나 사회의 부당한 처사에 대하여 이를 개혁하고자 하는 정의감이 강하다는 성향을 지닌다. 그러나 이들이 경제적인 어려움이 없이 학교생활을 할 수 있었던 것은 부모들이 일정한 재산을 소유하고 있었기 때문이었다.

즉 일제하 우리나라의 학생층은 중산층의 자제로 구성되었으며 지식인적인 속성을 지녔기에[1] 이들에 의하여 이루어지는 학생운동은 기본적으로 중산층의 이해관계를 대변하는 것이었다고 할 수 있다.

그런데 학생운동은 3·1 운동 이전보다 그 이후에 더욱 활발하였다. 이는 일제에 국권을 침탈 당한 책임이 개화기의 신지식층에 있었다고 하는 반성에서 학생운동이 출발하였기 때문이었다. 따라서 1910년대에는 근대교육을 교수하는 근대적인 의미의 학교라 할 수 있는 보통학교의 수보다 우리나라의 전통적인 교육기관인 서당의 수가 절대적으로 많았다. 이는 당시의 우리 민족이 학교교육에 대해 부정적인 인식을 갖고 있었다는 것을 보여준다고 할 것이다. 이를 다음의 <표 1>에서 확인할 수 있다.

〈표 1〉 보통학교와 서당 수의 비교

연 대	1912	1916	1919
보통학교	341	445	568
서 당	18238	25486	24030

그러나 사회 일반에서는 3·1 운동을 거치면서 이러한 개화기의 신지식층에 대한 부정적인 측면이 어느 정도 해소되었다. 그것은 3·1 운동의 한 주체로서 학생층이 성장하였기 때문이었다. 즉 3·1 운동 당시 학생층은 운동을 주도하면서 전국적으로 확산시키는데 전위적인 역할을 수행하였던 것이다. 당시 서울지방에서의 학생층의 활동상을 <표2>를 통해 확인할 수 있다.

---

1) 식민지 시대 한국학생층의 위상에 대해서는 조동걸, 「한국근대학생운동조직의 성격 변화」, 『한국민족주의의 발전과 독립운동사연구』, 지식산업사, 1993. 323쪽 참조.

〈표 2〉 서울지방 3·1 운동 시기별 적극적 참가계층(피기소자)

	지식인, 청년학생				농업 종사자	노동자		소부르조아지		계
	교사, 학생	종교인	하급관공리	기타		각종 노동자	기타	소상인	수공업자	
3.1~3.10	210	3		6	4(1.7)	2	1	1	1	233
		224(95.3)				3(1.2)		2(0.9)		
3.11~3.20	6	2			1(28.6)			1		14
		9(64.3)						1(7.1)		
3.21~3.31	8		5		8(6.5)	59	6	18	17	124
		15(12)				65(52.4)		35(28)		
4.1~4.10	12	2		3		1		1		19
		17(90)				1(5.3)		1(5.3)		
4.11~4.20										
4.21~4.30	1			3	3(25)	1		3	1	12
		4(33.3)				1(8.3)		4(33.3)		
계	237	12	5	16	19(4.7)	63	7	23	1	402
		270(67)				70(17.4)		43(10.7)		

※ 자료:『독립운동사자료집』5, 11~272쪽. 정연태, 이지원, 이윤상, 「3·1 운동의 전개양상과 참가계층」, 『3·1 민족해방운동연구』, 청년사, 1989, 249쪽 재인용.

위의 <표 2>에서 알 수 있듯이 3·1 운동 초기 학생층은 운동의 최전방에서 투쟁하여 일본 경찰에 가장 많이 투옥되었다. 이리하여 1910년대에 성장한 학생층(신지식층)은 민족운동의 한 주체로서 성장할 수 있었던 것이다.

주지하다시피 거족적인 3·1 운동을 겪은 일제는 식민지 조선에 대한 통치방식을 무단통치에서 소위 '문화정치'로 변경하였다. 그리고 비록 제한적이기는 하였으나 언론, 집회, 출판, 결사의 자유를 허용하였다. 물론 일제의 이와 같은 통치방식의 변화는 거족적인 민족운동의 진출에 대응한 일시적인 후퇴라는 측면도 있으나 그 반면에는 무력지배와 발맞춘 반일역량의 분열을 꾀한 분할통치였음도 주지의 사실이다.

그러나 당시의 민족운동의 주체들은 제한된 것이기는 하였으나, 이처럼 보다 확대된 합법공간을 적극적으로 이용하여 민족운동의 발전을 도모하였다. 즉 1910년대에 형성된 신지식층들은 제1차 세계대전의 종전과 3·1 운동을 전후한 시기의 민족자결주의에 의지하면서 민족의 해방을 시도하였다. 그리고 3·1 운동 이후 문화정치기의 보다 확대된 합법공간에서 '문화운동'이라는 이름 하에 실력양성운동을 전개하였다. 1920년대 초반의 청년회운동, 교육진흥운동, 물산장려운동 등이 대표적인 것이라 할 수 있다. 청년회의 경우 다음의 기사와 같이 매우 활발하게 전개되었다.

　　전국에서 하루에 적어도 10여회씩이요 현금 서울에서 만도 남녀 청년의 모임은 70여 회나 되어 제각기 활동을 하고 날마다 강연회니 연설회니 하여 밖으로는 사회의 깊은 잠을 깨우기에 힘쓰고 안으로는 자체 수양에 힘쓰고 있다.[2]

　이와 같이 청년운동은 3·1 운동 이후 비약적으로 발전하여, 정확한 것은 아니지만, 이 시기 청년회의 수는 1920년 251개에서 1922년 9월말에는 488개로 증가하였다.[3] 그러나 이 시기는 앞에서 언급하였듯이 일제가 반일역량을 분열시킬 목적으로 시행하였던 문화정치라는 합법공간이 열린 시기였으므로 청년운동 역시 이러한 합법공간을 최대한 이용하고자 하였다. 이 점이 곧 이 시기의 "합법주의 청년운동의 주류가 민족개량주의 노선을 택하"[4]게 되었던 이유이기도 하였다.

　이와 같이 초기 청년운동은 민족개량주의가 주류였다고 할 수 있다. 그런데 민족개량주의는 청년운동의 경우뿐만이 아니라 민족운동의 전 부문에 걸쳐 이 시기의 핵심적인 사상으로 기능하였다. 학생운동의 경우도 예외는 아니어서 1920년 5월 9일에 있었던 조선학생대회 창립총회에서 결

---

2) 동아일보, 1920. 6. 30.

3) 조선총독부 경무국, 『조선치안상황』, 1922, 103쪽.

4) 김준엽, 김창순, 『한국공산주의운동사』2, 103쪽.

의된 다음의 목적에서 이를 확인할 수 있다.[5]

    1. 학생 대중의 단결 및 친목을 도모함.
    2. 조선 물산의 장려.
    3. 지방열 타파.

즉 위의 제2항에서 우리는 조선학생대회의 민족개량주의적인 특성을 찾을 수 있다. 이는 곧 이후 일부 민족운동자들에 의하여 지도되었던 실력양성운동의 선구적인 것이었다고 할 수 있다. 그리고 조선학생대회는 목적을 달성하기 위하여 강연회, 토론회, 체육대회, 음악회, 지방 순회 강연 등을 통하여 학생 대중뿐만 아니라 일반 민중들에게도 민족의식을 고취하고자 하였다. 그러나 이들의 이러한 활동은 1922년 7월 8일 7개 중등학교 교장 회의의 다음과 같은 결의에 따라 중등학교 학생의 잇따른 탈퇴로 그 기능이 마비되었다.

    1. 중등 정도 학교 학생은 절대로 학생대회에 입회치 못할 일. 만약
       그 회에 참가하는 자는 단연히 퇴학을 명할 일.
    2. 동맹휴학을 선동하여 학교에서 퇴학당한 학생은 다른 학교에서도
       1년간은 입학을 시키지 아니할 일.
    3. 가로 상에서 어느 학교 학생을 물론하고 잘못하는 일이 있을 때에
       는 어느 학교 선생님을 물론하고 서로 꾸짖고 경계할 일.[6]

이에 따라 중등학교 학생들의 학생대회 탈퇴로 학생대회는 조직을 개편할 수밖에 없었다. 그리하여 1923년 2월 9일 전문학교 학생만으로 조선학생회(朝鮮學生會)가 창립되었는데 그 강령은 다음과 같다.

---

5) 동아일보, 1920. 5. 10.
6) 동아일보, 1922. 7. 11.

1. 조선 학생의 단결을 도모하고 당국의 학생문제의 해결을 기함.
　　2. 학생 상호 간의 선도와 친목을 기함.7)

　그런데 조선학생회의 강령은 조선학생대회의 목적과 비교할 때 뚜렷한 지향점이 발견되지 않는다. 그것은 이들이 목적의식이 없었다기보다는 학교 당국과 일제의 탄압을 피하기 위한 하나의 수단이었다고 생각한다. 그리고 조선학생회는 경성법학전문, 경성의학전문, 연희전문, 보성전문, 경성고등상업학교, 경성고등공업학교 등 서울시내의 전문학교와 수원고농과 평양의 숭실대학이 참여하는 등 조선의 모든 전문학교가 망라되었다.
　한편 바로 이 시기는 학생조직의 다양화가 진행되는 시기이기도 하였다. 즉 이전에는 단순히 친목도모, 교양, 계몽 등의 목적을 지니던 학생조직에 사회주의사상이 유입되기 시작하였다. 대표적인 것으로 1923년 12월 15일 김치명(金治明), 이계형(李啓亨), 심상문(沈相汶), 유승복(劉承福), 팽홍렬(彭興烈) 외 15명이 집합하여 "풍기를 바로잡자"는 취지로 발기한 혁청단(革靑團)을 들 수 있다. 혁청단의 발기자는 서울의 전문학교를 비롯한 중학의 교원 및 종교인의 일부로서 처음에는 사회주의 단체가 아니었다. 그러나 1924년 11월 26일의 임시총회에서 조봉암(曹奉巖), 김한경(金漢卿), 권태휘(權泰彙), 김석연(金石然), 김약천(金若泉), 주병서(朱炳瑞), 조병진(曹炳珍), 최완(崔浣), 심상문(沈相汶), 이세영(李世榮), 문약산(文若山) 등을 새로 간부로 선임하고 다음을 결의하였다.

　　1. 우리 무산계급전선의 진용을 착란케 하는 자는 개인이나 단체를
　　　막론하고 엄격히 제재를 가할 것.
　　2. 본 단의 정신을 발휘하기 위하여 각지에 선전대를 파견할 것.
　　3. 문화계급의 문화 향상을 위하여 연구회 및 강연회를 수시로 개최

7) 조선총독부 경무국, 『고등경찰용어사전』, 249쪽.

할 것.[8]

그리고 강령으로서 첫째, 조선 민중의 해방을 기함, 둘째 혼연한 사회 현상의 혁청을 기함 등을 정하였다.[9] 또한 사회주의 학생 단체의 전국 조직의 효시로서 공학회가 1925년 5월 이종율, 권혁 등 북풍회계 학생을 중심으로 조직되었는데 공학회는 전문학교와 중등학교의 학생 60여명이 참여하였으며, 사회과학의 연구와 민중 교육 본위를 목적으로 하였다.[10] 이외에도 6·10 만세운동을 계획한 사회주의계열의 조선학생과학연구회 가 1925년 9월 27일에 창립되었고, 여기에 대응하여 1925년 11월 17일 서울학생구락부가 창립되었다.

이와 같이 학생조직에 사회주의사상이 유입된 것은 1922년 1월 동경유학생을 중심으로 결성되었던 고학생동우회의 사회주의 선언 이후의 일이었다. 그리고 이러한 경향은 1920년대 한국공산주의운동의 하나의 큰 특징이라 할 수 있는 분파투쟁의 격화에 따라 더욱 치열해졌다. 즉 화요회, 북풍회, 서울청년회로 대표되던 사회주의 단체들이 자파 세력의 부식, 확대를 위하여 학생 조직을 경쟁적으로 결성하였던 것이다. 이리하여 1924~1925년경의 학생 조직은 이전의 것과는 달리 이념적 지향을 다분히 내포하고 있었으며 이것은 당시 발전하고 있던 사회주의의 발흥과도 밀접한 연관이 있었던 것이다.

한편 1920년대의 학생운동은 동맹휴학의 연속이었다. 이를 다음의 <표 3>에서 확인할 수 있다.

---

8) 동아일보, 1924. 11. 28.

9) 경기도 경찰부, 『치안개황』, 1925, 77쪽.
　 그 후 혁청단은 신흥청년동맹으로 계승되었다.

10) 坪江汕二, 『朝鮮民族獨立運動秘史』, 日刊勞動通信社, 1959, 159쪽.

〈표 3〉동맹 휴교의 건수

도별\연도	경기	충북	충남	전북	전남	경북	경남	황해	평북	평남	강원	함북	함남	계
1921	10		2		1		2		3	3			2	23
1922	14	1	1	2	6	2	8	3	2	4	2	1	6	52
1923	12		2	2	4	2	6	10	5	5	2	2	5	57
1924	5		1	3	4			1						14
1925	6	4	2	2	1		2	12			9	1	9	48
1926	6	5	2	7	1	2		12		5	6	4	4	55
1927	10	4	9	5	4		8	1	3	1	9	6	12	72
1928	14	1	1	8	7	7	12	3	11	2	1	1	13	83
누계	77	17	20	29	28	14	38	42	24	20	29	15	51	404

※ 자료 : 조선총독부경무국, 『조선에서의동맹휴교의고찰』, 1929, 6~9쪽.

위의 <표 3>에서 알 수 있듯이 맹휴건수는 학생조직에 사회주의사상이 침투하는 1924~1928년까지는 272건이며, 1921~1923년까지는 132건이었다. 그리고 이를 다시 평균하면 각각 54건과 44건으로서 사회주의사상 유입 이후 맹휴 건수가 증가하였음을 알 수 있다. 물론 맹휴가 이와 같이 증가한 이유로는 1926년 6·10 만세운동의 영향에 의한 것으로 볼 수도 있으나 학생운동이 다른 부문운동과 마찬가지로 사회주의의 영향을 받으면서 발전하였다는 측면이 강하다 할 것이다.

한편 일제는 맹휴의 원인으로서 설비개선과 교원배척을 들고 있다.[11] 그런데 특히 교원 배척의 경우는 일제의 민족차별교육에 기인하는 바 크다고 할 수 있다. 일제가 1911년에 조선교육령을 공포하기 전에 데라우찌(寺內)총독은 각도 장관회의에서 "금후의 조선 교육은 오로지 유용한 지식과 온건한 덕성을 양성하여 제국신민된 자질과 품성을 갖추게 하는 것으로서 주안을 삼지 않으면 안된다."[12]고 하였다. 이 말은 곧 조선 교육은 일제의 식민 통치에 알맞은 인간의 양성에 목표가 있다는 것을 의미하는

---

11) 조선총독부 경무국 보안과, 『고등경찰보』, 356~357쪽.

12) 高較濱吉, 『朝鮮教育史考』, 356~357쪽.

것이었다. 그리고 일제의 대륙 침략이 점차 노골화되던 1930년대 이후에는 일시동인(日視同仁), 일선동조론(日鮮同祖論)을 내세우면서 민족차별교육, 황국신민화교육을 더욱 철저히 하였다. 이러한 일제의 정책적인 차별교육과 함께 일본인 교사의 조선 학생에 대한 민족적 모멸은 조선 학생들의 반발을 불러일으키기에 충분한 것이었다. 예를 들어 맹휴가 전국적으로 파급되는 하나의 진원지로서의 역할을 하였던 함흥고보의 맹휴(1927~1928) 시, 이들이 1928년 6월 국내의 중등학교와 재일본 한국인 단체에 발송한 격문에서 제시된 투쟁 목표에서 민족차별교육을 철폐하고자 한 것을 확인할 수 있다.

1. 조선인 본위의 교육을 획득하자.
2. 식민지 차별적 교육을 철폐하자.
3. 朝日 共學에 절대 반대하자.
4. 군사교육에 절대 반대하자.
5. 교내 학우회의 자치제를 획득하자.[13]

그리고 일제는 계속되는 맹휴의 발생과 학생 조직에 대한 사회주의사상의 유입을 방지하기 위하여 학생 조직이 사상단체와 관련이 있을 경우 엄중 처벌한다는 방침을 세우기도 하였다.[14]

한편 학생운동의 이러한 발전은 1925년 조선공산당의 창건과도 관련이 있다. 6·10 만세운동의 주모자인 이천진(李天鎭)이 조선학생과학연구회의 창립과 그 성격을 진술한 다음의 글에서 시사 받을 수 있다.

1925년 조선공산당이 생긴 지 얼마되지 않아 사회문제에 관심을 가지고 사회과학을 연구하여 사회운동의 일익으로서 학생운동을 전

---

13) 조동걸, 앞의 논문, 235쪽에서 재인용.
14) 조선일보, 1928. 12. 1.

개하려는 진보적인 학생층은 산만한 조직을 가지고 능동적인 활동
을 못하는 조선학생회가 기대할 바 못됨을 알고 반동하지 않을 정도
로 붙잡아 가면서 조선학생사회과학연구회를 창립하려고 준비하는
중 사회과학이라고 하여서는 집회 허가를 얻을 가능성이 없기 때문
에 '사회' 두 자를 빼고 조선학생과학연구회라는 간판을 내걸고 ……
(하략)……15)

즉 조선공산당은 무기력한 조선학생회를 견인하면서 조두원, 정달헌 등
조선학생과학연구회의 간부를 조선공산당의 프락치로 두어 조선학생과학
연구회를 배후에서 조종하여 6·10만세운동을 지도하였던 것이다.16)

한편 일제는 맹휴의 성격을 기준으로 배일맹휴시대(1924~1925), 주의
적 맹휴시대(1926~1930), 단순한 맹휴시대(1931~1935)로 구분하였다. 또
한 사상적인 측면으로는 독립운동, 관학 기피, 소극적 저항시대(1919~
1920), 실력양성운동과 향학열 발흥시대(1921~1923), 좌경화시대(1924~
1926), 민족공산합류시대(1927~1929), 반전운동시대(1930~1931), 전향시
대, 주의사상 침체시대(1932~1935)로 구분하였다.17) 그런데 일제측의 이
러한 시대구분은 한국민족운동사 뿐만 아니라 학생운동사적인 측면에서
도 일치하는 것은 아니었다. 특히 1932~1935년까지의 시기를 전향시대,
주의사상 침체시대라 한 것은 전혀 잘못된 것이었다. 이 시기는 주지하듯
이 대중의 자발적인 혁명적 진출이 가장 활발했던 시기였으며 또한 1928
년 조선공산당의 해산 이후 코민테른의 「조선 농민 및 노동자의 임무에
관한 테제」(12월테제), 1930년 프로핀테른의 「조선의 혁명적 노동조합운동의
임무에 관한 테제」(9월테제), 1931년 범태평양노동조합 비서부의 「조선의

---

15) 이천진, 「6·10 운동의 회고」, 『독립신보』, 1946. 6. 10~11.
16) 김동춘, 「1920년대 학생운동과 맑스주의」, 『역사비평』, 1989년 가을호, 177쪽
    참조.
17) 조선총독부 경무국 보안과, 앞의 책, 35~38쪽.

범태평양노동조합 비서부 지지자에 대한 동비서부의 서신」(10월서신) 등 국제공산주의운동 지도부의 한국공산주의운동에 대한 잇따른 지시로 노동조합운동과 농민조합운동 등 대중투쟁에 대한 사회주의의 영향이 매우 컸던 시기였다. 그러함에도 불구하고 일제가 이 시기를 전향시대, 주의사상 침체시대라 한 것은 일제가 그 실체를 잘못 파악했거나 일본 본국에서 1933년 6월에 있었던 사회주의의 거목 좌야학(佐野學)과 과산정친(鍋山政親)의 전향, 그리고 소위 일국사회주의가 대두하는 현상을 한국에 무비판적으로 적용하였기 때문이었다고 생각된다.[18]

이상에서 살핀 바와 같이 1920년대의 한국학생운동은 1919년의 3·1 운동을 기점으로 하여 민족운동의 한 세력으로서 자리 잡았다. 그 후 1923년경까지 실력양성론에 입각하여 운동을 전개하였고 1924년경부터는 사회주의사상이 학생 조직에 침투하면서 그 활동이 보다 조직적이며 활발하여졌다. 이러한 학생운동의 변화는 1926년 6·10 만세운동과 1929년의 광주학생운동을 거치면서 1930년대에는 더욱 명확해졌다. 즉 일제의 만주 침략과 그에 따라 일제의 식민지 조선에 대한 파쇼지배체제가 더욱 강화되고, 여기에 대응하여 민족 지성으로서의 학생들은 사회과학 연구, 반전운동 등을 더욱 심화시키면서 사회주의 조직과 밀접한 관계를 갖게 되었다. 이리하여 1930년대의 학생운동 조직은 혁명적 노농운동과 조선공산당 재건운동에 직접 참여하는 등의 적극적인 활동을 전개할 수 얻었던 것이다.

3. 실력양성론 입각한 수원고농의 학생운동(1923~1928)

앞 절에서 살핀 바와 같이 1920년대 초반의 학생운동은 실력양성론에

---

18) 조동걸, 앞의 글, 363쪽.

입각하였으나 중반 이후에는 주로 사회주의사상에 입각하는 경향이 지배적이었다. 바로 이러한 실력양성론 → 사회주의사상의 변화 과정을 잘 보여주는 예가 수원고농 학생운동이었다고 할 수 있다.

수원고농은 1906년 9월 농상공학교를 각각 분리함과 동시에 교명을 농림학교라 개칭하면서 농상공학교의 농과생과 경성학당 농업속성과 학생을 수용하는 한편 임학속성과 학생을 모집하여 서울에서 개교하였다. 이후 1907년 수원으로 교사를 신축, 이전하였으며, 1908년 1월에는 당연직 교장이 농무국장에서 권업모범장장으로 바뀌었다. 1910년 10월에는 관제개정에 의하여 교명이 조선총독부 농림학교로 재차 바뀌어 권업모범장에 부치되었고 1918년 3월에는 조선총독부전문학교관제개정에 의하여 수원농림전문학교가 되었다. 또한 1922년 3월에는 조선총독부제학교관제가 공포되어 비로소 수원고등농림학교가 되었다.[19] 따라서 수원고농은 학제상 전문학교에 해당되었으며 농학과와 임학과의 2개과가 설치되었고 수업연한은 3년이었다. 이외에도 수원고농에는 부설 교원양성소와 실업보습학교가 설치되었다. 그리고 수원고농의 학생 수는 다음의 <표 4>와 같다.

〈표 4〉 수원고농의 학생 수

구분	학과	농학과	임학과	계	교원양성소	실업보습학교	계
1학년	일인	28	21	49	4	5	9
	선인	12	4	16	11	10	21
2학년	일인	31	16	47	15	1	16
	선인	11	8	19		9	9
3학년	일인	21	20	41			
	선인	11	2	13			
계	일인	80	57	137	4	6	10
	선인	34	14	48	11	19	30

※ 자료 : 『수원고등농림학교요람』, 37쪽.

---

19) 『水原高等農林學校要覽』, 1쪽.

위의 <표 4>에서 볼 수 있듯이 농학과의 경우는 전체 학생 중 조선인 학생의 비율이 29.8%이며, 임학과의 경우는 19.7%로서 일본인 학생 수가 절대적으로 많았음을 알 수 있다. 그런데 이와 같이 일본인 학생의 수가 절대적으로 많았던 이유는 고등교육을 받을 수 있었던 조선인의 수가 일본인에 비하여 적었을 뿐만이 아니라 일제의 식민지 교육정책 결과라 생각된다. 다음의 <표 5>에서 이를 확인할 수 있다.

<표 5> 수원고농의 입학지원자 및 입학 상황

학과 \ 연도			1930	1931	1932
입학지원자수	농학과	조선인	62	51	68
		일본인	115	98	100
	임학과	조선인	16	20	14
		일본인	74	52	59
수험자수	농학과	조선인	46	46	62
		일본인	112	80	91
	임학과	조선인	13	20	12
		일본인	65	51	54
입학허가자수	농학과	조선인	12	10	11
		일본인	27	25	28
	임학과	조선인	3	8	4
		일본인	19	16	21

※ 자료 : 『수원고등농림학교요람』, 38~39쪽.

<표 5>에서 볼 수 있듯이 수원고농에 입학이 허가된 조선인 학생의 수는 농학과의 경우 일본인 학생의 1/3 정도의 수준이었고 임학과의 경우에는 1/5 정도의 수준이었다. 그리고 이러한 경향은 입학지원자와 수험자의 수에서도 대략 일치하고 있다. 그리하여 수원고농 내에서의 조선인 학생의 비율은 1930년에 24.6%, 1931년에 31.6%, 1932년에는 23.1%로서 전체의 1/3 수준을 밑돌았다. 이러한 까닭으로 조선인 학생들은 일본인 교사와 학생, 그리고 학교 당국의 민족적 멸시와 모욕에 대응하여 쉽게 단결할 수 있었다. 다음의 기사에서 당시 조선인 학생들의 생활실태를 잘 알 수 있다.[20]

기숙사에 있어 조선인 학생은 한 방에 수 삼인씩 모아놓고 그뿐 아니라 책상도 안주며 조선에서 발행하는 신문과 기타 잡지의 구독도 일일이 허가를 얻어야 되나 그 반면에 일본인 학생에 대하여는 한 방에 한 사람씩 있게 하며 책상도 높은 것으로 하여 걸터앉아서 공부하게 되었으며 물론 외출이라든가 신문, 잡지의 구독도 다 자유롭게 할 수 있도록 한다.

이와 같은 학교 당국의 부당한 처우로 인하여 조선인 학생들은 식민지 피압박 민족으로서의 아픔을 자각하였고, 그에 따라 서로의 단결과 민족 해방에 대한 의식을 키울 수 있었다. 그리하여 조선인 학생들은 1923년 5월 3일 7가지의 요구 조건을 내걸며 동맹휴학을 단행[21]하였으나 그 내용은 사료의 미비로 확인할 수 없었다. 그리고 1926년 6월 21일 20여명의 학생들이 동맹휴학을 단행하였다. 이는 6월 17일과 18일에 있었던 학예회 기간에 학생들이 협의한 다음 사항을 요구하는 것이었다.[22]

1. 생도에게 친절하게 하여줄 일.
2. 입학 시험을 연 2회로 할 것.
3. 교사를 신축할 것.

그런데 위의 요구조건 중 1항과 2항은 각각 고수(高樹), 화전(和田), 제등(弟藤) 등 3명의 교수는 교수로서의 자질이 없으므로 배척한다는 것과 3학기제를 2학기제로 변경하자는 것이었다.[23] 그러나 학교 당국은 학생들의 요구를 받아들이지 않고 6월 25일 전교생을 무기정학에 처하였다.[24]

---

20) 조선일보, 1930. 4. 5.
21) 동아일보, 1923. 5. 6.
22) 동아일보, 1926. 6. 28.
23) 조선일보, 1926. 6. 25(조간).

사태가 이와 같이 전개되자 사회적으로 매우 큰 파문이 발생하였다. 즉 "수원고등농림학교사건에 관하여 일반 유식자간에는 학교가 취한 비상식차 몰의도한 고압수단에 분격하여 그 태도를 비난하는 동시에 그 반동사상은 학생에 동정이 되어 혹은 위무하여 혹은 격려하여 학생측의 단결을 공고하게 하고 있다."[25]고 하였다. 이것은 곧 학교 당국이 전교생에게 취했던 무기정학처분에 대한 당시의 여론 주도층(일반 유식자)의 시각을 보여주는 것이었다. 그리고 또한 학부형들도 "학부형의 신뢰를 위배하고 학생의 인격을 무시한 학교 당국의 처치에 격앙"[26]하였다. 이와 같이 파문이 사회적으로 크게 확대되자 수원군수 삼천과 졸업생, 학부형이 학생과 협의한 후 이를 토대로 학교 당국과 협의하여 사태를 원만하게 해결하였다.[27]

1. 교사 개축, 내용 충실 문제는 교장에게 일임할 사.
1. 생도의 요구를 인하고 차를 이행에 노력할 사.
1. 생도의 의지를 인하고 교장이 전 책임을 부할 사.
1. 무기정학 처분을 철회할 사.
1. 희생자를 내지 말 사.

이상과 같이 1926년의 맹휴사건은 사회적으로 매우 큰 물의를 일으킨 가운데 원만히 해결되었다. 그리고 이 사건은 표면 상 교내문제가 주요한 쟁점이었으나 그 이면에는 교내에서의 조선어 사용 금지[28]와 같은 민족 차별적인 학사행정을 하는 일제의 식민지 교육정책에 대한 조선인 학생

---

24) 동아일보, 1926. 6. 28.
25) 동아일보, 1926. 7. 1.
26) 동아일보, 1926. 7. 1.
27) 동아일보, 1926. 7. 5. ; 조선일보, 1926. 7. 4.(석간)
28) 조선일보, 1926. 1. 30.(석간)

들의 반일 의식이 있었음을 간과할 수 없을 것이다.

한편 이 사건이 발생하기 전인 1925년에 수원고농에는 김찬도(金燦道), 김성원(金聲遠), 우종휘(禹鍾徽), 고재천(高在千), 남영희(南榮熙), 권영선(權永善), 백세기(白世基), 황봉선(黃鳳善), 육동백(陸東百), 김익수(金益洙), 김봉일(金奉日), 김문찬(金文燦) 등의 주도로 수양단(修養團)이 조직되었다.[29] 수양단은 단장에 김찬도, 지도위원에 고재천, 남영희를 선임하고 조선인 학생의 체위향상, 정신개조, 학력증진을 목표로 유도, 검도, 등산, 냉수마찰, 조기운동 기타 일기수련(一技修練)을 의무로 하는 화랑도수련운동(花郞道修練運動)을 전개하였다. 그리하여 일인들의 강압 하에 거의 인권을 상실하고 자포자기로 타락생활에 침윤된 학생들에게 주연금지운동(酒煙禁止運動)을 전개하여 약 3년간 철저히 강행한 결과 조선인 학생의 생태를 일신함으로써 일인들을 대경당목하게 하고 처우가 개선되는 결과를 초래하였다.[30] 또한 상록수운동(常綠樹運動)이라 하는 농림계몽운동(農林啓蒙運動)과 계림농흥사(鷄林農興社)를 조직하여 운동을 적극 전개하였다.

그런데 이와 같은 수원고농 학생조직의 조직과 관련한 다른 견해가 있다. 즉 1926년 여름 수원고농의 학생들은 조선농민사의 지부를 학교 안에 설치한 외에 부근의 각 면에 농민야학을 설치하여 김찬도는 조선농민사의 지부장이 되었고 권영선 외 4명은 간부로 선임되었다. 그리고 김찬도는 농민야학의 교사로 있으면서 학생들에게 "○○(독립―인용자)정신을 고취하고 1927년 11월 이후 1928년 4월 하순에 이르기까지 조선역사를 교수하면서 「조선 ○○○○에 ○○된 ○○이므로 ○○에 노력하라」"[31]고

---

29) 김승학, 『한국독립사』, 독립문화사, 1966, 226쪽.

30) 김승학, 『韓國獨立史』, 1966, 226쪽.

31) 조선일보, 1930. 3. 6.

하였으며 권영선도 이와 같은 취지로 "종종 ○○(독립─인용자)사상을 고취하고 학생에게 불온한 작문을 짓게 하여 그로써 학생작품전람회 등을 개최하여 일반에게 ○○(독립─인용자)사상을 고취"[32]하였다.

이와 같이 김찬도는 조선농민사의 야학활동에 주력하면서 1927년 6월에는 "농민 대중을 개발시켜 신조선을 건설하자."는 강령 하에 건아단(健兒團)이라는 비밀결사를 조직하였다.[33] 그리고 이들은 단군기년(檀君紀年)을 사용하는 등 민족의식을 고취하였다. 이와 같이 활동하던 중 건아단은 1928년 6월 동경에 본부를 두고 있던 조선농우연맹(朝鮮農友聯盟)의 목표가 건아단과 일치한다고 하여 조선농우연맹의 지부로 가입하였다. 그리고 조선농우연맹의 조선순회강연에 수원지부의 대표로 임과 2년생이던 한전종(韓典鍾)을 파견하였다. 한전종은 여러 차례 강연을 금지 당하였고 결국은 조치원에서 강연단이 해체되면서 학교 당국으로부터 무기정학의 처분을 받았으나 건아단의 실체는 발각되지 않았다. 이와 같은 일이 있은 후 학교에서 공인한 조선인학생담화회(朝鮮人學生談話會)에서는 운동의 발전을 도모하기 위하여 계림농흥사를 조직하였다.[34] 그런데 이들이 계림농흥사를 조사하게 된 동기는 다음과 같다.

1927년 9월 수원고농생들은 북도(北道)지방에 수학여행을 다녀왔다. 그때 일본인들이 대규모로 농장을 경영하고 있음을 알게 되었고 여기에서 힌트를 얻어 조선의 광대한 미간지를 이용하여 자신들의 전문지식을 기초로 다수 농민 대중을 모아 일대 결사를 일으키고자 하였다.[35] 이와 같이 하여 조직된 계림농흥사는 농민의 자각과 단결을 촉진시키기 위하여 각

---

32) 조선일보, 1930. 3. 6.
33) 동아일보, 1928. 9. 18.
34) 동아일보, 1928. 9. 18.
35) 동아일보, 1928. 9. 18.

지에 농민교양기관을 설치하였다.[36] 그러던 중 건아단 출신인 김성원이 1927년 졸업한 후 김해공립농업학교의 교사로 근무하면서 학생들에게 항일투쟁을 선동하며 학생 출석부 점호 시 인명을 일어로 부르지 않고 고유명사라는 지론 하에 조선어로 호칭하는 등 철두철미한 항일투쟁을 지속하였다.[37] 이 김성원과 우종휘 사이의 서신이 발단이 되어 김성원은 체포되었고[38] 계림농홍사는 조선개척사(朝鮮開拓社)로 재조직되었다.[39]

이상에서 우리는 수원고농 학생조직의 발전과정에 관한 두개의 견해 즉, ① 수양단 → 계림농홍사로의 발전과정과 ② 건아단 → 계림농홍사의 발전과정을 살펴보았다. 그런데 이 두 견해의 공통점은 계림농홍사의 뒤를 이어 조선개척사가 조직되었다는 것이며 ①의 경우는 계림농홍사의 조직 동기나 그 과정이 생략되었으나 ②의 경우는 상세히 설명하고 있다. 이렇게 볼 때 이 두 견해는 서로를 보완하고 있다고 할 것이다. 즉 수양단 →건아단→계림농홍사→조선개척사의 발전과정을 거친 것이라 할 수 있지 않을까 한다.

어쨌든 앞에서 서술했듯이 조선개척사는 계림농홍사의 후신으로 조직되었다. 조선개척사의 목적은 "조선의 대중은 농민이 8할을 차지한 만큼 농민으로 더불어 조선독립운동을 일으"[40]키는데 있었다. 그리고 그 방법으로서 농민야학을 실시하였다. 그러므로 외견상으로는 계림농홍사의 활동과 동일하였다. 바로 이 농민야학운동이 상록수운동으로서 수원고농 학생운동의 한 특징인 것이다.

그러나 장기적인 전망의 측면에서 볼 때 계림농홍사와 조선개척사의 조

---

36) 동아일보, 1928. 9. 18.

37) 김승학, 앞의 책, 227쪽.

38) 위와 같음.

39) 동아일보, 1928. 9. 18.

40) 동아일보, 1928. 9. 16.

직 위상에는 큰 차이가 있다. 즉 계림농흥사는 우종휘가 주장한 것으로 당
시는 일제의 탄압이 극한에 달한 시기이므로 표면상 합법업체를 가장한
항구 조직체로서『현재의 이스라엘』청년들의 모국농촌재건과 유사한 조
직이었다. 그 목표로는 (가) 이익 배당 배제 (나) 조직원 생활 공동 보장
(다) 조직원 자녀 교육비 공동 부담 실시 (라) 국내 주요 적지에 공동 출자
농장설치 등이었다. 동시에 과거의 수원고농 출신 선배들과 상시 해내외
에 산재한 전농학도를 포섭하여 전국 농촌에 광범히 협동농장을 두어 농
촌 기술 향상 및 경제 향상을 도모하여 이상농촌건설처럼 위장 공개하여
독립운동을 도모하고자 하였던 것이다. 이 운동의 전개 방안으로 부서를
대내와 대외의 둘로 나누어 대내적 총책은 김찬도가 담당하고 대외적 총
책은 우종휘가 담당하여 학교 안에 동경(조선—인용자)농우연맹 동경지
사, 조선농민사 수원고농지사, 천도교본부 경영인 농민계몽잡지 간행, 조
선학생회 및 조선학생과학연구회 등에 가입하여 광범위한 대외 연계를
맺었다.[41] 반면에 조선개척사는 김찬도가 평소 구상하였던 것으로서 만주
대륙 각지에 개척농장을 설치하고 영농양병을 병행하여 일단 유사시에는
독립전쟁을 일으킨다는 보다 적극적인 전망을 가지고 있었다.[42]

그러나 처음부터 계림농흥사 → 조선개척사의 계획을 가지고 있었던 것
은 아니었다. 김찬도와 우종휘를 비롯한 수원고농 내의 조선인 학생들 사
이에서는 이미 계림농흥사, 조선개척사 등 독립운동의 방략을 논의하고
있었던 것이다. 결국은 이러한 과정을 거쳐서 계림농흥사가 조직되었고
김성원이 체포되면서 조선개척사로 재조직되었던 것이다. 이와 같이 조직

---

41) 김승학, 앞의 책, p.226.
42) 김승학, 앞의 책, p.226. 그러나 김승학은 조선개척사가 실제로 조직되었던 것
   은 아니라고 하였다. 왜냐하면 계림농흥사의 활동만으로는 사건화하기 곤란하
   자 김찬도가 소장하고 있던「개척사」라는 계획서에서 이름을 따와 계림농흥사
   를 조선개척사라 했던 것이라고 주장하였다(김승학,『한국독립사』, 228쪽).

된 조선개척사의 활동 결과 육동백, 김찬도, 김익수, 황봉선, 김문찬, 남영희, 고재천, 권영선, 우종휘, 김봉일, 백세기 등 11명이 검거되었다.[43]

한편 학교 당국은 조선개척사사건과 관련하여 위의 11명이 검거된 후 학교 당국이 공인한 조선인학생담화회는 물론이고 기타 기숙사 안의 단체의 회합을 일체 금지시켰다.[44] 그리고 경찰에서 조사를 진행 중에 5명을 퇴학시키고 6명은 무기정학에 처하였다.[45] 또한 수원고농교장은 조선인 학생들을 모아놓고 "조선인의 운동은 일부 불량 조선인의 행동인 것이며, 그들이 아무리 이런 운동을 전개한다 하여도 조선에는 2개사단의 일본군이 있으며 기민한 경찰망이 있기 때문에 도저히 효과가 없을 것이다."고 하고 9월 1일에는 실습 시간이 없음에도 불구하고 학생들을 실습 장소에 내보낸 뒤 경찰이 조선인 학생만의 물품을 수색하게 하였다.[46] 이와 같은 학교 당국의 처사에 대응하여 결석생 4~5명을 제외한 조선인 학생 46명은 1928년 9월 21일 연명날인하여 퇴학계를 제출하였는데 그 이유는 다음과 같다.[47]

  (1) 교장의 훈시는 군대와 경찰을 믿고 학생을 위협하였기 때문에 교육자가 취할 태도가 못되는 것이다
  (2) 9월 1일, 학생을 실습장에 내보내고 경찰이 무단수색하게 하였다.
  (3) 검거된 학생들의 범죄가 확정되기 전에 퇴학처분을 시켰다.

그런데 학교 당국은 학생들이 동맹퇴학원을 제출하는 등 강력히 반발함에도 불구하고 또 다시 퇴학원을 제출한 학생 중 6명을 퇴학시켰다.[48] 사

---

43) 동아일보, 1928. 9. 16.
44) 동아일보, 1928. 9. 18.
45) 동아일보, 1928. 9. 22.
46) 鄭世鉉, 『抗日學生民族運動史硏究』, 일지사, 1975, 448~449쪽.
47) 『諺文新聞差押記事輯錄』(시대일보, 중외일보, 252~253쪽.).

태가 이와 같이 악화되자 동아일보는 1928년 9월 19일 「수원고농 학생의 처벌」이라는 사설에서 학교 당국을 비난하였다. 즉 "학생에게는 퇴학처분이 사형선고"라 볼 수 있으며 사제의 입장에서 볼 때에는 "제자를 원외로 방축한다는 것은 정에도 참기 어려운 일"이라고 하였다. 그리고 "사법기관의 최후 판결이 있기 전에 퇴학처분을 내렸다는 것은 사법기관의 존재와 권위를 무시한 것이며 조선인학생담화회를 비롯한 기타의 회합을 해산한 것도 잘못된 것이라 비난하고 전문학교인 수원고농의 경솔한 태도는 조선교육계의 자주와 권위를 손상시켰다."고 하였다.

조선개척사사건은 이와 같이 사회적으로 큰 파란을 불러일으켰는데 그것은 이 사건이 "조선의 전문학생 비밀결사사건으로는 처음"[49]이기 때문이었다. 바로 이 이유 때문에서라도 일제와 학교 당국은 학생들에게 가혹한 처분을 하였던 것이라 생각된다. 그러나 이 사건에 관련되어 검거된 11명 중 김찬도와 권영선만이 보안법 위반으로 재판을 받았을 뿐 나머지 9명은 모두 면소되어[50] 일제가 이 사건을 조작, 확대하였음을 알 수 있다.

4. 사회주의에 입각한 수원고농의 학생운동(1931~)

앞장에서 보았듯이 실력양성론에 입각한 수원고농의 학생운동은 주로 야학을 통하여 농민 대중을 계몽, 각성시키고자 하였다. 그리고 조선개척사는 이러한 활동과 함께 장기적으로는 대농장을 형성하여 이를 기반으로 군대를 양성하고 독립을 쟁취한다는 발전전망을 가지고 있었다.

---

48) 동아일보, 1928. 10. 3.
49) 동아일보, 1928. 9. 16.
50) 조선일보, 1930. 3. 6.

그러나 1920년대 중반 이후 민족운동에 사회주의사상이 영향을 끼치기 시작하였다. 학생운동의 경우도 예외는 아니어서 수원고농에는 1930년대에 들어와 실천적인 측면에서 영향을 끼치기 시작하였다.

수원고농의 학생운동은 조선개척사사건 이후 한때 주춤하였으나 김종수가 상록수운동과 함께 독서회 활동을 활발히 전개함으로써 다시 활기를 띠게 되었다. 즉 김종수는 야학을 확충, 증설하여 학기 중에는 수원을 중심으로 활동하였고 방학 중에는 전국 각지에 산재해 있는 농업지도자인 모교 졸업생과 제휴하여 농민 중심의 문맹퇴치와 항일의식의 고취에 전념하였다. 또한 교내에서는 일제의 식민지 농업정책을 위한 황민화교육을 반대하여 조선인 학생 전원의 행동 통일 방안으로 다음을 제시하였다.[51]

1. 농촌 지도를 위한 「새벽 사람」이요, 「黎明의 아들」이라는 긍지를 품고
2. 조선인 학생만의 기숙사인 동료취사부(東僚炊事部)를 자치제로 운영하며,
3. 조선인 선수만으로 구성한 축구부를 두어 조선인 학생 전원이 부원이 된다.

이리하여 조선인 학생은 곧 동료취사부원이자 축구부원이 되어 정신, 체력, 단결의 삼위일치가 되어 항일투쟁의 대열에 서게 되었다. 그리고 이들은 "우리 민족의 8할 이상이 농업을 전업으로 하는 농민이므로 농민의 단결과 봉기"[52]에 의하여 독립을 쟁취하고자 하였다.

그런데 김종수의 이러한 활동은 사회주의에 입각한 듯 하다. 김종수는

---

51) 김승학, 앞의 책, 227쪽.
52) 김승학, 앞의 책, 227쪽.

1931년 여름 일본 오오사카(大板) 부근을 여행 중 공산 러시아의 생산분배 상황을 듣고 이용필(李容泌), 조만원(趙萬元) 등 동료들에게 계급의식을 주입53)하였다. 그리고 1931년 11월 경 수원군 일형면 서둔리에 있던 화서 야학원(華西夜學院)의 교사로 있으면서 이연산(李連山), 조만원 등과 일본 제국주의의 타도와 공산주의사회의 건설에 관하여 협의하고 이용필, 최홍 기(崔弘基)와도 협의하였다.54)

이러한 협의가 있은 후 이용필, 최홍기, 김광태(金光泰)는 수원군 일형 면 동리(東里) 이강렬(李康烈)의 집에서 여러 차례 회합하여 수원고농의 조선인 학생에 대하여 개인적으로나 집회 등을 통하여 사회주의사상을 주입하기로 하고 졸업 후에는 조선 내 농민의 적화를 위하여 힘쓸 것 등 을 협의하였다.55) 이렇게 볼 때 수원고농에 사회주의에 입각한 학생운동 이 출현한 것은 1931년 중반 이후였음을 알 수 있다.

그런데 위의 협의에 의한 것인지는 정확하지는 않지만 수원고농 졸업생 을 중심으로 한 비밀결사사건이 종종 발생하고 있다. 1934년 8월 1일 통군 정 격문사건, 왕자제지의 동맹파업 등은 모두 이정환(李正煥) 등 수원고농 졸업생들이 이연산, 조만원 등과 일본제국주의의 타도와 공산주의사회의 건설에 관하여 협의하고 이용필, 최홍기와도 협의하여 전개되었던 것이 다.56) 그리고 이용필은 졸업 후 김천농회의 기수로 있으면서57) 조선공산 당재건협의회 김천그룹에 가담하여 수원고농 독서회의 후신인 조선공산 주의자동맹을 김천그룹의 하부기관으로 하였다.58) 또한 1941년 임병현을

---

53) 大邱地方覆審法院, 昭和 11年 刑控 第 489號, 「水原高農讀書會事件判決文」(이하 「판결문」).
54) 앞의 「판결문」.
55) 앞의 「판결문」.
56) 조선일보, 1935. 10. 1(조간).
57) 「판결문」.

중심으로 한 농민봉기사건에 연루되어 다수의 학생이 검거되기도 하였다. 이 사건은 수원고농의 조선인 학생들이 졸업하면서 동료기숙사의 자치 비용으로 거출한 10원을 항일투쟁사업의 기금으로 사용하다가 검거된 사건이나 확실한 내막은 알 수 없다.[59]

이와 같이 수원고농의 학생운동은 졸업 이후에도 재학생과 연락을 지속하면서 꾸준히 전개되었다. 그리고 이러한 관계는 독서회 활동이 전형적이라 생각된다. 그러므로 사회주의사상에 입각한 수원고농의 학생운동은 이를 중심으로 서술하고자 한다. 앞에서 서술했듯이 수원고농의 학생운동에서 사회주의가 실천적인 의미를 지니게 된 것은 김종수의 일본 여행 이후인 1931년 중반 이후의 일이었다. 김종수는 먼저 개인적인 차원에서 화서야학원을 중심으로 사회주의에 입각한 활동을 전개하는 한편 동지의 규합에 힘썼다. 그 결과 이용필, 최홍기, 김광태, 김준강(金浚綱), 김재곤(金在琨), 유재환(劉載煥) 등의 동지를 획득하였다. 그리하여 이들을 중심으로 하여 사회주의에 입각한 학생운동이 수원고농에서 본격화하였다.

먼저 수원고농에서의 최초의 사회주의 학생운동 조직은 1933년 이용필, 최홍기, 김광태, 김준강이 조직한 독서회라 할 수 있다.[60] 독서회는 조직 이후 유재환, 김재곤, 임기집(林基緝), 이치영(李致榮), 최태환(崔泰煥), 손창규(孫昌奎) 등을 회원으로 가입시킨 후 임기집을 제외한 9명이 공산당 선언의 부록을 참고로 하여 독서회의 강령, 규약을 채택하였다.[61] 그리고 이들은 1933년 12월 이후에는 매주 토요일에, 1934년 1월 이후 3월까지는 수차에 걸쳐 공산주의 이론의 발표, 토론 및 국제정세, 시사문제 등을 비

---

58) 이기하, 『韓國共産主義運動史』1, 194~195쪽.

59) 김승학, 앞의 책, 227쪽.

60) 「판결문」.

61) 「판결문」.

판하였고 조선인 학생의 야유회, 료회(僚會), 급회(級會), 취사부회(炊事部會) 등을 통하여 민족주의, 공산주의에 관한 선동연설을 함으로써 사회주의의 고취에 힘썼다.[62]

한편 김광태는 독서회원에게 연구자료를 제공하기 위하여 『논리학단편』, 『러시아혁명년보』, 『변증법적유물론교정』의 제1절인 「레닌주의철학의 임무」 중 일부를 출판, 제공하였다. 이와 같이 이론학습을 중심으로 활동하던 독서회는 1934년 10월 30일 김광태, 김준강, 최태환, 손창규, 이치영, 김경천(金敬天) 등의 회합에서 "미온적으로서는 발전성이 없기 때문에"[63] 해산하였다. 그리고 이용필과 김광태의 졸업 이후 독서회의 책임이 되었던 김재곤은 서면으로 독서회의 해소를 이용필, 최홍기에게 통고하였다. 독서회의 해소를 추진하면서 김광태, 유재환, 김재곤은 해소 이후의 대안으로서 '조선공산주의자동맹'을 1934년 10월 14일 조직하였다. 이들은 이 자리에서 공산당선언의 부록 「공산주의자동맹규약」에 기초하여 동맹의 규약을 채택하고 동맹원의 활동방침, 책임구역을 정하였다.[64] 그리고 이용필, 최홍기는 사후에 가입하였다.

또한 조선공산주의자동맹은 "수원고농을 연락본부로 하고 서울을 중심으로 하여 전 조선 각지에서 공산당을 재건"하는 것을 목표로 하였으며, 이용필을 중심으로 하는 일부는 대구에서 학생들을 중심으로 조직활동을 하였다.[65] 이러한 활동 과정에서 김천고등보통학교맹휴를 조종하던 이용필이 검거됨으로써 동맹의 실체가 드러나게 되었던 것이다.

다른 한편 수원고농의 조선인 학생들은 일제의 민족차별교육, 황국신민

---

62) 「판결문」.

63) 「판결문」.

64) 「판결문」.

65) 동아일보. 1936, 7. 3.

화교육을 비판하였다. 황국신민화교육이란 "조선은 실로 홍아적 달성(興亞的 達成)의 근간이 되어 있으며 대륙전진의 병참기지로서 군사, 경제상의 임무를 완전히 수행할 뿐만이 아니라 사상과 문화 방면에서도 대륙진출의 기지적 임무를 수행하지 않으면 안되며 근본적으로 그 결실을 가져오기 위한 통일된 교육방침"66)을 말한다. 그리고 이를 위하여 국체명징(國體明徵), 내선일체(內鮮一體), 인고단련(忍苦鍛練)의 3대 강령을 밝혔다. 그런데 황국신민화교육은 1930년대에 더욱 강조되었는데 이에 대한 반발로서 소위 '천황'에 대한 비판이 나타났다. 즉 이용필은 1933년 7월 일본에 수학여행을 다녀온 이후 기숙사에서 있은 수학여행 감상담에서 천황을 "유일인의 우상", "유일한 일인", "이중교의 깊은 곳에 사는 그 사람" 등으로 칭하였다. 또한 최홍기는 이용필에게 보내는 편지에서 1934년 여름 남부지방에 발생한 홍수에 피해를 본 이재민에게 천황이 35,000원을 하사하였는데 과연 그에게 감사해야 하는가라고 하였고, 이에 대한 답장에서 이용필은 "이중교의 깊은 곳에 사는 그 사람은 무위도식하여도 일본 제일의 자본가이며 무산자는 아침부터 저녁까지 일해도 빈곤을 면하지 못하는 것은 이 사회의 모순"67)이라 하여 천황에 대한 불만과 사회구조의 모순을 갈파하였다. 이리하여 이 사건의 주동자들은 치안유지법위반, 출판법위반, 불경죄의 죄목으로 다음과 같이 유죄판결을 받았다.68)

　　이용필, 김종수, 최홍기(5년)
　　김준강, 유재환(2년), 김재곤(옥사)
　　이치영, 최태환, 이근복, 손창규, 임기집(기소유예)

---

66) 八木信雄, 「學事改革과 朝鮮敎育의 問題」, 54~59쪽(金用鉏, 『韓國敎育史』, 숙명여대출판부, 158~159쪽에서 재인용).
67) 「판결문」.
68) 김승학, 앞의 책, 227쪽.

그런데 이상에서 우리가 주목해야 할 것은 이들이 사회주의를 어떻게 이해하였는가 하는 점이다. 먼저 이용필은 재판정에서 "사회주의와 조선의 독립은 일개 불가분의 것"[69]이라 생각하고 있다고 하였으며, 최흥기는 "공산주의의 의의에는 약소 민족의 해방을 포함"하며 "공산주의가 실현되는 것은 조선의 독립도 당연히 초래되는 것"[70]이라 진술하였다. 결국 이들의 생각은 공산주의사상에는 약소 민족의 해방이라는 사상이 포함되어 있으므로 독서회, 조선공산주의자동맹 등의 활동을 전개하였다는 것이다. 이렇게 볼 때 이들의 활동은 단순한 공산주의 또는 사회주의적인 활동이라기보다는 민족운동의 일환으로서 사회주의 사상을 수용했다고 하는 것이 옳을 것이다.

5. 맺음말

이상에서 우리는 수원고농의 학생운동에 관하여 ① 실력양성론에 입각한 시기와 ② 사회주의사상에 입각한 시기의 두 시기로 나누어 개괄적으로 살펴보았다. 우리는 이상의 정리를 통하여 다음의 몇 가지를 확인할 수 있다.

먼저 실력양성론에 입각한 시기의 특징은 첫째, 이들의 투쟁은 일제의 식민지 차별교육정책에 대한 투쟁으로서의 동맹휴교와 농민 계몽을 위한 농민야학을 운영하는 방식으로 전개되었다. 특히 이 시기 수원고농 학생운동의 특징은 상록수운동이라 부르기도 하는 농민야학에 있었다. 상록수운동은 이후 사회주의에 입각한 시기에는 프로컬운동으로 발전하였다. 둘

---

69)「판결문」.

70)「판결문」.

째, 이 시기의 수원고농의 학생운동은 외부의 사회단체와 긴밀한 관계를 갖지 못한 듯 하였다.이들이 조선학생회와 조선학생과학연구회에 참여하고 건아단은 조선농우연맹에 가입하여 전국순회강연단에 대표를 파견하기도 하였으나 활발한 활동을 전개하지는 못하였다. 셋째, 이 시기의 수원고농의 학생운동은 조직운동으로 발전한 것 같지는 않다. 수양단, 건아단, 계림농흥회, 조선개척사 등의 조직이 있었으나 그것은 이름만 틀릴 뿐 활동 목표나 활동 상황이 대동소이하였다. 넷째, 이들은 운동의 장기적인 전망을 가지지 못하였던 듯 하다. 계림농흥사의 경우는 이스라엘의 협동농장을 모델로 하여 독립을 준비하고자 하였는데 이것은 이들이 일제의 식민지 지배정책의 본질을 잘못 이해하였기 때문이라 생각된다. 다만 조선개척사의 경우 영농양병하여 독립전쟁을 일으켜 독립을 쟁취한다는 전망을 제시하였으나 실천에 옮기지는 못하였다. 그러나 조선의 전문학교 최초의 비밀결사사건으로서의 의의는 자못 크다 할 것이다.

다음으로 사회주의에 입각한 시기의 특징으로서 첫째, 실력양성론에 입각한 시기의 상록수운동이 프로컬운동으로 발전하였다는 것이다. 그리하여 김종수는 화서야학원에서 학생들을 가르치면서 사회주의사상을 주입, 선전하였다. 둘째, 이 시기에는 졸업생과의 연계를 도모하였다. 즉 학기 중에는 수원을 중심으로 활동하고 방학 중에는 전국에 산재한 졸업생과 연계하여 운동을 전개하고자 하였다. 그 결과 1934년에서 1935년에 걸친 이정환 등 수원고농 졸업생 중심의 독서회사건, 1935년 이용필 등이 연관된 조선공산당재건협의회 김천그룹사건 등이 발생하였다. 셋째, 독서회 활동을 통하여 동지를 획득하고 사회주의사상을 선전, 고취하였다. 그리고 이들은 이를 위하여 『논리학단편』, 『러시아혁명년보』, 「레닌주의철학의 임무」 등을 출판하였다. 넷째, 이들의 활동 목표는 "폭력혁명에 의한 프롤레타리아독재의 실현"에 있었지 "조선의 독립은 직접적인 목적은 아니"71)었다. 이들은 공산주의 곧 약소 민족의 해방사상이라 이해하여 공산주의사회가 실현되면 당연히 조선의 독립은 실현된다고 믿었다. 이렇게 볼 때 이들이 운동에 사회주의사상을 수용한 것은 민족의 해방을 위한 것이었다고 할 것이다.

(『慶州史學』14. 1995)

---

71) 「판결문」.

日帝下 水原地域 私立學校의 成長과 活動
― 三一學校와 華城學院을 中心으로 ―

1. 머리말

현재까지 한국역사학계에서는 구한말~일제하 민족운동에 대한 연구는 비교적 활발히 전개되어 왔다. 그리고 이 시기 민족운동의 전개과정 및 역사적 위상에 대하여도 많은 연구가 축적되었다. 그러나 이와 같은 연구 성과 가운데서도 지방사적인 관점에서 이루어진 연구는 극히 드물다 할 수 있다. 이는 그 동안의 연구가 주로 중앙의 관점에서만 이루어졌기 때문이라 하겠다. 따라서 우리 민족운동의 전체상을 복원하는데는 중앙 차원의 연구뿐만 아니라 지방에서 전개된 구체적인 역사적 사실에 대한 보다 객관적이고 실증적인 작업이 이루어져야 한다고 생각한다.

그리하여 필자는 본고를 지방사적인 관점에서 다루고자 한다. 그리고 필자가 수원지역을 사례분석의 대상지로 선정한 이유는 3 · 1 운동[1]을 제

---

1) 수원지역 3 · 1 운동사에 대한 연구로는 다음과 같은 것들이 있다.
   조병창, 「수원지방을 중심한 3 · 1 운동 소고」, 단국대학교 대학원 석사학위논

외하고는 근대사 연구가 거의 이루어지지 않았을 뿐만 아니라 지역유지
층의 변화과정을 비교적 잘 알 수 있으리라는 생각했기 때문이다.[2] 또한
삼일학교와 화성학원을 사례분석의 대상으로 삼은 것은 첫째, 이 두 학교
가 일제시기를 거쳐 현재까지도 존속하고 있으며 둘째, 그에 따라 지역사
회에 끼친 영향력이 컸고 셋째, 두 학교의 설립자 및 후원자들의 성격으로
보아 수원지역 유지층의 활동을 확인할 수 있는 단초를 제공한다고 생각
했기 때문이다. 결국 삼일학교와 화성학원의 사례를 검토함으로써 수원지
역 민족운동의 발전과 변화를 확인할 수 있다고 믿기 때문이다. 그러나
이 글의 목적은 일제하 지역사회의 유지층의 변화 과정을 살피는 것이 아
니라 그 전제로서 두 학교의 발전 과정을 확인하는 데 있다고 할 수 있다.
따라서 일제하 수원지역의 유지층의 변화 과정을 살피는 것은 추후의 과
제로 남기고자 한다.

이러한 점을 염두에 두면서 필자는 우선 수원지역 민족운동의 흐름을
알기 위하여 수원지역민의 반일활동을 정리하고, 이의 연장선상에서 삼일

문, 1971 : 노천호, 「수원지방 3 · 1 운동 연구」, 단국대학교 교육대학원 석사학
위논문, 1978 : 홍석창, 『수원지방 3 · 1 운동사』, 왕도출판사, 1981 : 『수원지방
교회사자료집』, 감리교본부 교육국, 1987 : 『감리교회와 독립운동』, 에이맨,
1998 : 김선진, 『일제의 학살만행을 고발한다 - 제암 · 고주리의 3 · 1 운동』, 미
래문화사, 1983 : 최홍규, 「수원지방 3 · 1 운동의 역사적 배경」, 『3.1독립운동과
민족정기』, 1996 : 이정은, 「화성군 우정면 · 장안면 3 · 1 운동」, 『한국독립운동
사연구』9, 1995. 등을 들 수 있다.

2) 3 · 1 운동 이후 수원지역사에 대한 본격적인 연구로는 박환, 「1920년대 수원고
등농림학교 학생비밀결사-건아단과 조선개척사를 중심으로」, 『길현익교수 정
년기념사학논총』, 1996 : 「1920년대 초 수원지방의 비밀결사운동-혈복단과 구
국민단을 중심으로」, 『경기사학』2, 1998 : 졸고, 「일제하 수원고농의 학생운동
과 상록수운동」, 『경주사학』14, 1996 : 「일제하 수원지역의 농민조합운동」, 『동
국역사교육』5, 1997. 이외에도 경기도사편찬위원회, 『경기항일독립운동사』에
는 수원지역의 민족운동이 개괄적으로 서술되어 있다.

학교와 화성학원의 설립 및 발전과정을 살펴보도록 하겠다.

2. 私立學校의 設立의 背景과 主體

수원지역의 반일활동은 대략 1890년을 전후한 시기부터였다. 먼저 1894년 동학농민운동 당시 삼괴면의 주민들은 수원 접주 고석주(高錫柱)가 이끄는 동학군에 가담하여 활동하였고[3], 1904년 갑진개혁운동 때에는 동학교인들이 앞장서서 머리를 깎고 진보회(進步會)를 조직하여 주위의 인사를 규합하는 한편 관리들의 잘못을 탄핵하는 등 폐정개혁을 요구하였다.[4] 한편 3·1운동 당시에도 천도교는 기독교와 함께 큰 역할을 하였다. 특히 제암리사건의 경우에도 학살당한 28명 가운데 천도교인이 17인이었다는 증언[5]은 주목할 만한 것이라 하겠다.

또한 1907년 7월경에는 의병의 창의를 촉구하는 격문이 나돌았고[6], 8월 9일에는 수원진위대의 군인들인 지홍윤(池弘允), 유명규(劉明奎), 이동기(李東基) 등이 무기고를 습격하여 무기를 주민들에게 나누어주고 동문(東門, 蒼龍門) 밖에서 군수와 일진회(一進會) 수령 정경수(鄭景洙)를 처단하였다.[7] 그리고 김대근(金大根)은 수원역에서 이등박문(伊藤博文)을 돌로 저격하였으나 실패하였다.[8] 또한 홍일초(洪一初), 남상목(南相穆) 등은 1907년부터 의병운동을 전개하였고[9], 1907년 9월 12일 용주사에 의병 몇

---

3) 김승학, 『韓國獨立史』, 獨立文化社, 1966, 655쪽.

4) 노천호, 「水原地方 三一運動硏究」, 檀國大學校 敎育大學院 碩士學位論文, 1988. 5쪽.

5) 안상진의 증언, 『三一同志會二十年史』, 三一同志會, 1989, 77쪽에서 재인용.

6) 大韓每日申報, 1907. 8. 1.

7) 채근식, 『水原市史』(上), 1996, 324쪽.

8) 위와 같음.

십 명이 점심을 요청하였으나 승려 한 명이 일본군 병참소에 고발하여 검거된 사건[10], 1907년 10월 11일 남양군에서 활동하던 의병 20여명이 수원군 초장면을 습격하자 이에 놀란 일본인 우편취급인이 가족과 함께 줄행랑을 친 사건 등이 있었다.[11] 1907년 11월 말경에는 의병 50~60명이 수원군 남곡에 모여 부민에게 총기 등 군기와 군수전을 청구하기 위해 회의한다는 소식에 부민들이 사방으로 흩어진 사건도 있었다.[12] 특히 1908년에 접어들면서 수원지역의 의병은 인근지역의 의병들과 연계를 가지면서 한층 더 활기를 띠게 되었다. 하지만 1908년 일제의 대규모적인 토벌작전에 의하여 1908년 말부터 수원지역의 의병운동은 쇠퇴하였다.[13]

한편 수원지역의 대표적인 유학자인 이정근(李正根)은 1910년 경술국치(庚戌國恥) 이후 궁내부 주사직을 사임하고 낙향하여 팔탄, 향남, 우정, 장안, 정남, 봉담, 남양면 등 7개 면에 서당을 설립하여 문맹퇴치와 인재양성을 꾀하였고, 그들과 함께 독립운동단체의 조직을 도모하였다.[14] 그리고 이정근은 '왜왕삼년(倭王三年)'[15]이라는 구호를 지어 널리 전파시키는 한편 3·1운동 시에는 독립가[16]를 지어 군중들에게 부르게 했다고 한다.

---

9) 김순덕, 「후기의병운동」, 『경기도항일독립운동사』, 1996, 80~82쪽.
10) 大韓每日申報, 1907. 9. 15.
11) 大韓每日申報, 1907. 10. 20.
12) 皇城新聞, 1907. 11. 27.
13) 최홍규, 「3.1運動의 歷史的 背景」, 『경기도항일독립운동사』, 1996, 54쪽.
14) 이정근에 관하여는 채대원, 『灘雲李正根義士傳記』, 참조.
15) 채대원, 앞의 책, 58쪽. '倭王三年'이란 침략자 日本이 天罰을 받아 3년이 안되어서 망한다는 뜻이라 한다.
16) 독립가의 가사는 다음과 같다(조병창, 앞의 논문, 41쪽).
   1. 터졌구나 터졌구나 독립성이 터졌구나 15년을 참고참다 이제서야 터졌구나 피도대한 뼈도대한 살아대한 죽어대한 잊지마라 잊지마라
   2. 하느님이 도우시매 대한국은 다시왔네 어두웠던 방방곡곡 독립만세 진동하네

또 강태영은 1907년 항일단체로 '결사대'를 조직하였고[17], 임근수(林根洙)는 군대가 해산되자 동지를 규합하여 일본군과 항전하다가 체포되어 총살당하기도 하였다.[18] 한편 수원군 향남면 제암리의 안종후(安鍾厚)는 1905년 8월 5일 마을에 교회를 설립하고 그 책임자로서 포교하는 한편 항일사상의 고취와 동지의 규합을 꾀하여 천도교도인 김성렬(金聖烈), 홍원식(洪元植) 등과 함께 '애국동지회(愛國同志會)'를 결성하고 김세열(金世烈), 안종순(安鍾淳), 강태성(姜泰成) 등과 함께 일본헌병을 타살하기도 하였다.[19] 이와 같이 수원지역에서 반일 활동이 나오게 된 데에는 일본군의 발호와 밀접한 관계가 있을 것으로 생각된다. 즉 1907년 8월 11일 일본인의 무고로 경찰이 무고한 농민 한 명을 사살하고 많은 농민이 중상을 당하였다는 사실[20]과 공립수원보통학교에 일본군 수비대가 주둔한다고 하여 임시 휴교하겠다는 교장의 보고[21]와 같은 사실에서 일본과 일본인에 대한 수원지역민들의 반일감정이 발생했을 것이라 생각된다.

그리고 또한 수원지역에서는 국채보상운동도 비교적 활발히 전개되었다. 수원영어삼학당이 국채보상취지서를 발표하였고[22], 영국인신부 부재열(夫在烈)과 김만준이 성당에서 기도회를 열고 '고종의 애민하신 성의와 전국민의 금연의 뜻'을 토론하고 구화 120원 40전을 대한매일신보에 기증하였다.[23] 특히 수원부내의 6세의 신천동이 국채보상모금을 보고 세뱃돈

삼천만민 합심하여 결사독립 맹세하세 대한독립 만세만세

17) 김승학, 위의 책, 546쪽.

18) 김승학, 앞의 책, 576쪽.

19) 김승학, 위의 책, 655쪽.

20) 大韓每日申報, 1907. 8. 15.

21) 大韓每日申報, 1907. 8. 31.

22) 大韓每日申報, 1907. 4. 6.

23) 大韓每日申報, 1907. 3. 21.

50전을 기부했다는 사례[24]는 당시 수원지역에 국채보상운동[25]이 활발하게 전파되었음을 보여주는 것이라 할 것이다.

다른 한편으로 수원지역에서는 애국계몽계열의 운동도 비교적 활발히 전개되었다. 즉 1906년 9월 8일 대한자강회 남양지회가 설립되었고[26], 1908년 6월 14일 최성대(崔成大) 등 39명의 명의로 기호흥학회 지회설립 청원서를 제출하였다. 이에 기호흥학회 평의회에서는 수원군 권유위원 김가진(金嘉鎭), 조완구(趙琬九)의 시찰보고에 따라 설립을 인가하였다.[27] 이 때 선출된 임원과 회원은 다음과 같다.[28]

〈표 1〉 기호흥학회 수원지회의 임원 및 회원

회장	金宗漢	부회장	李啓煥		
총무	崔東弼	서기원	李夏榮	회계원	李容熙
간사원	池河永	崔鍾淳	崔松		
교육부장	朴箕陽	재정부장	吳喆善		
평의원	李鍾岳 趙榮鳳 金永瑞 宋榮彬 尹元成 洪健燮 宋世浩 車裕舜 羅聖圭 李容默(金容默 - 인용자) 崔益翼 - 인용자)煥 李聖儀 林勉洙 李夏榮 金用鎬				
회원	崔成大[29] 崔東弼 李聖儀 韓相龍 龍雲禧 車孝錫 金喜景 崔翼(益 - 인용자)煥 林興洙 李興會 李鍾岳 車裕舜 宋榮彬 洪建燮 尹元成 金用鎬 吳惠泳 洪裕永 朴文會 金永瑞 羅重錫 金彦植 車漢珪 李夏榮 林勉洙 陳始泳 趙燕敎 崔鍾淳 李容默(金容默 - 인용자) 李成雨 洪思勖(勛 - 인용자) 金興泰 洪衡杓 金宗煥 鄭溶鎭 黃台淵 田光鉉 李恒九 宋世浩 金禎植 李雲九 車錫祜				

---

24) 大韓每日申報, 1907. 6. 11.

25) 수원지역의 국채보상운동은 김제구(金濟九), 이하영(李夏榮), 임면수(林勉洙) 등이 국채보상취지서를 발표하면서 적극적으로 전개하였다(대한매일신보, 1907. 3. 29).

26) 『大韓自强會月報』, 제5호, 41쪽.

27) 『畿湖興學會月報』, 제2호, 57쪽.

28) 『畿湖興學會月報』, 제2호, 61~62쪽.

29) 구한국군대의 中軍 출신으로서 나중석의 사촌인 나홍석, 나경석, 나혜석의 외조부이다(최홍규, 「羅惠錫의 가족사와 민족의식」, 나혜석기념사업회, 『나혜석

주지하다시피 애국계몽운동단체들은 '교육과 산업의 진흥'을 목표로 운동을 전개하였고, 특히 '교육의 진흥'은 실질적으로 각 지방에서 가능하였기 때문에 전국 각지에서 야학, 강습소, 사립학교의 설립 매우 활발하게 전개되었다. 이러한 흐름은 의무교육에 관한 논의가 구한말 개화파인사들의 개별적·산발적인 주장을 거쳐 1905년 을사보호조약의 체결 이후에는 집단적·지속적으로 주장되고 있던 시대 상황과 밀접한 관계가 있을 것으로 생각된다.[30] 그리하여 수원지역에서도 사립학교를 설립하자는 주장이 제기되었다. 수원군 청호면 오산리 시장 주민들은 명진학교(明進學校)를 설립한 후 소의 매매시 일정한 세금을 부과하여 이를 학교운영비에 충당할 계획의 인가를 관청에 요청하였으며[31], 남양군 서여제면의 홍은후(洪闇厚)도 의무교육의 주장에 호응하는 한편 주민들은 신구교육의 절충을 요구하기도 하였다.[32] 또한 노동야학의 운영을 모색하기 위하여 1908년 8월 15일 설립된 노동학회 경기지회[33]의 취지에 따라 수원노동야학회지부도 설립되었다.[34] 그리고 기호흥학회 수원지회장이었던 전판서 김종한(金宗漢)이 명륜학교(明倫學校)의 설립을 학부에 청원하였고[35], 남곡면 근동에는 보명학교(普明學敎)가 설립되어 있었는데 교사로는 교감 강필중(姜弼中), 총무 서진하(徐震河), 학감 김동호(金東鎬)가 있었다.[36] 또한 이선익(李善益)이 학

바로알기 제1회 국제심포지엄』, 89쪽)

30) 애국계몽운동기 의무교육의 주장과 관련하여서는 김형목,「自强運動期 漢城府民會의 義務敎育 施行과 性格」,『中央史論』9을 참조 바람.

31) 大韓每日申報, 1908. 1. 14.

32) 萬歲報, 1907. 6. 2.

33) 皇城新聞, 1908. 8. 21.

34) 皇城新聞, 1908. 5. 22. ; 8. 30.

35)『畿湖興學會月報』, 제6호, 51쪽.

36)『畿湖興學會月報』, 제11호, 49쪽.

업 장려를 위해 화양(華陽), 삼대(三臺)의 두 여학교의 운동회를 개최했다는 것으로 보아 이미 두 여학교도 설립되어 있었음을 확인할 수 있다.[37] 그리고 뒷 절에서 살필 삼일학교[38]와 수원상업강습소도 각각 1902년과 1909년에 설립되었다. 이외에도 구한말~1910년경까지 수원지역에서는 학교 설립도 활발하여 전참봉 서상천(徐相天)이 수원군 수북면 백봉리에 자본금 지화(紙貨) 5,000원을 출연하여 세운 수원 수성학교(須成學校)[39], 남양 보흥학교(普興學校), 남양 양성학교(養性學校), 남양 사립 보성소학교(普成小學校)[40], 수원농림학교[41], 수원공립보통학교,[42] 오산장에 사는 정한교(鄭漢敎)가 세운 사숙[43], 남양군 세곳면 고포동에 이희철(李喜徹)이 세운 명달의숙(明達義塾),[44] 남양군 여제면 전곡동의 사숙[45] 등이 있었다.

특히 보흥학교는 부교장 이창회(李昌會)[46]의 진술에 따르면 1901년 미

---

37) 『畿湖興學會月報』, 제11호, 49~50쪽.

38) 삼일학교는 1902년에 삼일여학교가 설립되었고, 1903년에는 삼일남학교가 설립되었으나 본고에서는 그 설립 주체들이 같고 이후 동일한 과정을 거쳐 학교가 성장하였기 때문에 삼일학교로 통칭하여 서술하고자 한다.

39) 皇城新聞, 1907. 2. 4.

40) 皇城新聞, 1907. 2. 8. 보성학교는 1906년 5월 남양군 세곳면 당산동 기독교당에 설치되었으며(대한매일신보, 1907. 2. 20), 영어, 일어, 신학문을 교수하였다(대한매일신보, 1907. 8. 1).

41) 皇城新聞, 1908. 3. 14.

42) 皇城新聞, 1907. 12. 15.

43) 大韓每日申報, 1907. 4. 20.

44) 大韓每日申報, 1907. 5. 15.

45) 大韓每日申報, 1907. 6. 4.

46) 이창회는 기독교인으로서(대한매일신보, 1906. 12. 2) 1872년생으로서 장호원에서 농업에 종사하다가 서울, 인천에서 약국업 혹은 부동산 중개업에 종사하였고, 1919년 보안법 위반으로 금고 4개월, 1924년 공산당 선전관계로 징역 3년에 처해졌던 인물이다.(『倭政時代人物史料』1, p. 124.) 또한 그는 남양군에 영어학교를 설립하였다(대한매일신보, 1906. 3. 1).

국인인 조원시(趙元時)의 기부금 매달 6원을 기금으로 삼아 설립하여 학부의 인가를 받았으나 학생의 수가 점차 증가함에 따라 학교의 경영이 곤란해지자 경향 각지의 고관대작, 신사에게 기부금을 청하여 학교를 유지하였다. 이 때 기부금을 지원한 인물로는 전군수 장호진(의연금 60여원과 남양군 영홍도의 폐사의 전답 22두락), 군수 방한덕(염세 매년 100원), 학부(남양향교의 전답 5석 17두락), 군수서리 이복영(남양군 봉림사의 묘답 22두락) 등이었다.[47] 특히 학부 전답은 보홍학교의 교감 이창희가 학부에 청원하여[48] 기증받은 것으로서 남양유림의 반발을 사서 지역사회의 문제가 되기도 하였다.[49] 그리고 보홍학교의 창설 기부금으로는 민영환이 신화 15원을 비롯하여 민영소 2원 50전, 엄주익 20원, 민영휘 15원, 한규설 5원, 이기용 2원 등 중앙의 고관들이 기부금을 내었고, 수원지역에서도 많은 기부금이 답지하였다.[50] 또한 보홍학교는 "평의원 여병현(呂炳鉉), 홍필주(洪弼周)씨는 의무교육질문총대와 남양군지회에서 보명한 해지방 보홍학교교사 청구한 사로 교섭위원을 추선하여 학부에 전왕케 하였더라"[51]는 것으로 보아 대한자강회 남양지회의 설립 이후에는 대한자강회와 긴밀한 관계를 가지면서 활동한 것으로 보인다. 그리고 보홍학교는 고등과, 심상과, 측량과를 설치하였으며,[52] 한문, 산술, 영어, 지지, 역사, 국문, 작문, 법률을 교수하였다.[53] 한편 보홍학교에 대하여 남양지역에 거주

47) 大韓每日申報, 1907. 11. 28.

48) 大韓每日申報, 1906. 3. 4.

49) 皇城新聞, 1906. 4. 5 ; 1906. 7. 4 ; 1906. 7. 5 ; 大韓每日申報, 1906. 9. 11 ; 19.6. 12. 2 ; 1906. 12. 14.

50) 皇城新聞, 1907. 11. 22.

51) 『大韓自强會月報』, 제12호, 71쪽.

52) 皇城新聞, 1908. 8. 8. ; 大韓每日申報, 1908. 12. 11 ; 1909. 2. 10. 참조.

53) 大韓每日申報, 1906. 2. 4.

하던 일본인들은 거부감을 가지고 폐교시키고자 하였다. 즉 남양금융조합 이사인 일본인 색천원시(色川元市)는 1908년 9월 16일 탁지부 대신에게 보낸 '관유창고 이용에 관한 건'에서 보흥학교에 대하여 다음과 같이 말하였다.[54]

> 이곳은 인심이 나쁘고 배일사상이 가장 격렬한 곳이다. ……(중략)…… 군수도 그들의 행동을 방관하여 ……(중략)…… 작년 11월 군청 소속인 관유창고를 그대로 교사(校舍)로 하여 이곳에 보흥학교 (일명 폭도양성소)라는 야소학교를 열어 한결같이 배일사상을 주입하며 폭도의 근본적인 양성에 힘쓰고 있다. ……(중략)…… 군수는 이를 막는 방도를 모르는 실정으로 ……(중략)…… 위와 같은 정상이므로 첫째로 근본적인 대타격을 가해 ……(중략)…… 보흥학교를 폐지하되 재학생은 공립보통학교에 수용하는 방침을 군수와 상의하여 주시기 바람

이와 관련하여 자기 집을 학교로 빌려주었으며 상동사립학교(上洞私立學校) 교감이었던 홍익선은 남양지역 공사립학교 연합체육대회의 축사에서 "신체교육의 필요와 진보하는 문명의 이론으로 은근히 권면"[55]하였다. 그리고 체육대회의 운동가에서도 '예악서수(禮樂書數) 진보하니 문명기초 아닌가[56] 하여 이 시기 수원지역의 사립학교의 설립 주체들이 사회진화론의

---

54) 「南陽關係書類」, 奎章閣圖書番號 22048.
55) 大韓每日申報, 1909. 1. 27.
56) 대한매일신보, 1906. 6. 2. 운동가는 다음과 같다.
   어화 우리 학도들아 운동가를 불러보세.
   황상폐하 右文至治 우리학교 홍왕하니
   대한 광무 10년이요 병오 4월 순8이라
   세계열강 둘러보니 교육인재 제일일세
   어화 우리학도들은 체조운동 하여보세
   禮樂書數 진보하니 문명기초가 아닌가
   기쁘도다 기쁘도다 연합운동 기쁘도다

영향을 받고 있었음을 알 수 있다. 그리고 또한 남양군수 김관현(金寬鉉)은 교육을 보급하고자 사립양성학교를 공립보통학교와 합치고 이 교사에 설립한 노동야학교는 학생 수가 50여 명에 달하는 대성황을 이루었다.[57]

다음으로 이 시기 야학 또는 사립학교의 설립자의 성격과 교수과목에 관한 것이다. 앞에서도 언급했듯이 명륜학교를 세운 김종한은 전 판서이고, 수성학교를 세운 서상천(徐相天)은 전 참봉, 교감인 서상긍(徐相兢)은 전 주사, 찬성장에는 군수 이완용(李完鎔)이었다. 이외에도 변영헌(卞榮獻)이 일어, 서상춘(徐相春)이 한문을 가르쳤다.[58] 그리고 경기도 참서관인 김한목이 교육에 참여하였다.[59] 양성학교는 한문, 일어, 국문과를 설치하였고, 학감 홍승호(洪承浩), 일어교사 변석규(邊錫圭), 찬성원 홍사덕(洪思德)이었다.[60] 이외에도 경기노동야학회수원지회는 그 설립대회에 경기관찰사 김사묵(金思默), 사무관 김한목(金漢睦), 수원군수 서상숙(徐相肅)이 참여한 것으로 보아 이들 관리들과 밀접한 관계를 가졌던 것으로 생각된다.[61]

進退作止 좋은 이치 전후좌우 나열일세
평화한 마음 ××되어(2자 불명) 忠君愛國 열심히
공고공고공고하세 독립주권 공고하네
건곤××(감리-인용자) 태극기를 오대주에 빛내보세
文武並用 長久術이 국가반석이 아닌가
만세만세만세여 대황제폐하 만만세야
천세천세천세야 황태자전하 천천세라
백세 천세천백세여 우리학교 천백세여

57) 皇城新聞, 1908. 9. 4.
58) 皇城新聞, 1907. 2. 4.
59) 皇城新聞, 1907. 1. 29.
60) 皇城新聞, 1907. 2. 16.
61) 皇城新聞, 1908. 8. 21.

3. 日帝下 私立學校의 發展과 實態

1) 三一學校

구한말 이후 일제의 조선 침략이 본격화되자 우리 민족의 항일민족운동도 활발히 전개되었다. 특히 교육과 산업의 진흥을 내세웠던 애국계몽운동은 구한말 민족교육운동을 크게 발흥시키는데 기여하였다.

앞에서 살펴본 바 있듯이 구한말~1910년경까지 수원지역에서는 민족교육을 위한 사립학교의 설립이 활발하였다. 그리고 1902년 경 이하영(李夏榮)[62], 임면수(林勉洙), 나중석(羅重錫)[63], 차유순(車裕舜), 최익환(崔翼煥), 홍건표(洪建杓), 이성의(李聖儀), 김제구(金濟九) 등에 의하여 사립삼일학교설립촉성회가 발기되고 1903년 5월 7일 보시동 북감리교회 안에 삼일학교가 개교되었다.[64]

---

62) 이하영은 북감리교 신자로서 나중에는 목사가 되었고, 3·1 운동 당시에는 진남포 신흥교회의 담임자로 있으면서 3·1 운동에 참여하여 옥고를 치루었다고 한다(김세한, 앞의 책, 39쪽)

63) 羅重錫은 3000석의 지주로서(羅鍾根의 증언, 나중근은 나중석의 손자로서 분천리에 살고 있다) 1878년 11월 11일 생으로서 수원군 봉담면 분천리에서 출생하였다. 1901년 觀察府主事가 되었고, 팔탄면 창곡리의 3石 餘 斗落을 門中의 學田으로 희사하였고, 분천리 소재의 水田 34정보 및 대지 52戶 만 여 평의 토지를 60여 소작인에게 무상분배하였다고 한다.(『羅州羅氏世乘』). 그리고 나중석의 원명은 나성규(羅聖奎)로서 1910년 개명하였다(大韓每日申報, 1910. 4. 5).

64) 김세한, 『三一學校六十年年史』, 34~37쪽. 이에 대하여 한 연구는 당시 선교사였던 스웨어러(W. C. swearer)의 「Annual Report of MEC」이라는 보고서에 근거하여 1902년에 삼일여학교와 동시에 삼일남학교가 설립되었다고 주장하였다. 또한 이 연구에서는 학교의 설립주체 역시 조선인 유지층이 아니라 선교사라 주장하고 있다.(수원종로교회, 『수원종로교회사』1899~1950, 2000. 4) 본고에서 필자는 이러한 이설이 제기되었지만 현재의 삼일학원측의 입장을 수용하였다.

삼일학교의 발기인인 이하영, 임면수, 나중석, 차유순, 최익환, 이성의와 교사인 김용호, 제2대 체육교사로 부임한 송세호는 기호흥학회 수원지회원으로서 일찍부터 애국계몽운동에 가담하였다. 이외에도 1909년 1회 졸업생인 홍형표, 정용진, 차석호, 조연교와 1910년 2회 졸업생인 황태연 역시 기호흥학회 수원지회원이었다. 이렇게 보면 기호흥학회 수원지회에 참가한 삼일학교의 관계자는 확인된 인물만 13명으로서 전체 55명의 23.6%에 해당한다. 더욱이 평의원 이상 기호흥학회 수원지회의 간부들 가운데는 이하영, 송세호, 차유순, 최익환, 이성의, 임면수, 김용호 등이 있는 것으로 보아 이들이 구한말 수원지역의 애국계몽운동의 중심적인 인물이었음을 확인할 수 있다. 특히 이하영은 한학을 수학하였고[65], 나중석은 경기도 관찰부의 주사를 역임하였으며, 초대 교장인 김한목은 경기도 시흥군수, 경기도 참서관, 경기도 관찰사 서리를 역임한 관료 출신이었다고 한다.[66] 그리고 최익환은 상무사(商務社) 도중(都中)이었고, 김제구는 약방을 경영하였다. 따라서 수원지역 사립학교의 설립자와 임원은 이 시기에 사립학교의 설립자는 구학 수학자가 많았고, 그 임원은 관료 출신자가 많았다는 한 연구[67]의 성과와 크게 차이가 없었을 것으로 생각된다.

그런데 이 시기에 설립된 사립학교들은 오래 가지 않아 폐교되었던 것으로 보인다. 다만 삼일학교만은 지역사회와 교단의 후원으로 명맥을 유지할 수 있었다. 즉 북감리회의 후원[68]과 1906년 5월 수원의 부호인 강석

---

65) 김세한, 앞의 책, 42쪽. 이하영은 북감리교 신자로서 나중에는 목사가 되었고, 진남포 신흥교회의 담임자로 있을 당시 진남포 지역의 3·1 운동의 총책임자로 참여하여 옥고를 치루었다고 한다(김세한, 앞의 책, 39쪽).

66) 김세한, 위의 책, 48쪽.

67) 김상기, 「韓末 私立學校의 敎育理念과 新敎育救國運動」, 『淸溪史學』1, 76~79쪽.

68) 북감리교회에서는 삼일학교 교사들에게 봉급의 일부분을 지원했다고 한다. (김세한, 위의 책, 38쪽) 이로 보아 교회에서는 삼일학교에 최소한의 자금을 지

호(姜錫鎬)의 재정적인 지원[69] 나중석이 기증한 900여 평의 토지 등으로 재정적인 어려움을 일시적으로 극복할 수는 있었으나 결국은 재정문제를 해결하지 못하고 1908년 9월 1일 학교의 경영권을 북감리회의 선교부로 이관하였다.[70]

이 시기는 통감부가 사립학교령을 발표한 시기와 일치한다. 사립학교령의 주요한 내용은 다음과 같다.

첫째, 사립학교의 설립은 반드시 학부대신의 인가를 받을 것 둘째, 사립학교에서 사용하는 교과용 도서는 학부에서 편찬한 것 또는 학부대신의 검정을 받은 것만을 사용할 것 셋째, ① 금고 이상의 형에 처했던 자 ② 징계 처분에 의하여 면관의 처분을 받고 2개년이 경과하지 않은 자(징계를 면한 자는 제외) ③ 교원허장(敎員許狀) 환수의 처분을 받고 2개년이 지나지 않은 자 ④ 성행불량으로 인정된 자 등은 사립학교의 설립자, 학교장, 교원이 될 수 없다는 것 넷째, ① 법령의 규정을 위반할 때 ② 안녕질서를 문란하게 하거나 또는 풍속을 괴란할 우려가 있을 때 ③ 6개월 이상 정규 수업을 하지 않을 때 ④ 설립 인가를 받지 않고 학교 수업을 할 때에는 학부대신은 학교를 폐지할 수 있다는 것이다.

그리고 일제는 사립학교령을 공포한 직후에는 사립학교령 제1조의 '사립학교설립인가제'를 악용하여 사립학교들이 3,000원의 기본금을 확보하지 못할 경우 사립학교 설립인가 과정에서 해당 사립학교에 대하여 부실을 명목으로 설립인가를 불허하였고[71] 궁극적으로는 불인가 사립학교를

원했을 것으로 보인다.

69) 강석호는 당시로서는 거금인 8만냥을 삼일학교에 희사하였고(김세한, 위의 책, 56쪽), 1907년 신화 440환을 학교운영비로 다시 희사하였다.(大韓每日申報, 1907. 7. 7.)

70) 김세한, 앞의 책, 73쪽.

71) 大韓每日申報, 1909. 1. 14.

폐지하고자 하였다. 이와 같은 사립학교령과 일제의 정책이 실천되기 시작한 시기와 삼일학교의 경영권이 북감리회에 이양된 시기는 일치하고 있다. 따라서 삼일학교의 경영권 이양은 단순한 재정상의 곤란으로 인한 것이 아니라 일제의 식민지 교육정책과 연관지어야 한다고 생각된다. 즉 아직까지 완전히 국권을 상실하기 전이었기 때문에 일제의 간섭을 받지 않던 외국인, 즉 선교사에게 학교의 경영권을 이양한 것이 아닌가 한다.[72] 그리하여 이하영 등 삼일학교의 설립 주체들은 일제의 탄압을 피하면서 민족교육을 지속적으로 실시할 수 있었던 것이다. 그리고 1909년을 전후한 시기에는 "학생이 400여 명에 달하여 경기일대 교육계에서 소리를 칠만큼 융성하였고 지금의 수원의 중진인물은 거의 다 동교 출신"[73]이었다는 평가를 받았다. 따라서 삼일학교는 수원지역의 중심적인 교육기관의 역할을 하였다고 볼 수 있다.

한편 학교운영권을 미북감리회에 이양한 후 삼일학교는 미국의 애덤스교회의 후원으로 1923년 12월 신축교사를 낙성하였고[74], 매년 1,038원씩을 지원받을 수 있었다.[75] 뿐만 아니라 삼일학교후원회가 조직되어 매년 480원을 지원하였다.[76] 그러나 1925년 갑자기 미북감리회에서 지원을 중단하고 후원회도 1924년까지만 지원하기로 함으로써 삼일학교는 폐교의 위기에 처하였다.[77] 물론 미북감리회의 지원 중단 이후에는 학교재정이 더욱 곤란하여졌다. 그리하여 1921년 4월 7일 학교운영비를 보충하고자 자선음악회를 개최하기도 하였다.[78] 상황이 이와 같이 전개되자 수원지역

---

72) 獨立運動史編纂委員會, 『獨立運動史』8, 文化鬪爭史, 1969, 290~291쪽 참조.

73) 동아일보, 1927. 1. 17.

74) 동아일보, 1923. 12. 12.

75) 동아일보, 1925. 1. 17.

76) 위와 같음.

77) 위와 같음.

의 청년층 사이에서는 삼일학교를 지원하기 위한 움직임이 발생하였다. 그리하여 삼일학교를 유지하기 위한 임시연구회가 조직되었고[79], 홍사훈 (洪思勛)과 염석주(廉錫柱)는 매년 100원을 기부하기로 하였고[80], 선교사 어보을(魯普乙)과 기이부(奇怡富) 역시 매년 100원을 기부하기로 하였 다.[81]

한편 삼일학교는 1906년 9월 1일 학제를 개편하여 종래의 소학교 정도 의 교육을 보습과격으로 심상과라 칭하고 수업 연한을 1년으로 하였고, 중학교 정도의 교육을 고등과라 하고 수업 연한을 3년으로 하였다. 그리 고 수업 연한 1년의 측량과를 특설하여 기술교육을 시키기도 하였다.[82] 또한 삼일학교의 교과목은 심상과는 성경, 국어, 역사, 한문, 산술, 영어, 체조 등 7과목이었고, 고등과는 성경, 국어, 한문, 수신, 생리, 광물, 물리, 산술, 본국역사, 본국지지, 만국역사, 만국지지, 작문, 도서, 체조 등 15과 목이었다.[83] 특히 체조시간에는 구한국군 출신의 강건식(姜建植) 참위를 채용하여 군사식 훈련을 실시하여 일제에 저항하고자 하는 의지를 보이 기도 하였다. 그리고 1908년 1월에는 제2대 체육교사로서 송세호(宋世鎬) 부위가 부임하였다.[84] 이와 같은 군사교육의 실시는 구한국군 출신의 해 산군인 중 일부가 사립학교에 투신하거나[85] 언론에서 군사훈련을 강조하 여 일반인에게 계몽하면서 일반화되었다.[86] 그러나 한편으로는 삼일학교

---

78) 동아일보, 1921. 4. 6.

79) 동아일보, 1925. 2. 2.

80) 동아일보, 1925. 1. 23 ; 1925. 2. 18.

81) 동아일보, 1925. 1. 23.

82) 김세한, 앞의 책, 63쪽.

83) 김세한, 앞의 책, 65쪽.

84) 김세한, 앞의 책, 72쪽.

85) 국사편찬위원회, 『韓國獨立運動史』1, 資料編, 1968, 907쪽.

가 군사훈련을 실시한 것은 상동교회가 설립, 운영한 상동청년학원[87]의 영향을 받은 것으로도 생각할 수 있다. 왜냐하면 삼일학교 설립자 중의 한 사람인 임면수가 상동청년학원출신이기 때문이다.[88]

이상과 같이 삼일학교는 민족의식을 가진 기독교 신자들이 민족의식의 고양과 국권의 회복이라는 시대적 사명을 완수하고자 설립하였으며, 1908년 북감리회 선교부로 학교의 경영권이 이양되면서 종교계 학교로서의 발전을 시작하였다. 그러나 북감리회 선교부로의 경영권의 이양은 1908년 8월 26일 일제의 통감부가 공포한 사립학교령으로부터 자유로운 외국인, 즉 선교사들에게 학교의 경영을 맡김으로써 민족교육을 지속하고자 하였던 것으로 이해된다. 그리하여 학생들에게 군사훈련을 시키기도 하였던 것이다.

2) 華城學院

다른 한편 수원지역에서는 양성관(梁聖寬), 홍건섭(洪健燮), 홍민섭(洪敏燮), 김흥선(金興善), 신준희(申駿熙) 등에 의하여[89] 1908년 4월 15일 수원상업회의소가 설립되고[90], 이듬해인 1909년에는 수원상업회의소의 부속사업으로서 "상업에 관한 지식, 기능의 강습"[91]을 목적으로 수원상업강습소를 설치하였다.[92] 이후 수원상업강습소는 수원상업회의소의 재정 지원

---

86) 大韓每日申報, 1908. 4. 14.

87) 尙洞靑年學院의 군사훈련에 관하여는 尙洞敎會, 『尙洞敎會九十年史』, 1980, 108 ~109쪽 참조.

88) 김세한, 앞의 책, 79쪽.

89) 이승언, 『한말 일제하 수원기사색인집』, 136쪽.

90) 水原商工會議所, 『水原商議史』, 1986, 604쪽.

91) 동아일보, 1922. 1. 27.

92) 수원상공회의소, 앞의 책에서는 수원상업강습소의 설치 시기를 1910년으로 주장하고 있지만 현재 수원상업강습소의 후신인 水原中高等學校에서는 설립 연

을 받으면서 주간과 야간의 두 개의 과를 설치하고 주간 보통과에 18명, 야간 보통과에 80명을 모집하였는데 보통학교 졸업 이상자에 한하여 입학을 허가하였다.[93] 하지만 1915년 7월 15일 일제는 이른바 조선상업회의 소령을 공포하여 같은 해 10월 1일부터 시행하였다. 이에 따라 수원상업회의소는 1916년 4월 해산되었다. 그러므로 수원상업강습소는 재정적인 후원이 끊기면서 곤경에 빠지게 되었다. 이러한 상황 속에서 수원상업강습소는 근근히 명맥을 유지하면서 1916년 4월 27일 시대사조의 변화에 따라 강습소를 화성학원(華城學院)이라 개칭하고[94], 학령과만자로 제학교 입학 준비 또는 간이한 고등보통학교 정도의 학식을 전수하는데 목적을 두었다. 그리고 주간에는 보통과, 중등과, 고등과를 설치하였고, 야간에는 초등과, 전수과를 설치하였다. 이 시기의 교사로는 이규재, 최상훈[95], 정준화[96], 윤용희가 있었고, 재학생은 160여 명이었으며[97], 수업 연한은 3년이었다.[98] 이렇게 보면 1916년 수원상업강습소에서 화성학원으로 교명을 변경하면서 교육의 목적도 '상업에 관한 지식, 기능의 강습'에서 고등보통학교 정도의 지식을 갖추도록 하는 것으로 바뀌었음을 확인할 수 있다. 이와 같은 화성학원의 발전에 따라 입학생이 급증하여 1927년에는 주학생

도를 1909년으로 하고 있다. 그리고 동아일보 1922년 11월 19일자는 水原商業 講習所 創立 13週年 記念式을 보도하고 있다. 그러므로 이를 역산하면 설립 연도는 1909년이라 할 수 있다. 따라서 필자는 수원상업강습소의 설립 연도를 수원중고등학교의 공식 입장인 1909년으로 보고자 한다.

93) 동아일보, 1921. 3. 17.
94) 수원고등학교 학교 연혁. 그러나 화성학원이 일제로부터 정식 인가를 받은 것은 1926년의 일이었다(동아일보, 1927. 1. 17).
95) 내과 의사로 수원의원에서 진료를 담당했다고 한다.
96) 삼일학교의 교사를 역임하였다(김세한, 앞의 책, 90쪽)
97) 동아일보, 1922. 1. 27.
98) 동아일보, 1923. 3. 25.

이 190명, 야학생이 240명에 달하여[99] 전체학생 수는 430명에 이르렀다. 이와 같이 학생수가 급증하자 화성학원은 교실이 부족하게 되어 교실을 증축하기도 하였다.

그러나 앞에서 언급한 바 있듯이 수원상업회의소가 해산되면서 화성학원은 재정적인 곤란에 빠지게 되었다. 이에 따라 수 차례의 폐교 위기에 직면하였다. 화성학원의 이러한 상황은 수원지역민에게는 공동의 관심사가 되었다. 그리하여 수원지역민은 화성학원을 유지하기 위하여 상당액을 기부하기도 하였다. 즉 1921년 9월 11일 통영청년회 활동사진대 일행이 수원에 도착하여 천도교청년회 수원지회, 수원청년구락부 등의 후원으로 수원상업강습소에서 12~13일 양일간 영화를 상영하여 성황을 이루었는데, 그 수입금을 수원상업강습소에 기증하였다.[100] 신파극단인 혁신단(革新團)은 1922년 45일간의 수원 공연 중 하루의 수익금 전액인 115원을 화성학원에 기부하였고[101], 수원의 기생들은 1922년 5월 3일부터 6일까지 자선극을 공연하여 전체 수입금을 화성학원의 교실증축기금으로 기부하였다.[102] 이와 같은 화성학원의 재정곤란을 당시 신문은 다음과 같이 보도하였다.[103]

설립 당시 수 삼 년간은 설립자 되는 水原商業會議所에서 裕足치 못한 經常費나마 年年히 지출하여 온 것이다. 그러나 불행히 大正4년 (1915)에 이르러 동회의소는 개정된 상업회의소령에 의하여 폐지되고 말았다. 따라서 상업강습소는 독립하게 되었다. 이래 十五有星霜

---

99) 동아일보, 1927. 1. 17.

100) 동아일보, 1921. 9. 18.

101) 동아일보, 1922. 5. 7.

102) 동아일보, 1922. 5. 7.

103) 시대일보, 1924. 4. 22.

을 경과하여 금일에 이르기까지 廢校悲運의 絶×問題가 生한 적이
幾何던지를 모를 것이다. 그러나 당시 교편을 잡았던 李圭宰 선생 외
수 삼 동지의 열성으로 수원 유지의 정신 혹은 물질 원조 및 수업료
등으로 근근히 유지하여 온 것이다.

이와 같은 수원지역민의 성원으로 명맥을 유지하던 화성학원은 1928년 1
월 10여 년간 소장을 역임하던 신준희[104]가 사임하고 수원지역의 대지주인
홍사훈(洪思勛)[105]이 소장으로 취임하면서 재정적인 어려움에서 일단은 벗
어나게 되었다. 홍사훈은 우선 매달 100여 원에 이르는 봉급을 부담하면서
화성학원의 정상화에 박차를 가하였다.[106] 그리고 1930년 1월 16일 화성학
원을 안정적으로 유지할 수 있도록 수원지역의 유지 40여 명은 홍사훈을 회
장, 이길태를 부회장, 유하영 외 6명을 평의원으로 하는 화성학원유지회[107]
를 조직하였다.[108] 그리고 10,235원의 기금을 조성하여 화성학원에 기부하
여 기본재산으로 하고, 이 기금을 화성흥산주식회사에 납입하여 매월 100원
의 이자를 받기로 약정하여 이 돈을 화성학원의 경상비로 사용하도록 하였

---

104) 양성관 등과 함께 수원상업회의소의 설립을 주도하였다.(이승언,『한말 일제하
   수원기사색인집, 136쪽)
105) 1891~1965. 경성보성중학을 중퇴하고 수원상업강습소 법상과를 졸업하였다.
   삼일학교 학무위원, 수원청년회장을 역임하였고, 수원상업강습소를 인수, 화성
   학원을 설립하고 원장에 취임하였다. 세류포목점을 경영하였고, 용수흥농주식
   회사 취체역, 수원극장 대표이사, 만종원 대표이사를 역임하였다.
106) 동아일보, 1928. 1. 25.
107) 화성학원유지회와 같이 기부금을 모집하여 공립보통학교를 설치하고자 했던
   주도층은 면장이나 지역사회의 유지층이었다는 연구 성과가 제출되었다(박진
   동,「일제 강점하(1920년대) 조선인의 보통교육요구와 학교설립」,『역사교육』
   68, 1998, 81~82쪽) 그러나 앞의 연구에서는 구체적으로 어떠한 인물이 기부금
   을 납부했고, 그 인물은 어떠한 성격의 인물인지에 대하여는 분석하고 있지 못
   하다. 따라서 보다 심층적인 분석이 요구된다고 할 것이다.
108) 동아일보, 1930. 1. 23.

다. 이 때 화성학원에 기부한 사람과 금액은 다음과 같다.109)

洪思勛 2,000원 梁聖寬 1,000원 車裕舜 700원 尹泰貞 宋秉煜
400원 車泰益 龍永祚 300원 石熙均 金顯默 250원 洪思憲 李圭淵
李光鉉 安永台 尹龍熙 200원 李吉泰 150원 金世玩 120원 朴慶
根 李聖儀 李慶儀110) 李完善 林慶讚 尹泰仁 韓光鎬 金幸權 洪喆厚 尹
泰重 華城券番 100원 李東根 70원 朴潤錫 60원 朴一龍 申鉉益
柳夏永 權泰東 市內自動車會社 嚴柱喆 崔赫來 洪寅杓 洪思先 安順福
李性連 吳璨泳 李楨圭 沈遠明 尹秉絢 車桂順 金龍植 南觀熙 朴勝玉 全
根在 具瓊會 李漢升 50원 崔善容 金世煥 崔× 洪思安 40원 洪鍾煥
崔景祐 尹宅榮 安永舜 李祥淑 朴善泰 尹鳳燮 趙漢敎 李昌鎔 崔益煥 安
巨福 金英俊 具然弼 鄭泰崗 尹冕厚 尹達容 崔元益 安孝烈 30원 申采均
金振洙 徐廷玉 李珍榮 車載潤 趙應順 崔聖運 韓曦 沈順伯 朴東勳 韓羽
敎 車元成 李珏來 金炳浩 20원 金周文 李愚祥 15원 權雲岡 周永植
10원 崔松 5원

위의 화성학원유지회에 기부금을 납부한 사람들 중 확인된 사람들의 활
동상황을 도표화하면 다음의 <표 1>과 같다.

<표 1> 화성학원유지회원의 성분 분석

이 름	학 력	활 동	비 고
홍사훈	보성중학 중퇴, 수원상업강습소 법상과 졸업	수원청년회회장, 동아일보수원지국 경영, 기호흥학회 수원지회	1933년 마름 폐지, 수원지역의 3대지주, 용수흥농주식회사 취체역, 만종원 대표이사
양성관	명륜학교 졸업	수원상업회의소 설립 주도, 商務社都中, 공립보통학교 학무위원, 水原電氣會社 取締役, 수원금융조합장, 赤十字社 有效社員	수원지역의 3대지주, 華城興業株式會社 代表(1929년 5월 창립)
차유순		기호흥학회회원, 삼일학교설립 촉성회위원	수원지역의 3대지주

109) 동아일보, 1930. 1. 23.
110) 김병호의 장인으로서 화신연쇄점을 경영하면서 사위인 김병호에게 삼일학교
의 운영비를 보조해주었다고 한다.(김세한, 앞의 책, 123쪽)

윤용회	수원상업강습소 수학	수원상업강습소교사, 수원실업협회 상의원	
박선태	휘문고등보통학교 졸업	구국민단 주도, 신간회 수원지회, 상업강습소 교사, 수원실업협회 상의원, 상신상회 주임	
김세환	한국외국어학교, 일본중앙대	상업강습소 교사, 삼일학교 교사, 수원실업협회 상의원	3·1 운동 48인 중 한명
윤태인	수원상업강습소 졸업		
이성의		기호흥학회 수원지회, 삼일학교설립촉성회위원, 삼일학교 교사	
최익환		기호흥학회 수원지회, 삼일학교설립촉성회위원, 수원면협의원(1923), 商務社都中	水原麴子合資會社 代表(1928년 4월 창립)
김병호		신간회 수원지회, 수원기자동맹, 삼일학교 교사	
차재윤	삼일학교 졸업	수원읍의원	京南酒造株式會社(1928년 10월), 昭和織物工場(1938), 朝鮮染織工場 代表
김행권		수원청년동맹	해방 후 수원시축구협회회장
최송		기호흥학회 수원지회간사원	
이각래		신간회 수원지회장	
엄주철		조선일보 수원지국장, 수원유치원설립발기위원회 실행위원	
권태동		수원실업협회 상의원, 수원동화의원장	남양민립의원에 부임
홍사헌		수원실업협회 평의원	
박경근		수원실업협회 평의원	合資會社水原精米所(1934년 6월 창립) 代表
이완선		수원실업협회 평의원, 수원유치원설립발기회실행위원회, 수원면협의원(1923)	
최태익		수원유치원설립발기회실행위원	
홍철후			三井興業株式會社 代表(1934년 9월 창립)
홍사선			株式會社 萬種園 代表(1932년 1월 창립)
안영태			수원정미소(1917년 9월 창립) 대표

다소 중복되기는 하지만 <표 1>에서 우리는 위의 인물들을 크게 네 그룹으로 나누어 볼 수 있다. 첫째는 홍사훈, 양성관, 차유순 등 지주들이다. 특히 홍사훈은 1920년 수원청년회 회장이었고, 동아일보 수원지국을 경영하기도 하였으며, 1933년 용인군 기흥읍 신갈리의 자신의 토지를 경작하는 소작인 32호에 대하여 마름제도를 폐지하고 소작인조합을 설치하여 농사개량에 힘쓰도록 저리의 농사자금을 지원하였던 인물이었다.[111] 양성관은 1908년 수원상업회의소의 설립을 주도하였던 인물이었다.[112] 둘째는 홍사훈, 차유순, 이성의, 최익환, 최송, 박승옥 등 기호흥학회 수원지회와 대한자강회의 회원들로서 애국계몽운동에 참가한 경험이 있는 인물들이다. 특히 앞에서 보았듯이 최송은 나홍석(羅弘錫)의 지기(知己)로서 그와 거의 같은 시기에 활동하였을 것으로 보인다. 나홍석이 지식의 계발, 체육의 증진, 풍습의 개선을 목표로 1920년 6월 발기되고, 7월에 조직된 수원청년구락부의 부장으로 선출[113]되었던 것으로 보아 실력양성론에 따른 운동노선을 가지고 있었다고 생각된다. 따라서 이들은 애국계몽운동의 목적인 "교육의 확장과 산업의 발달"[114]을 꾸준히 실천해가고 있었다고 보아야 할 것이다. 셋째는 김세환, 박선태, 김병호, 이각래 등 수원지역 민족주의운동의 중심인물들이다. 김세환은 수원지역 3·1 운동의 핵심인물로서 민족대표 48인 중의 한 명이었고 수원상업강습소의 소장과 삼일학교의 교사를 역임하였으며, 박선태는 1920년 구국민단(救國民團)[115]을 주도하였고, 신간회 수원지회 검사위원과 집행위원을 역임하였다. 김병호는

---

111) 조선중앙일보, 1933. 9. 12.

112) 수원상공회의소, 앞의 책, 604쪽.

113) 동아일보, 1920. 6. 12 ; 7. 8.

114)『大韓自强會月報』, 제1호, 14쪽.

115) 血復團과 救國民團에 관하여는 박환,「1920년대 초 수원지방의 비밀결사운동」, 『경기사학』2, 1998, 참조.

수원기자동맹 서무위원, 신간회 수원지회 집행위원, 삼일학교 교사를 역임하였고, 이각래는 신간회 수원지회장을 역임하였다. 넷째는 윤용희, 박선태, 김세환, 최익환[116], 권태동, 홍사헌, 박경근, 이완선, 차재윤 등 수원실업협회와 관련이 있거나 산업계에서 활동한 인물들이다.[117] 즉 화성학원유지회는 구한말 애국계몽운동에 참여했던 지역사회의 원로, 지주, 실업인과 수원상업강습소와 삼일학교의 졸업생, 수원지역 민족주의운동의 중심인물에 이르기까지 지역사회의 유지층이 참여하였음을 확인할 수 있었다. 그러나 화성학원유지회에는 1920년대 중반 이후 수원지역의 대표적인 사회주의 활동가인 박승극(朴勝極)[118] 등의 사회주의자는 보이지 않는 것으로 보아 사회주의자들은 참여하지 않은 것으로 보인다. 다만 1929년 수원청년동맹 제1회 정기대회에서 사립교육기관협의동맹 촉성을 주장[119]한 것이나 양감지부 창립대회에서 사립학교에 대한 지지의사를 밝힌 것[120]으로 보아 사회주의자들 역시 1930년 무렵까지는 사립학교에 대한 기대를 가지고 있었던 것으로 보인다. 그리하여 수원청년동맹 집행위원장인 박승극이 수원청년동맹 소유의 운동장을 화성학원에 양도[121]한 것으

---

116) 조선일보, 1924. 1. 6. : 1923. 8. 13.

117) 조선일보, 1923. 8. 23. 수원실업협회의 창립 목적은 "수원시내에 거주하며 실업에 從事하는 人士로서 相互親睦을 도모하며 업무 진흥을 期望"하는 것이었다.

118) 박승극은 1920년대 중후반 이후 1930년대에 걸쳐 수원지역의 민족운동 혹은 사회운동의 중심적인 인물이었다. 그는 수원청년동맹, 수진농민조합, 수원노동조합 등 수원지역 사회단체의 집행위원장을 역임하였고, 조선프롤레타리아 예술동맹 수원지부장으로서 제1회 조선프로미전을 1930년 3월29-30일의 양일간 수원에서 개최하기도 하였다. 그리고 신간회 수원지회의 핵심인물이었고, 해방 이후 한국전쟁 시에는 수원시인민위원장을 역임하였다고 한다.

119) 동아일보, 1929. 8. 29.

120) 중외일보, 1930. 3. 25.

121) 동아일보, 1934. 9. 8.

로 생각된다. 화성학원의 운동장은 당시 수원지역사회의 대규모 행사장으로서의 역할을 수행하여 수원지역 사회운동의 중심지로서 화성학원이 기능하는데 기여하였다. 수원시민대운동회, 제1회 야구대회가 화성학원 운동장에서 치루어졌으며, 제1회 프롤레타리아미술전람회나 강연회 등은 화성학원의 강당을 이용하였다. 이로 보아 화성학원은 당시 수원지역 사회운동의 중심적인 역할을 했음을 확인할 수 있다. 그리하여 앞에서 언급한 수원청년동맹운동장 문제가 발생하였을 때 청년동맹집행위원장이었던 박승극 등이 운동장을 '수원시민의 힘으로 운영'[122]하는 화성학원에 양도한 것이었다.

한편 창립 이후 수원상업강습소는 13년이 지나도록 교우회가 결성되지 못하자가 1922년 6월 8일 홍사훈(洪思勛), 윤용희(尹龍熙), 이규순(李圭淳), 김노적(金露積)[123], 양규봉(梁奎鳳), 박봉덕(朴鳳德), 김재손(金在孫), 김현국(金顯國), 이봉수(李鳳樹), 한상기(韓相起), 민정식(閔丁植), 나용진(羅用鎭), 윤태인(尹泰仁), 김×부(金×富)의 발기로 수원상업강습소교우회발기회를 조직하였는데, 회원의 자격으로는 동강습소의 졸업생과 1년 이상의 수학자로 하였다.[124]

다음으로 화성학원의 입학 자격은 보통학교 입학 연령이 지난 만 12세 이상의 남자에 한하였다. 그리고 3개 학년을 정규과정으로 하였고, 8세 이상의 아동을 대상[125]으로 예비과를 설치하여 예비과 졸업생을 각 학년 입학의 기준으로 삼았다.[126] 그런데 여기에서 주목할 것은 화성학원의 입학

---

122) 조선중앙일보, 1934. 9. 7.
123) 金露積에 대하여는 이제재, 「水原地方 獨立運動의 先驅者 金露積先生」, 『水原의 옛 文化』, 1992. 참조.
124) 동아일보, 1922. 6. 13.
125) 시대일보, 1924. 4. 22.
126) 동아일보, 1923. 3. 25.

자격이다. 앞에서 보았듯이 화성학원은 '학령과만자, 보통학교 입학 연령이 지난 만 12세 이상의 남자' 등과 같이 정규교육을 받지 못한 남자들을 위한 교육의 기능을 담당하고 있었다. 그러나 1930년대 초·중반에는 여학생도 재학하였다고 한 점으로 보아 입학자격이 변경된 것으로 보인다.[127] 이는 교명을 화성학원으로 변경하면서 고등보통학교 정도의 교육을 목표로 하였던 화성학원이 실질적으로는 보통학교 수준의 교육만이 가능하였다는 사실을 알려준다. 동시에 무산 아동에 대한 교육이라는 화성학원의 설립 목적과도 관련이 있을 것으로 생각된다.[128] 이는 결국 화성학원이 문맹퇴치를 주목적으로 하여 교육활동을 전개하였다는 것을 의미한다고 생각된다. 이를 초기의 수원상업강습소의 교사들의 면면을 통해 더욱 잘 알 수 있다. 초기 수원상업강습소의 교사로는 앞에서 본 바 있는 이규재, 최상훈, 정준화, 윤용희 외에도 김노적, 최철현, 김응배, 김세환, 최상규(崔祥圭), 김용묵(金容默) 등이 있었다. 이 가운데에서 김세환은 수원상업강습소의 소장을 역임하였고, 3·1 운동 당시 충청도와 수원지역의 책임자로 활동한 인물로서 3·1 운동 48인 중의 한 명이다. 김노적은 김세환이 소장으로 있던 수원상업강습소의 본과 과정을 1917년에 수료한 수원지역 독립운동의 중심적인 인물이었다. 즉 김노적은 성공회 신자로서 진명학교 교사, 수원상업강습소 교사, 삼일학교 교사를 역임하였고, 신간회 수원지회의 창립에 주도적인 역할을 하였고, 이후 중국으로 망명하여 대한민국 임시정부에 참여하여 독립운동을 전개하였다.[129] 최상훈과 정준화는 각기 의사와 교사로서 수원지역 초기 사회운동의 지도급 인물들

---

127) 윤한흠의 증언 : 김학모의 증언.

128) 이와 관련하여 수원상업강습소의 후신인 수원중고등학교에는 아직까지도 '돈이 없어서 졸업하지 못한 학생은 단 한 명도 없다'는 말이 전해온다.

129) 이제재, 앞의 논문. 참조.

이었다. 또한 김용묵은 1923년에 보신강습소를 설립하여 운영한 인물이었다.[130] 그리고 화성학원유지회에 기호흥학회 수원지회원이 5명이 참여하였고, 그 중 홍사훈은 화성학원을 직접 경영하게 되었다. 이상과 같은 경력의 인물들이 입학 자격을 '학령과만자'로 정한 것은 정규 학교교육을 받지 못한 무산아동들에 대한 교육을 통하여 독립의식을 고취하고자 한 것으로 볼 수 있지 않을까 한다.

4. 맺음말

이상에서 우리는 일제하 수원지역의 사립학교의 성장 과정을 삼일학교와 화성학원을 중심으로 살펴보았다. 이상의 정리를 통하여 우리는 다음의 몇 가지 사실을 확인할 수 있었다.

첫째, 수원지역의 사립학교는 구한말 일제의 침탈이 본격화하면서 설립되기 시작하였다. 이는 국권을 수호하고자 하는 민족의식의 발로였다. 삼일학교가 기독교계통의 학교로 설립되었다고는 하지만 최초 설립 당시에는 수원지역의 유지층이 설립하였다는 점도 주목된다. 그리고 1908년 학교의 운영권을 미북감리회에 이양한 것도 일제의 사립학교령에 대응하여 민족교육을 지속하고자 한 것이었다는 점을 확인할 수 있었다.

둘째, 삼일학교와 화성학원의 설립에 관계한 인물들은 대개 수원지역의 유지층이었다. 삼일학교후원회와 화성학원유지회가 구성되었던 점에서 알 수 있다. 특히 화성학원유지회의 구성원들은 지주, 실업인, 민족운동의 지도급 인물 등이었다. 이들 가운데는 홍사훈, 양성관, 최익환, 차재윤, 박

---

130) 김용묵은 1923년 4월 1일 양감면에 楊甘普信講習所를 개설하기도 하였다(동아일보, 1939. 1. 1. 참조)

경근, 홍철후 등과 같이 산업자본가로 성장하는 인물들도 있었다. 이로 보아 사립학교를 설립 또는 후원한 세력은 유지층이었고 이들은 1920년대 말 이후에는 산업자본가로 성장하고 있음을 알 수 있다.

셋째, 수원지역 사립학교는 표면적으로는 문맹퇴치를 목표로 하였던 것으로 생각된다. 이는 삼일학교나 화성학원에서 동맹휴학 등 직접적인 항일운동이 발생하지 않은 것으로 보아 추측이 가능하다. 하지만 이 학교의 설립자 혹은 교사였던 이하영, 임면수, 김세환, 김노적 등의 활동으로 보아 이들이 단순히 문맹퇴치만을 위한 교육을 한 것으로는 생각되지 않는다. 특히 1930년 김장성 등이 관계된 격문사건은 화성학원의 운동회를 기하여 이루어졌다는 점, 제1회 프로미술전이 화성학원에서 개최되었다는 점, 수원청년동맹의 사무실이 화성학원에 위치하고 있었다는 점으로 보아 화성학원이 수원지역 민족운동에 일정한 관계를 맺고 있음을 알 수 있다. 이는 곧 화성학원의 교육방향과도 연결지어 생각할 수 있으리라 본다.

(『水原文化史硏究』3, 1999.)

日帝下 水原地域의 新幹會運動

1. 머리말

3·1 운동 이후 일제는 이른바 '문화정치'를 표방하면서 식민통치의 방법을 변경하였다. 이는 일제가 한국민족운동의 분열을 꾀한 것이었다. 이러한 일제의 식민통치 방식의 변경은 어느 정도 성과를 거두었다. 일부의 타협적 민족주의자들이 '자치론'을 주장하면서 일제의 식민통치에 편승하였기 때문이다. 이에 비타협적 민족주의자와 사회주의자들은 이들의 움직임에 반대하면서 1927년 민족통일전선기관으로서 신간회를 조직하였다. 이후 신간회는 전국 각지에 지회를 조직하면서 1920년대 후반 한국민족운동을 지도하였다.

이러한 이유 때문에 신간회에 대한 연구는 비교적 활발하게 이루어졌다. 그러나 이러한 연구들은 대개 중앙조직의 결성과 변천에 대한 것이었고 지방의 지회에 대한 연구는 미진한 감이 없지 않았다. 특히 본고에서 다루고자 하는 수원지역에 대한 연구는 전혀 없는 형편이었다. 수원지역은 3·1 운동 당시부터 항일민족운동이 활발하게 이루어진 지역이었다.

1920년대 이후에도 혈복단과 구국민단 등의 비밀결사가 조직되었고 수원청년회, 수원청년동맹, 조선프롤레타리아예술동맹 수원지부, 수진농민조합 등 민족운동이 끊이지 않고 전개되었다. 따라서 수원지역의 민족운동에 대한 연구는 수원지역 뿐만 아니라 한국민족운동사의 실체를 보다 명확히 밝히고 충실히 할 수 있다는데 의미가 있다고 할 것이다.

이러한 의미에서 필자는 신간회 수원지회에 대하여 실증적으로 살펴보고자 하였다. 그러나 이 과정에서 필자는 자료의 한계를 실감하였다. 따라서 본고의 작성에서는 거의 대부분 신문자료에 의존할 수밖에 없었다. 이러한 한계에도 불구하고 필자가 본고를 작성하게 된 목적은 다음의 몇 가지 이유 때문이다. 첫째, 수원지역의 신간회운동은 어떠한 양상을 보이며 전개되었는가 하는 점이다. 대체로 신간회운동은 민족통일전선이라 알려져 있다. 이러한 통설이 지회 차원에서도 적용될 수 있는가 하는 점을 실증적으로 규명하고자 한다. 둘째, 신간회 수원지역의 주도층은 어떠한 성격의 인물들인가 하는 점이다. 앞의 목적과 관련하여 신간회 수원지회의 주도층의 성격을 분석함으로써 지역사회에서의 민족운동의 성격을 보다 명확히 규명할 수 있을 것이라 생각한다. 셋째, 이를 통하여 신간회 수원지회의 활동이 우리 민족운동사상에서 어떠한 위상을 차지하고 있는가를 확인할 수 있을 것이다.

2. 신간회 수원지회의 조직 배경

3·1운동 직후인 1920년경부터 전국 각지에서는 청년회를 비롯한 각종 민족 혹은 사회운동단체들이 조직되어 활동하였다. 이 단체들은 주로 교육과 산업의 진흥을 통해 국권을 회복한다는 실력양성론에 입각하여

운동을 전개하였다. 이러한 상황 속에서 1920년 오상근, 장덕수 등이 주축이 되어 자연발생적이고 비조직적으로 조직된 청년운동단체를 모아 청년운동의 통일을 꾀하고자 조선청년회연합회(朝鮮靑年會聯合會)가 결성되어 청년운동의 중심기관으로 자임하였다.

이러한 상황 속에서 수원지역에서도 수원엡윗청년회, 수원학생친목회, 남양청년회, 수원청년구락부, 수원진명구락부, 천도교청년회 수원지회, 수원청년회, 천주교청년회, 팔탄청년회 등이 조직되었다.[1] 이 중 수원지역의 민족 혹은 사회운동을 주도한 것은 수원청년구락부였다. 수원청년구락부는 지식의 계발, 체육의 진흥, 풍습의 개선[2] 등을 목표로 한 수원지역의 유지층의 친목단체였다고 생각된다. 중심인물은 나홍석[3], 홍사훈[4], 최상훈[5], 김종심, 박성근, 이광현 등이었다. 이들은 수원지역의 유지층으로서

---

1) 졸고,「1920年代 水原地域의 靑年運動과 水原靑年同盟」,『한국민족운동사연구』 24, 245~246쪽.

2) 동아일보, 1920. 6. 12.

3) 나홍석은 구한말 일제시기에 시흥과 용인군수를 역임한 羅基貞의 장남으로서 1909년 와세다대학 정치과를 졸업하고 같은 해에 수원금융조합 서기, 1920년에는 수원면협의원이 된 인물이다. 그리고 그는 당시의 화폐로 동산 2천원, 부동산 1만 3천원을 가진 여유있는 계층의 인물이었다. 또한 당시 기호흥학회 수원지회의 간사를 역임한 崔松이 그의 절친한 친구였다.(『倭政時代人物史料』, 3, 97쪽) 또한 그의 동생인 羅景錫은 물산장려운동의 핵심적인 인물이었고(유시현,「나경석의 '생산증식'론과 물산장려운동」,『역사문제연구』2), 여동생인 羅蕙錫은 최초의 여류 화가로서 이름이 높으며, 그의 사촌인 羅重錫은 기호흥학회 수원지회의 간부, 삼일학교 설립위원을 역임하였다.(졸고,「日帝下 水原地域의 私立學校의 成長」, 한국근현대사연구회 월례발표문, 1999, 10) 따라서 나홍석은 수원지역의 대표적인 토호 출신이었다고도 할 수 있다.

4) 홍사훈은 수원지역의 3대지주로서 서울의 보성중학을 중퇴하고 수원상업강습소 법상과를 졸업하였으며, 수원상업강습소를 인수하여 화성학원을 설립하였다. 또한 수룡수리조합의 조합장, 삼일학교 학무위원, 수원청년회장, 수원체육회장을 역임하였다.(이승언,『한말일제하기사색인집』, 수원문화원, 1996, 93쪽)

1920년대 초반 수원지역의 민족 혹은 사회운동의 지도적인 인물들이었다.[6] 이들이 추구한 운동의 방향은 당시 유행했던 실력양성론에 입각해 있었다. 그리하여 이들은 야학, 강습소, 강연회 등을 통한 계몽활동을 위주로 운동을 전개하였다. 특히 홍사훈의 화성학원은 '수원지역의 유일한 민족교육기관'으로서의 역할에 충실하였다. 그리하여 화성학원은 3·1운동 48인 중의 한 명인 김세환의 지도하에 김노적, 박선태의 노력으로 수원지역 3·1운동의 핵심적인 역할을 하였다. 그리고 수원시민대운동회, 제1회 전국야구대회, 조선프롤레타리아예술동맹 수원지부 주최의 제1회 프롤레타리아미술전람회, 신간회 수원지회나 청년동맹의 회의, 강연회 등을 화성학원 강당에서 개최하였다.[7] 이와 같이 화성학원은 수원지역의 사회운동과 밀접한 관계를 맺으며 발전하였다.

다른 한편 수원지역의 민족운동의 전개과정에서 의미있는 움직임은 천도교, 기독교, 성공회 등 종교집단의 활동이다. 우선 수원지역에는 대략 1880년대 중반 윤상오(尹相五)와 서인주(徐仁周)의 노력에 의하여 동학이 전파되었다.[8] 이후 수원지역의 동학은 교조신원운동과 동학농민운동에 적극 참가하면서 교세를 확장하였다. 이 과정에서 나천강(羅天綱)과 이민도(李敏道) 등 새로운 지도자가 등장하면서 수원지역의 동학은 더욱 발전하였다. 그리하여 3·1운동 직전인 1917년에는 수원군 동탄면 방교리에

---

5) 최상훈은 내과의사로서 수원의원에서 진료를 담당했고 수원상업강습소의 교사, 동아일보 기자를 역임하였다(졸고, 「1920年代 水原地域의 靑年運動과 水原靑年同盟」, 『한국민족운동사연구』24, 248쪽).

6) 이들에 대해서는 졸고, 「1920年代 水原地域의 靑年運動과 水原靑年同盟」, 『한국민족운동사연구』24, 247~248쪽.

7) 졸고, 「1920年代 水原地域의 靑年運動과 水原靑年同盟」, 『한국민족운동사연구』24, ; 「日帝下 水原地域의 私立學校의 成長」, 한국근현대사연구회 월례발표회, 1999, 10. 참조 바람.

8) 최홍규, 「京畿地域의 東學과 東學農民軍의 活動」, 『京畿史論』창간호, 1997, 83쪽.

새로이 전교실을 건축하는 등 교세가 확장되었다.9) 이와 같은 교세의 확장에 따라 1920년 천도교청년회 수원지회가 설립되어 이병헌(李炳憲)을 초대 지회장으로 선출하였다.10) 그리고 이후 순회강연, 특별대강연회, 강습회 등을 개최하여 교세의 확장을 도모하였다.11) 그러나 1925년 천도교가 신구파로 분열된 이래 구파의 영향하에 있던 수원지역에서는 1928년 8월 1일 천도교청년동맹 수원동맹을 조직하였고12), 남양동맹의 경우는 대략 1929년 4월경에 설립되었던 것으로 생각된다.13) 이와 같이 천도교는 1920년을 전후한 무렵 수원지역에 교세를 확장하면서 지역사회에 대한 영향력을 확대하였다.

그런데 천도교와 지역사회의 운동을 연결시킨 인물은 홍종각(洪鍾珏)이라 할 수 있다. 그는 신간회 수원지회 창립 시 총무간사로 참여했고 이후 조직선전부 총무(제1회 정기대회, 1927. 12. 18), 조직선전부 총무간사(제2회 정기대회, 1928. 12. 16), 집행위원(제4회 정기대회, 1930. 4. 25) 등을 역임하였다. 여기에서 보면 그는 주로 조직과 관련된 일에 종사하였음을 알 수 있다. 이는 곧 그가 신간회와 천도교의 연락 업무를 담당하였음을 보여준다. 한편 김노적(金露積)은 성공회신자로서 수원상업강습소와 배재고보를 졸업하고 3·1운동에 참여하였으며, 성공회계열의 진명구락부의 도서부장을 역임하였고, 구국민단과 임시정부에 참여하였다.14) 그리고 화성학

---

9) 「中央總部彙報」, 『天道教會月報』 통권120호, 1920. 8, 111~112쪽.
10) 「水原郡宗理院沿革」, 『天道教會月報』 통권 191호, 1926. 11, 30쪽.
11) 「各 支會의 狀況 一覽」, 『天道教靑年會會報』제3호, 1921. 12, 쪽(『韓國思想』제16집, 한국사상연구회, 1978)
12) 「中央彙報」, 『天道教會月報』212호, 1928. 8, 42~43쪽.
13) 성주현, 「1920년대 경기지역 천도교의 조직과 청년동맹」, 『경기사학』4, 130쪽.
14) 졸고, 「1920年代 水原地域의 靑年運動과 水原靑年同盟」, 『한국민족운동사연구』24, 248쪽.

원과 삼일학교의 교사로서 후진을 양성하기도 하였다. 증언에 따르면 그는 요시찰인물로서 일제에 의하여 수 차례 검거되었으나 그 때마다 성공회의 신부가 구해주었다고 한다.[15) 그리고 그는 신간회 수원지회 설립 당시 회장을 역임하였다.[16) 따라서 그는 성공회와 화성학원을 기반으로 운동을 전개했다고 할 수 있다. 다음으로는 김병호를 들 수 있다. 그는 감리교 신자로서 수원삼일학교의 교사, 수원기자동맹, 수원엡윗청년회, 3·1 부인야학의 강사 등으로 활동하였다. 삼일학교가 북감리회와 밀접한 관계를 맺고 있고 그가 수원엡윗청년회의 회원이었다는 점을 생각하면 그의 활동 기반은 감리교와 삼일학교라 할 수 있다. 이와 같이 수원지역의 종교계는 지역사회의 운동과 밀접한 관계를 가지면서 발전하였다. 그리고 이들의 종교적 기반은 사회운동의 기반이 되기도 하였다. 특히 수원지역 3·1 운동의 경우 이병헌, 홍종각으로 대표되는 천도교와 김세환, 김병호로 대표되는 기독교의 활동이 두드러졌던 사실을 감안한다면 이후 수원지역의 민족운동에 크게 기여하였다고 생각된다.

이와 같이 민족 혹은 사회운동이 발전하는 과정에서 수원지역에서도 1920년대 중반 이후 사회주의가 전파되면서 운동의 질적인 전환이 이루어졌다. 1928년 수원청년동맹을 조직하기 위한 움직임이 있었고 이듬해인 1929년 초에 수원청년동맹이 조직되었다.[17) 이러한 움직임은 이미 1926년 사상단체인 혁성단이 조직되고 1928년 수원청년회의 부흥대회에서 신충, 권순증, 정광수, 공석정[18), 이용성 등과 같은 인물이 청년운동의 전면

---

15) 이제재(李悌宰)와의 면담에서 청취. 1999. 4. 24. 이제재(1929년생)는 수원출신으로서 김노적에게서 배웠다고 한다.

16) 동아일보, 1927. 10. 20. ; 조선일보, 1927. 10. 20.

17) 수원청년동맹에 대해서는 졸고, 「1920年代 水原地域의 靑年運動과 水原靑年同盟」, 『한국민족운동사연구』24. 참조 바람.

18) 공석정은 박승극과 함께 수원지역 사회운동의 대표적인 인물이다. 그는 현재

에 등장하면서 이루어진 변화였다. 특히 이와 같은 변화는 1928년 일본대학을 중퇴하고 귀국한 박승극의 활동과 밀접한 관계가 있다. 박승극은 1909년생으로 서울 배재고보를 졸업하고 일본대학을 중퇴한 후 1928년 조선일보 수원지국을 개설하였고, 수원청년동맹, 수진농민조합, 수원노동조합, 조선프롤레타리아예술동맹 수원지부의 집행위원장 혹은 집행위원으로 활동한 수원지역의 대표적인 활동가였다. 또한 그는 소설가, 평론가, 수필가로서 다수의 작품을 발표하기도 하였다.

이를 바탕으로 수원지역의 신간회는 홍종각, 김병호, 김노적 등의 종교세력을 중심으로 한 민족주의세력과 박승극, 공석정으로 대표되는 사회주의세력의 합작에 의하여 1927년 10월 17일 조직되었다. 그런데 여기에서 주목할 만한 것은 홍종각이 살던 세교리는 남양 홍씨, 박승극의 정문리는 반남 박씨, 공석정의 궐리는 곡부 공씨의 집성촌이었다는 점이다. 따라서 이들이 활발히 활동할 수 있었던 배경에는 자신들의 종교적 배경 외에도 지역사회에서의 유지 혹은 토호로서의 기반이 작용했다고 보는 것이 옳을 것이다. 다만 공석정의 경우는 아버지가 서당의 훈장이었기 때문에 넉넉하지 않았다고 한다.[19] 그러나 아버지가 훈장이었기 때문에 지역사회에서 신망을 얻고 있었고 이를 바탕으로 공석정은 사회활동에 적극적일 수

의 오산시 궐동에서 서당 훈장인 아버지 孔在憲의 외아들로 태어나 한학을 수학하였다. 그는 6척 장신으로서 장사였으며 운동신경이 뛰어났다고 한다. 1920년대 초반에 원주의 어느 학교의 교사로 수년간 재직하였고 퇴직 이후 고향에 내려와 사회운동에 투신하였다. 그는 오산대성학원을 설립하였고 오산청년동맹을 창립하였다. 그리고 1930년을 전후한 무렵 수원지역의 3대지주인 車裕舜의 딸과 연애결혼을 하였는데 이미 이 시기에는 결혼하여 자식을 둔 상태였고 그후 두 번째 부인을 동반하여 만주로 망명하였다고 한다.(孔信澤의 증언, 2000. 10. 27, 공신택은 1920년생으로서 현재 곡부 공씨 대종회 회장으로 있으며 공석정과 같은 마을에 살아 어려서부터 그를 보았다고 한다.)

19) 공신택의 증언, 2000. 10. 27.

있었다고 생각된다.

3. 신간회 수원지회의 조직과 활동

1) 조직

신간회는 주지하다시피 1920년대 전반기 민족운동세력이 분열되어 있는 상황하에서 좌파 민족주의자와 사회, 공산주의자들이 서로 다른 정치적, 계급적 관점을 유보하고 어떠한 형태로든지 민족해방을 위하여 협동해야 한다는 민족협동전선론[20]에 입각하여 창립된 단체이며 전국적으로 149개의 지회가 설립[21]되었던 당시 우리 민족 최대의 민족운동 단체라 할 수 있다. 수원의 경우도 신간회의 설립은 예외가 아니어서 1927년 10월 17일 조직되었는데[22], 그 경위를 보면 다음과 같다. 1927년 10월 8일 3·1운동 후 구국민단을 조직하여 항일민족운동을 전개했던 인사들과 수원의 유지들이 처음으로 북수리 천도교당에 모여 신간회 수원지회 조직문제를 논의하고 조직준비회를 조직하였다.[23] 여기에서 구국민단의 관계자들은 박선태, 이득수, 임순남, 최문순, 이선경, 차인재 등이었다.[24] 구국민단은 주로 삼일학교 관련자들에 의하여 주도되었다.[25] 그런데 이들 가운데 신간회의 조직과 관련하여 의미 있는 인물은 박선태라 할 수 있다. 그는 3·1

---

20) 이균영, 『신간회연구』, 한양대 박사학위논문, 1990, 5쪽.

21) 이균영, 앞의 논문, 72쪽.

22) 동아일보, 1927. 10. 20.

23) 동아일보, 1927. 10. 20.

24) 동아일보, 1920. 8. 20.

25) 박환, 「1920년대 초 수원지방의 비밀결사운동」, 『京畿史學』2, 171~175쪽. 참조 바람.

운동 당시 김세환, 김노적 등과 함께 만세운동을 주도하였고 진명구락부
의 운동부장으로 활동하였다. 그리고 1930년 신간회 수원지회의 집행위원
장을 역임하기도 하였다.26) 따라서 그는 젊은 학생, 청년층을 대변하면서
지역사회의 대표적인 운동자들과의 연락을 담당하였던 것으로 보인다.

그리고 1927년 10월 17일 수원천도교당에서 김노적의 사회로 개회하여
그의 개회사가 있은 후 경과보고, 임시집행부 선거, 회원심사, 임원 선정,
중앙본부에서 파견한 이관구의 취지 설명, 내빈 축사, 언론, 집회의 자유
획득 등 안건 결의의 순서로 결성을 마쳤다. 이 때 선출된 임원은 회장 김
노적, 서무부 총무간사 김병호, 서무부 상무 박영식, 재무부 총무간사 이
각래, 재무부 상무 최신복, 조사연구부 총무간사 공석정, 조사연구부 상무
우성규, 조직선전부 총무간사 홍종각, 조직선전부 상무 박봉득, 간사 이연
숙, 김현조 등이었다.27) 이 중 김노적은 성공회, 김병호는 감리교, 최신복,
공석정, 우성규는 사회주의, 홍종각, 이연숙, 김현조는 천도교 관계자였다.
또한 김노적, 우성규, 박봉득은 수원상업강습소의 졸업생 혹은 교사로서
화성학원과 밀접한 관계를 지녔으며, 김병호는 삼일학교의 교사였다. 이
로 보아 신간회 수원지회는 성공회, 감리교, 천도교 등의 종교세력 및 화
성학원과 삼일학교 관련자들의 민족주의세력과 사회주의세력의 합작으로
조직되었음을 알 수 있다.

이와 같이 조직된 신간회 수원지회는 반(班)을 조직하기 위한 활동28)을
한 결과 1928년 양감면 일대를 중심으로 양감반, 성호면 남부 일대를 중심
으로 오산반, 태장면과 성호면 북부, 정남면 일대를 중심으로 세교반, 장

---

26) 동아일보, 1930. 9. 5.

27) 동아일보, 1927. 10. 20.

28) 1928년 8월 19일 임시대회 후 신임 간사회에서는 반 조직의 건 외 3개항을 토
의하였다(동아일보, 1928. 8. 22).

안면과 우정면 일대를 중심으로 장안반을 설치하기로 하였다.[29] 이러한 계획하에 신간회 수원지회 조직부에서는 회원 확보를 위해 관내 지역을 순회하였다.[30] 그 결과 회원이 증가함에 따라 발안반(1929. 3. 19), 마도반(1929. 3. 20)[31], 오산반(1929. 3. 26)[32], 성호반(1929. 3. 26)[33], 남양반[34], 세교반[35], 양감반(1929. 2. 14)[36] 등이 조직되었다. 그러나 장안반의 경우는 설치가 확인되지 않는 것으로 보아 계획대로 반의 설치가 이루어지지는 않았던 것으로 생각된다. 또한 이러한 지역 구분은 양감면의 박승극과 세교리의 홍종각, 성호면의 공석정 등을 볼 때 지역 사회에서의 영향력 있는 인물이나 생활권을 중심으로 이루어졌을 것으로 생각된다. 이와 같이 신간회 수원지회의 경우는 반조직이 활발히 전개된 대표적인 지역이라 할 수 있다.[37] 그리고 신간회는 반조직이 활성화되면 따로 구역을 설정하여 분회로 승격되는 것이 보통이었다. 그 결과 신간회 수원지회 역시 오산분회(성호, 동탄, 정남 3면), 남구분회(팔탄, 향남, 양감 3면), 삼괴분회(우정, 장안 2면), 남양분회(비봉, 음덕 2면), 서구분회(송산, 마도, 서신 3면)를 조직하기로 결의하였다.[38] 그러나 이 결정이 그대로 실천되지는 않은 것으로 생각된다. 즉 마도반이 1929년 12월 12일 마도, 송산, 서신의 3개면을

---

29) 조선일보, 1928. 12. 30.

30) 조선일보, 1920. 3. 2.

31) 조선일보, 1929. 3. 24.

32) 조선일보, 1929. 3. 30. 班長 金基桓, 幹事 李秀經, 李南壽, 金容式, 李元植.

33) 조선일보, 1929. 3. 30.

34) 조선일보, 1929. 12. 22.

35) 동아일보, 1929. 12. 18.

36) 동아일보, 1929. 2. 21. 이 때 선출된 임원은 班長 長柱文, 幹事 韓影洙, 李鍾煥 등이었다.

37) 이균영, 『신간회연구』, 한양대 박사학위논문, 1990, 107쪽.

38) 조선일보, 1929. 11. 14.

합하여 서구분회를 조직하였고[39], 1930년 1월 초 정기대회를 금지당한 남양반에서는 서면대회를 통하여 남양분회로 조직체를 변경하였다.[40] 또한 오산반이 오산분회[41], 성호반은 성호분회[42]로 승격되었던 것이다. 그러나 남구분회와 삼괴분회의 조직이 이루어졌다는 사실은 확인할 수 없으며 오산분회에 속한 성호면이 독립하여 성호분회를 조직한 것이 앞의 결정과 다르기 때문이다. 다른 한편으로 신간회 수원지회는 1929년 5월 17일 인천, 강화, 여주, 안성 등 4개 지회의 대표회원의 참석 하에 신간회 소구역대회를 개최하였다. 이 회의에서는 복대표회원으로 수원의 공석정, 후보로 인천의 곽상훈(郭尙勳)을 선출하였다.[43]

2) 활동

신간회 수원지회는 조직 이후 지역사회운동의 중심적인 역할을 하기 위해 노력하였다. 이러한 신간회의 활동을 대중운동에 대한 지원 활동, 지역민의 일상 이익을 옹호·획득하기 위한 활동, 회무에 관계된 일상 활동 등으로 나누어 볼 수 있다.

먼저 지역 사회의 민족운동에 대한 지원 활동에 대하여 살펴보자. 신간회 수원지회는 1928년 12월 22일 제7회 간사회에서 채택한 결의사항 가운데 수원청년동맹을 조직하기 위하여 수원청년회를 매개체로 이용할 수

---

39) 조선일보, 1929. 12. 23. 이 때 선출된 임원은 분회장 池泳泰, 위원 崔壽英, 裵在務, 대표회원 池泳泰, 崔壽英, 許潤, 金昌錄 등이었으며 반조직체 변경의 건, 구역반 조직의 건, 회비 징수의 건, 회원 모집의 건, 기타 사항을 토의하였다.

40) 조선일보, 1930. 1. 10. 이 때 선출된 임원은 분회장 朴商勳, 집행위원 李秉日, 朴商昌, 대표회원 朴舜遠, 朴商勳, 李秉日, 朴商益, 朴商昌 등이었다.

41) 동아일보, 1930. 4. 8.

42) 동아일보, 1929. 8. 10.

43) 조선일보, 1929. 1. 22.

있는가를 조사하기로 결의하고 조사위원으로서 공석정과 엄익홍을 선임한 사실과 1928년 1월 31일 제4회 간사회에서 채택한 본부에 대한 건의안 가운데 행동강령표현의 건, 파벌주의 배격의 건[44]이 있는 것으로 보아 보다 적극적인 활동을 주장하였음을 알 수 있다.[45] 그리하여 이들의 활동의 결과 수원청년회의 부흥이 이루어졌으며 수원청년회의 간부들이 전원 수원청년동맹설립준비위원이 되어 활동하였다.[46] 또한 같은 날 화성학원에서 대중운동을 활성화시키기 위한 방편으로 수원의 각 단체를 망라하여 송년회를 개최하였다.[47] 여기에서 볼 수 있듯이 신간회 수원지회는 청년운동을 비롯한 대중운동을 활성화시키기 위해 노력하였다. 그리고 1928년 8월 19일 임시대회에서는 본부대 동경지회에 대한 건을 결의하였다.[48] 1929년 4월 7일 제2회 정기대회에서는 천도교청년당 진남포부에서 '蜀犬吠月하는 소위 천도교선천청년동맹의 몰각을 嘲함'이란 제목 하에 신간회의 총역량 집중에 손(損)이 되는 문구가 있다고 하여 장시간 토의하다가 경고문을 진남포 천도교 청년당에 송치하기로 가결하였다.[49] 또한 1930년 4월 25일에 있었던 임시대회에서는 천도교 분쟁 사건에 관한 건, 별건곤 비매동맹에 관한 건, 북선일보 조선인 상해사건에 관한 건, 언론 · 출판 · 집회의 자유 획득에 관한 건, 수원고등농림학교에서 조일학생 대우차별문제에 관한 건 등을 토의하였다.[50] 신간회 수원지회는 이러한 활동을 통하

---

44) 동아일보, 1928. 2. 5. ; 조선일보, 1928. 2. 5.

45) 조선일보, 1928. 12. 25.

46) 이에 대해서는 졸고, 「1920年代 水原地域의 靑年運動과 水原靑年同盟」, 『한국민족운동사연구』24. 참조 바람.

47) 동아일보, 1928. 12. 27 ; 조선일보, 1928. 12. 25.

48) 조선일보, 1928. 8. 22.

49) 동아일보, 1929. 4. 10.

50) 중외일보, 1930. 4. 27.

여 지역사회운동을 활성화시키고자 했던 것이라 생각된다.

둘째, 이를 위해 신간회 수원지회는 민족의 일상이익을 옹호·획득하기 위한 활동을 전개하였다. 즉 강연회, 야학을 통해 민중을 계몽하였다. 강연회의 경우는 지회 설립 시 이관구(「朝鮮人 農村 經濟의 裏面」)와 권태휘(「우리는 團結을 堅固히 하자」)의 강연이 있었고[51], 지회 설립 1주년을 기념한 강연에서는 김병호(「新幹水原支會 設立一週年紀念에 對하여」)와 공석정(「人類進化法則의 歷史的 考察」)의 강연[52]이 있었다. 또한 1929년 10월 17일 설립 2주년 기념 강연을 계획하였는데 연사로는 본부에서 1인과 김병호, 공석정, 박승극 등으로 정하였다.[53] 그리고 신간회 수원지회는 야학을 직간접으로 경영하거나 후원하였다. 즉 신간회 수원지회 오산반과 수원청년동맹 성호지부의 주최로 야학을 개최하기로 하였으나 농번기이므로 상식강좌로 대체하였고[54], 노동야학을 후원하였다.[55] 그리고 오산의 대성학원은 공석정이 설립하였고, 수원의 화성학원은 신간회의 회의 장소로 개최될 만큼 신간회와 밀접하였다. 그리고 양감반의 경우에는 1929년 10월경 면장인 이광우(李光雨)가 농민공유의 저축계 공금을 구장들의 박람회 경비로 사용한 사건에 대한 진상 조사를 행하고 면장에게 경고문을 발송하였다.[56] 또한 오산천의 사방공사장의 파업은 신간회 수원지회 오산반의 노력으로 해결되기도 하였다.[57] 1929년 4월 7일의 간사회에서는 미신타파가 결의되었다.[58]

---

51) 동아일보, 1927. 10. 20.

52) 조선일보, 1928. 10. 24.

53) 조선일보, 1929. 10. 17.

54) 동아일보, 1929. 6. 29.

55) 중외일보, 1930. 4. 6.

56) 조선일보, 1929. 11. 1.

57) 조선일보, 1929. 4. 25.

셋째, 신간회의 일상적인 회무 활동 즉, 회비 징수, 회관의 건립, 회원 모집 등을 들 수 있다. 회무에 관한 활동은 신간회가 민족협동전선으로 유지될 수 있는 신간회의 가장 기초적인 활동이라 할 수 있다. 그런데 신간회 수원지회는 이러한 회무 활동을 전개하는 과정에서도 지역 사회의 대중단체들과의 연락을 도모하였다. 수원청년동맹과의 연합회의를 진행한다거나 회관건립비용을 공동으로 마련하기 위하여 공동으로 기성회를 조직한다거나 하는 등의 활동59)이 그것이다. 또한 앞에서 보았듯이 상식강좌를 공동으로 개최하기도 하였다. 이러한 활동을 통해 신간회 수원지회와 수원청년동맹은 보다 긴밀한 협조 하에 활동을 전개할 수 있었던 것이다. 그리고 신간회 수원지회는 회원 모집에 상당한 노력을 기울인 것으로 보인다. 그 결과 1928년 12월 22일의 간사회에서는 신입회원 36명을 공석정의 보증으로 입회시키기도 하였다.60) 또한 회비 징수를 위한 활동도 하였는데 회비는 의무금이라 하여 강제 사항이었던 것으로 보인다. 예를 들어 1928년도의 예산을 2,050원으로 결정한 것61)과 유급 간사를 두기로 하고 공석정을 임명한 것62)은 신간회 수원지회의 활동이 비교적 활발하게 전개될 수 있었던 조건이 된다고 할 수 있다. 그리고 1929년 7월 22일 임시대회를 개최하여 규약개정과 간부개선 등을 토의63)하였고, 회의가 끝난

---

58) 동아일보, 1929. 4. 10.

59) 조선일보, 1929. 8. 19. 신간회 수원지회 오산분회와 수원청년동맹 성호지부가 1929년 8월 15일 연합건축기성위원회를 개최하고 부서를 분담하였다. 위원장은 金雄燮, 규약기초 및 설계위원 金雄燮, 金基桓, 林鍾植, 朴謹實, 邊基在, 朴正吳, 李元植, 趙明載, 李德萬, 李秀經, 부지교섭위원 李眹庚, 李南秀, 金雄燮, 金基桓, 林鍾植, 邊基在 등이 선임되었다.

60) 동아일보, 1928. 12. 27.

61) 동아일보, 1928. 2. 5. ; 조선일보, 1928. 2. 5.

62) 동아일보, 1929. 4. 10. ; 동아일보, 1928. 8. 22.

63) 동아일보, 1929. 7. 22 ; 조선일보, 1929. 7. 18.

후 수원청년동맹 주최로 신간회와 수원청년동맹의 간담회가 개최되었다.[64] 그러나 신간회를 포함하여 이 시기 수원지역의 사회운동은 그리 활발히 전개되지 못하였던 것으로 생각된다.[65] 그리하여 1929년 11월 9일 집행위원장 염석주의 사회로 개최된 신간회 수원지회를 비롯하여 수원청년동맹, 수원노동조합, 조선프롤레타리아예술동맹 수원지부 등 수원지역의 각 단체들이 일제히 집행위원회를 개최하고 있는 것이다.[66]

이상과 같은 수원지회의 활동은 일제의 탄압을 받았다. 먼저 신간회 수원지회는 창립 직후인 1927년 10월 31일 정기대회를 열고자 하였으나 일제 경찰이 계출을 하지 않고는 개회하지 못한다고 하여 개회 시간 전에 계출하였더니 일제 경찰은 금일은 계출도 늦었을 뿐만 아니라 일본 군인들의 연습대전이 있는 날이라는 이유를 들어 회의를 30분으로 한정하여 집회를 허가하였다. 그리하여 개회한 지 28분만에 1. 형편상 회관과 사무실 분리의 건, 1. 수원청년회 부흥 촉진의 건, 1. 오산사회운동 선구자인 김기선(金基宣)씨의 추도회에 본회 대표 파견의 건 등을 결의하고 산회하였다.[67] 이외에도 일제는 1928년 12월 22일 신간회 수원지회의 송년회 자리에서 인쇄공인 김재덕과 김학붕의 감상담이 불온하다는 이유로 이들을 검거, 취조하였다. 즉 김재덕은 직공 생활의 비참함을 이야기하다가 임석 경관의 금지를 당하였고 김학붕은 조선 농촌의 소감을 들어 사회의 불평을 말하다가 금지당하였던 것이다.[68] 그리고 1929년 3월 10일 임시간사회에서 본부대회의 건의안을 작성하던 중 임석경관의 제지로 3개항을 삭제당하였고[69], 7월 22일에는 수원청년동맹이 신간회 수원지회를 연무대에

---

64) 동아일보, 1929. 7. 25.

65) 조선일보, 1929. 11. 5.

66) 조선일보, 1929. 11. 14.

67) 동아일보, 1927. 11. 3.

68) 동아일보, 1928. 12. 27.

초대하여 만찬을 하던 중 임석경관이 해산을 명하자 이에 청맹과 신간회는 신간회 지회 사무실로 자리를 옮겨 만찬을 진행하였다. 하지만 경찰이 여기까지 찾아와 해산을 다시 명하자 이에 항의하다 김영일과 권순증이 검속당하였다.[70] 또한 1929년 10월 신간회 수원지회 설립기념대회를 개최하고자 하였으나 일제의 집회 금지로 대회를 개최하지 못하였다.[71] 그리고 서기장이었던 박승극을 검거하기도 하였다.[72] 이에 신간회 수원지회는 일제와의 교섭을 통하여 10월 17일 지회설립 제2주년 기념식을 거행하기로 하였다.[73]

이와는 다른 경우이지만 신간회 수원지회의 활동에 대한 반동이 일반 사회에서도 있었던 듯 하다. 즉, 1929년 3월 23일 임시 간사회를 개최하였는데, 그 의제는 서무부 총무간사인 공석정이 사임원을 제출한 데에 따른 것이었다. 공석정은 자신이 사임원을 제출한 이유로 중성극단(衆聲劇團) 표모일파의 폭행사건으로 신간회를 위하여 자신이 희생하지 않으면 안된다고 하였다. 그리고 다음 사항을 결의하고 폐회하였다.[74]

1. 서무부 총무간사 사임원 수리의 건.
1. 중성극단의 警告文을 의미한 注意文을 발할 일.
1. 조사부 간사 李珏來씨로 서무부 총무간사 겸무의 건.

---

69) 동아일보, 1929. 3. 15.

70) 동아일보, 1929. 7. 25.

71) 조선일보, 1929. 10. 15.

72) 중외일보, 1929. 10. 18.

73) 조선일보, 1929. 10. 17.

74) 동아일보, 1929. 3. 28.

4. 구성원의 성격

앞에서 보았듯이 신간회 수원지회는 1927년 10월 17일 조직된 이래 몇 차례의 조직 개편을 거치면서 발전하였다. 이러한 과정에서 주도층의 변화가 생기고 있다. 이를 다음의 <표 1>과 <표 2>에서 확인해 보자.

〈표 1〉 신간회 수원지회 주요임원 일람표

시 기	부서, 간부	출 처
설립대회 1927. 10. 17.	회장 김노적 서무부 총무간사 김병호, 상무 박영식, 재무부 총무간사 이각래, 상무 최신복, 조사연구부 총무간사 공석정, 상무 우성규, 조직선전부 총무간사 홍종각, 상무 박봉득, 간사 이연숙, 김현설(조)	조선, 1927. 10. 20. 동아, 1927, 10. 20.
1회정기대회 1927. 12. 18.	지회장 유보, 총무 김병호, 서무부 총무 김병호, 상무 이봉득(박봉득), 재무부 총무 이각래, 상무 박영식, 조사연구부 총무 공석정, 상무 최신복, 조직선전부 총무 홍종각, 상무 우성규, 간사 이연숙, 윤준흠	조선, 1927. 12. 21
임시대회 1928. 8. 19	지회장 김세환, 상무간사 공석정 이하 간사 확인 불명	동아, 1928. 8. 22
3회정기대회 1928. 12. 16.	지회장 김세환, 부회장 염석주, 서무부 총무간사 공석정, 간사 김봉희, 김상근, 재무부 총무간사 이건상, 간사 엄익홍, 김용준, 조직선전부 총무간사 홍종각, 간사 박승극, 이연숙, 조사연구부 총무간사 김병호, 간사 표덕중, 김현조, 기타 김도생, 곽병준	조선, 1928. 12. 23 1928. 12. 25.
2회임시대회 1929. 4. 7.	지회장 이각래, 부지회장 염석주 서무재정부 박승극, 이건상, 정치문화부 공석정, 김봉희, 조직선전부 엄익홍, 이연숙, 조사연구부 김병호, 김재덕	조선, 1929. 4. 10
임시대회 1930. 4. 25	집행위원장 박선태, 위원 김병호, 홍종각, 김기환, 민홍식, 장주문, 이수경, 우성규, 박상훈, 황용선, 이연숙, 변기재, 박봉득, 박해병, 박승극, 공석정, 이원식, 후보 조명재, 김재덕, 이용성, 검사위원 김세환, 나천강, 이창용, 박근실, 이각래, 대의원 공석정, 박승극, 후보, 민홍식, 서기장 민홍식, 재정부장 김병호, 조직부장 홍종각, 검사부장 우성규, 선전부장 공석정, 교육부장 박봉득, 연락부장 박승극, 검사위원장 이각래(상무집행위원은 전기 부장으로 함)	중외, 1930. 4. 27
집행위원회 1930. 8. 31	집행위원장 결원, 서기장 변기재, 회계 김병호, 조직부장 홍종각, 교육부장 박봉득, 조사부장 우성규, 연락부장 박승극, 전국대회 대표회원 박승극, 김병호, 후보 변기재, 경기도연합회대표 박승극, 김병호, 변기재	중외, 1930. 9. 5(동아와 조선에는 변기재가 집행위원장으로 선출되었다고 보도)

<표 2> 신간회 수원지회의 주요 활동가의 활동 사항

이름	주요활동	성향
김노적	수원상업강습소, 배재고보 졸업, 3·1 운동 참가, 구국민단, 임시정부, 진명구락부	성공회
김병호	3·1부인야학, 엡윗청년회, 수원기자동맹, 삼일학교 교사	감리교
이각래	화성학원유지회원	
최신복	수원청년회	사회주의
공석정	오산 대성학원설립, 사청년동맹, 수원청년동맹, 수원기자동맹, 수원노동조합, 카프 수원지부, 1930년대 초 만주로 망명	사회주의
우성규	화성학원 졸업, 수원청년회, 수원기자동맹, 카프 수원지부	사회주의
홍종각	천도교 수원청년동맹	천도교
박봉득	화성학원 교사, 수원청년동맹	사회주의
이연숙	천도교 수원청년동맹	천도교
김현조	천도교 순회교사	천도교
김세환	3·1 운동 48인 중 1명, 수원상업강습소 소장, 삼일학교 교사, 수원실업협회, 수원체육회	감리교
김봉희	수원청년동맹, 카프 수원지부, 佐野學 탈환투쟁으로 복역	사회주의
김상근	수원청년동맹, 천도교 종리사	천도교
김재덕	수원노동조합	사회주의
박승극	수진농민조합, 수원청년동맹, 수원노동조합, 카프 수원지부, 수원기자동맹, 민주주의 민족전선	사회주의
장주문	수진농민조합, 수원청년동맹, 보도연맹 가입	사회주의
이수경	수원청년동맹, 수진농민조합	사회주의
박상훈	천도교 남양청년동맹	천도교
황응선	수원노동조합, 카프 수원지부, 수원청년동맹	사회주의
변기재	수원청년동맹, 오산노동야학원 사건으로 복역, 수원기자동맹	사회주의
이원식	수진농민조합	사회주의
조명재	수원청년동맹, 오산노동야학원 사건으로 복역	사회주의
이용성	수원청년동맹	
나천강	동학농민운동 참가	천도교
김도생	화성학원교사, 수원청년동맹	
박선태	휘문고보 졸업, 3·1 운동 참가, 구국민단, 수원기자동맹, 수원실업협회	성공회

위의 <표 1>과 <표 2>에서 확인할 수 있는 것은 설립대회시에는 앞

에서 지적하였듯이 성공회의 김노적, 기독교의 김병호, 천도교의 홍종각, 이연숙, 김현조 등의 민족주의세력과 박승극, 공석정, 최신복, 우성규 등의 사회주의세력이 고루 분포하고 있다. 그러나 1928년 12월 16일 제3회 정기대회시에는 공석정, 김봉희, 엄익홍, 박승극 등의 사회주의자의 성장이 두드러졌다. 그리고 1929년의 제2회 임시대회시에는 박승극, 공석정, 엄익홍 등이 각각 서무재정부, 정치문화부, 조직선전부의 간사를 차지함으로써 사회주의세력이 지회의 주요한 역할을 담당하게 되었고, 1930년의 임시대회에서는 장주문, 이수경, 우성규, 변기재, 박승극, 공석정, 이원식, 조명재 등의 사회주의자들이 실질적으로 지회를 장악하였다. 이들은 모두 수원청년동맹, 수진농민조합 등 수원지역 대중단체의 구성원들이었다. 특히 수원지역의 대표적인 사회주의자였던 박승극이 신간회 수원지회 활동의 전면에 나서게 되는 것은 그가 일본으로부터 귀국한 직후인 1928년 8월 19일의 임시대회부터라 할 수 있다.[75] 그는 이 대회에서 임시의장을 맡아 회의의 진행을 주도하였던 것이다. 이로 보아 그는 귀국 이후부터 민족운동에 투신하였던 것으로 생각된다. 이와 같이 사회주의자들이 신간회 수원지회 내에서 중추적인 역할을 하게 됨에 따라 민족주의세력은 그 역할이 쇠약해졌다. 그러한 가운데에서도 홍종각은 1930년의 임시대회에서도 조직부장에 선임됨으로써 천도교측의 영향력이 지속되고 있음을 확인할 수 있다. 더욱이 홍종각, 이연숙 외에 나천강과 박상훈이 최초로 신간회 수원지회의 간부가 됨으로써 오히려 천도교의 영향력은 강화된 느낌이 있다. 특히 신간회 수원지회가 설립되면서 기록상 확인 가능한 1930년 중반까지 천도교측에서는 조직부(조직선전부)를 지속적으로 담당함으로써 천도교의 종교 조직이 신간회의 반 혹은 분회 조직의 설치 및 확산과정에서 주요한 역할을 했음을 알 수 있다. 실제로 서구분회와 남양분회는

---

75) 동아일보, 1928. 8. 22.

천도교인에 의하여 주도되었다고 할 수 있다. 그러나 성공회와 기독교측에서는 김병호 이외의 새로운 인물이 등장하지 않음으로써 이들 세력이 신간회운동과 일정한 거리를 두고자 했던 것이 아닌가 한다. 한편 이들은 각기 화성학원(김노적, 우성규, 박봉득, 김세환, 김도생, 박선태)과 삼일학교(김병호, 김세환), 오산노동야학원(변기재, 조명재) 등의 교육기관과 밀접한 관련이 있는 인물이었다. 따라서 수원지역에서 이러한 학교들은 신간회운동과 밀접한 관련을 갖고 있음을 알 수 있다.

다만 이와 관련하여 1931년 신간회 해소 당시 수원지회의 움직임에 주목해야 할 필요가 있다. 수원지회는 최초에는 해소에 반대하는 입장이었으나 후에 이를 번복하여 해소를 결의하였다. 이는 앞에서 본 신간회 수원지회의 구성원들의 성격을 반영하는 것으로 생각된다. 즉 천도교계열의 민족주의세력들이 신간회의 해소에 반대를 한 것이 아닌가 한다. 이와 같이 민족주의세력이 신간회 해소를 반대할 수 있었던 것은 수원지역의 민족주의세력이 상대적으로 강했던 때문이라 하겠다.[76] 그러나 이러한 민족주의세력의 반대는 박승극, 공석정 등의 활동에 의하여 번복되었던 것으로 생각된다. 그리하여 박승극과 공석정은 신간회 해소대회시 수원지역을 대표하여 중앙위원으로 선출되었던 것이다.[77] 이들의 해소 논리는 박승극이 남긴 조선청년총동맹과 카프의 해소논리를 통해 추측이 가능하다. 즉 이들은 노동조합과 농민조합의 청년부로의 귀속을 강하게 주장하였던 것이다.

---

76) 졸고, 「1920年代 水原地域의 靑年運動과 水原靑年同盟」, 『한국민족운동사연구』 24, 2000. 참조 바람.

77) 京畿道警察部, 『治安狀況』, 426쪽, 1931년 7월(朴慶植編, 『朝鮮硏究資料集』제6권, 亞細亞問題硏究所)

5. 맺음말

이상에서 우리는 수원지역에서 전개된 신간회의 활동과 그 구성원에 대하여 살펴보았다. 이상의 정리를 통하여 우리는 신간회 수원지회의 활동에 대해 다음의 몇 가지를 확인할 수 있었다. 첫째, 신간회 수원지회는 천도교(홍종각), 감리교(김병호), 성공회(김노적) 등 종교세력과 화성학원, 삼일학교, 오산노동야학원 등 교육기관에 관련된 민족주의 성향의 인물들 및 박승극, 공석정, 우성규, 박봉득 등 사회주의세력이 주축이 되어 설립되었다. 이들은 지역사회의 민족운동을 사실상 이끌어오던 인물들이었다. 따라서 수원지역의 대표적인 민족운동가들이 대부분 참여하였다고 생각된다. 둘째, 신간회 수원지회는 초기에는 민족주의자와 사회주의자가 세력 균형을 이루며 운동을 전개하였으나 1928년 후반을 거치면서 사회주의자들이 운동의 주도권을 장악하고 있다. 이들은 신간회 수원지회의 대표회원으로서 신간회 본부의 회의에 참여하였고 집행위원의 다수를 점함으로써 운동의 주도권을 장악하였다. 그러나 천도교계열의 홍종각과 감리교계열의 김병호의 예를 통해 알 수 있듯이 수원지역에서는 민족주의자와의 협력이 지속적으로 유지되고 있었다고 보아야 할 것이다. 셋째, 운동은 대중운동에 대한 지원 활동, 민족의 일상이익을 옹호, 획득하기 위한 활동, 일반적인 회무활동으로 전개되었다. 특히 신간회 수원지회가 중점적으로 지원한 것은 지역사회의 대중운동을 지원하는 일이었다. 그리하여 수원청년동맹의 조직에도 관여하고 있는 것이다. 또한 수원청년동맹이 조직된 이후에는 지속적인 협력을 통해 지역사회와 민족문제를 해결하고자 하였다. 넷째, 신간회 수원지회의 활동은 일제에 의하여 탄압을 받았다. 일제는 신간회의 대회를 금지시키고 반 혹은 분회의 조직을 탄압하는 등 신간회의 결성을 위한 활동을 탄압하였다. 이러한 탄압은 특히 수원지역의 민족운동의 중심인물인 박승극과 공석정이 살던 양감면과 오산에서 더욱 심하였다. 다섯째, 신간회 수원지역의 조직과정에서 주목되는 점은 천도교가 주요한 역할을 담당하였다는 점이다. 신간회 수원지회의 조직 이후 천도교는 계속해서 조직부(조직선전부)를 담당하였다. 이로 보아 천도교의 종교조직이 신간회의 조직과 확산 과정에서 일정한 역할을 하였던 것으로 생각된다. 이는 수원지역의 천도교가 구파계열이라는 점에서 이해할 수 있다. 마지막으로 신간회 수원지회는 1931년 신간회 해소 당시 해소에 찬성하였다. 그리하여 박승극과 공석정이 해소대회 당시 신간회 중앙본부의 중앙집행위원에 선출되기도 하였다. 이는 곧 수원지역의 사회주의자들이 신간회의 해소에 적극 찬성하고 있었다는 점을 보여준다. 신간회 수원지회의 해소 논리를 알려주는 글이 현재 남아있지는 않지만 조선청년총동맹과 카프의 해소를 주장하는 박승극의 글이 남아있어 이를 추측하는 것은 가능하다. 즉 이들 역시 합법적인 대중단체의 해소와 이의 노동조합 및 농민조합 청년부로의 귀속을 강력하게 주장하였다고 생각된다.

(『實學思想硏究』15 · 16합집, 2000)

日帝下 水原地域의 農民組合運動

1. 머리말

일제하 한국민족운동은 1919년 3·1 운동을 거치면서 민족주의와 사회주의로 분화하여 전개되었음은 주지의 사실이다. 그리고 이와 같은 과정에서 민족주의와 사회주의는 때로는 경쟁하면서 때로는 협력하면서 운동을 발전시켰던 것이다. 그리하여 1927년에 창립된 신간회는 좌우합작의 전형으로 평가할 수 있을 것이다. 그러나 1928년 조선공산당이 해산한 뒤한국민족해방운동은 국내에서는 사회주의계열이 주도하던 노동자, 농민등 민중운동이 주도하게 되었다고 할 수 있다. 본고에서는 이와 같이 등장한 민중운동 가운데 특히 1920년대 말부터 대두한 농민조합운동을 수원지역을 중심으로 살펴보고자 하는데, 필자가 수원지역을 사례연구의 대상으로 설정한 것은 다음의 몇 가지 이유 때문이다.

첫째, 수진농민조합은 수원과 진위의 두개의 군이 하나의 농민조합으로 결성되어 활동하였다. 이와 같이 두개의 군이 하나의 농민조합으로 결성되어 활동한 예는 수진농민조합이 유일한 것이기 때문이다. 따라서 농민조합운동의 연구에서 특이한 지역이기 때문에 연구의 대상으로서 충분한 가치가 있다고 생각된다. 둘째, 수원지역은 민족주의 세력이 비교적 영향력이 강했던 지역이라 할 수 있다. 따라서 수원지역의 운동을 연구함으로써 민족주의의 영향력이 강했던 지역에서의 농민조합운동을 비롯한 사회주의운동이 어떻게 전개되었는지 살펴볼 수 있다고 생각하기 때문이다. 셋째, 운동 과정에서 일제가 운동을 조작했다는 의심이 있는 지역이기 때문이다. 즉, 해방 후 수원인민위원회의 부위원장을 역임한 김시중의 증언을 다시 한 번 확인할 필요성이 있기 때문이다. 끝으로 수원지역은 당시 우리 나라 농업의 중심지로서 수원고등농림학교와 수원농고가 있어서 농업문제에 대해 비교적 잘 알 수 있는 지역이기 때문이다. 이상의 몇 가지를 실증적으로 검토함으로써 우리는 일제하 수원지역에서 이루어진 혁명적 농민조합운동의 성격을 살필 수 있을 것이다.

2. 운동의 발생 배경

일제하 수원, 평택지역의 농민운동을 비롯한 사회운동은 1920년대 초반부터 시작되었다고 볼 수 있다. 즉 청년회를 비롯한 운동단체들과 소작쟁의 등이 이 시기에 비로소 발생하고 있다는 점에서 그 이유를 찾을 수 있다. 1919년 3·1운동을 계기로 우리나라의 민족운동은 일대 변화를 겪게 되는데 이는 곧 사회주의의 등장과 민족주의의 쇠퇴로 나타나고 있다. 그리하여 중앙은 물론이고 지방에서도 사회주의의 진출은 두드러진 것이었다. 먼저 청년운동을 중심으로 살펴보자.

1) 청년운동

수원지역의 청년운동이 대두하는 것은 다른 지역과 마찬가지로 3·1
운동이 끝난 이후의 일이었다. 즉 일제가 문화정치를 표방하면서 언론, 출
판, 집회, 결사의 자유를 어느 정도 인정하자 이러한 합법공간을 최대한
이용하고자 하는 합법운동이 전국적으로 발생하였다. 이는 주로 민족주의
자들에 의하여 주도되었고 1920년대 초반에는 실력양성론으로 한때 유행
하였다. 1920년대의 실력양성론은 산업과 교육의 진흥을 통해서 민족의
독립을 준비하고 기다린다는 것으로서 당시 민족주의자들의 일반적인 생
각이었다고 생각한다. 이러한 바탕 위에서 전국 각지에서는 우후죽순처럼
합법 단체가 등장하는데 대표적인 것이 청년단체였다. 수원의 경우도 예
외는 아니어서 1920년 5월 18일 남양면에서 남양청년회(南陽靑年會)가 60
여 명을 회원으로 발기총회를 개최하였다. 남양청년회는 문예부, 사회부,
운동부를 설치하고 회장에 김성달(金性達), 부회장에 홍형준(洪亨俊), 부
장에 황대창(黃大昌), 박우영(朴宇榮), 홍승열(洪承烈)을 선출하였다.[1] 이
어 1921년 12월에는 회의 명칭을 남양엡윗청년회로 개칭하고 임응순(任應
淳)을 회장, 홍형준을 부회장에 선임하고 총무 홍승렬, 종교 최선일(崔宣
一), 문예 홍성린(洪性麟), 운동 정해붕(丁海鵬), 사교 강신규(姜信奎) 등의
부장과 서기에 강신홍(姜信弘), 회계에 원대식(元大植)을 선출하였고, 이
후 문예부 주최로 야학회를 개설하여 조선어, 한문, 산술을 필수 과목으로
가르쳤고 수시로 상식과 수양에 필요한 학과를 교수하였다.[2] 그리고 1920
년 6월 6일 지식의 계발, 체육의 증진, 풍습의 개선 등을 목표로 수원청년
구락부가 발기되었고[3], 1920년 7월 3일 부장에 나홍석(羅弘錫), 이사에 홍

---

1) 동아일보, 1920. 6. 11.

2) 동아일보, 1921. 12. 21.

사훈(洪思勛), 학예과장 최상훈(崔相勳), 운동과장 김종심(金鍾深), 오락과장 박성근(朴盛根), 경리과장 이광현(李光鉉)이 선출되었다.[4] 그후 수원청년구락부는 1920년 7월 25일 엄치완(嚴致完)이 「知識上의 飢渴」, 김노적(金露積)이 「우리」, 최상훈이 「今日 朝鮮人界의 衛生」, 나홍석(羅弘錫)이 「吾人의 力量과 水原의 發展」을 주제로 강연회를 개최하였다.[5] 또한 스포츠에도 힘을 기울여 축구, 정구 등의 종목이 안성과 서울의 한성은행 등과 친선경기를 갖기도 하였다.[6] 그런데 수원청년구락부는 수원청년회에 흡수된 듯 하다. 즉 1924년 5월 5일에 있었던 간사회에서 청년구락부를 청년회로 변경할 것 외 5개의 안건이 결의되었기 때문이다.[7] 한편 수원청년회는 1920년에 창립되었으나 그 활동이 거의 없어 존재조차 찾기 어려웠으나 1923년 개편하여 활동을 재개하였다.[8] 수원청년회는 주로 소인극 공연과 가투대회(歌鬪大會, 음악경연대회), 정구대회 등을 개최하는 등의 활동을 하였다. 그런데 수원청년회는 1923년 개편 이후에도 활동이 그다지 활발했던 듯 하지는 않다. 즉 1928년 화성학원[9]에서 전 회장이던 홍사훈의 사회로 3년만에 임시총회를 열어 회원을 정리하고 회원의 연령을 17세 이상 30세까지로 제한하기로 한 후 위원장에 신충(申忠), 상무위원에 권순증(權舜曾)을 선임하였다. 그런데 여기에서 주목할 것은 선임된 위원 중에서 최신복과 우성규가 즉석에서 사임하였다는 점이다.[10] 이 이유에 대하여

---

3) 동아일보, 1920. 6. 12.

4) 동아일보, 1920. 7. 8.

5) 동아일보, 1920. 7. 30.

6) 동아일보, 1921. 6. 20, 6. 29, 9. 21.

7) 동아일보, 1924. 5. 7.

8) 동아일보, 1927. 1. 19.

9) 현재의 수원중고등학교이다.

10) 동아일보, 1928. 5. 18.

자세히 알 수는 없으나 수원지역에서의 사회주의의 발흥과 관련이 있다고 생각된다. 왜냐하면 1928년이라는 시기는 1926년 말에 정우회의 방향전환론이 발표되고 1927~1928년 사이에 대부분의 지역에서 운동의 지도부가 교체되는 시기였다는 점이다. 그리하여 수원지역의 경우도 사회주의자들이 청년회를 장악하고자 시도하였으나 성공하지 못했기 때문이 아닌가 하는 것이다. 이 점은 회원의 연령 제한문제에 그 실마리가 있다고 볼 수 있다. 회원의 정리문제는 민족주의에 입각하여 지역의 운동을 주도하던 민족주의계열의 연령이 비교적 높았던 사실에 비추어 사회주의자들이 운동의 주도권을 장악하기 위해 쓰던 상투적인 방법이었다. 그러나 이후의 활동에서 볼 때 사회주의의 주도권 쟁탈은 실패한 것 같다. 즉 1928년 5월 25일 수원청년회의 회장 신충을 비롯한 간부 6명이 수원경찰서에 검거되어 그 중 위원장 신충이 구속되고 나머지 사람들은 풀려났는데, 그 이유는 앞에서 본 수원청년회의 1928년의 임시총회 때에 채택한 선언과 강령이 이전의 그것과 다르며 선언문 중 '조선 민족의 ○○(자치 – 필자)권을 획득'이라는 문구와 그것이 무엇을 의미하는가에 대한 물음에 신충은 '그 뜻을 넓게 해석하면 ○○○○(조선독립 – 필자)을 얻기까지'라는 대답을 하였다는 것[11]과 1928년 7월 7일 화성학원에서 있었던 제5회 정기총회에서 규칙 개정과 강령제정건에 대하여 갑론을박으로 이론이 백출하다가 전 규칙대로 하자는 결의가 있었던 것[12]을 그 예로 들 수 있다. 이와 같은 두 가지의 예에서 우리는 당시 수원청년회는 실력양성론에 입각해 있던 민족주의자들이 장악하고 있었고 이들의 지역사회에 대한 영향력도 상당했다고 볼 수 있다. 즉 수원청년회가 위치한 곳은 화성학원내였다고 하는데 화성학원은 당시 수원지역 사회에서 유일한 민족 교육 기관으로서의

---

11) 동아일보, 1928. 5. 29.

12) 동아일보, 1928. 7. 11.

기능을 하고 있었다.

한편 수원청년회는 조직을 수원청년동맹으로 변경하기 위한 노력은 1928년 초반부터 있었던 것 같다. 즉 1928년 1월 28일 진위, 포천, 오산 발안 등지의 청년운동자들이 모여 수원청년운동자간담회를 개최하였는데 이 간담회에서 주최자인 오산의 사-ㄹ 청년동맹의 공석정의 개회사와 양감면 반도청년회의 박승극의 현하 조선청년운동과 수원 청년운동의 미래 방침에 대한 감상담이 있은 후 양감 반도청년회, 오산 살-ㄹ 청년동맹, 성호면 광활청년회 등이 청년동맹을 조직하게 한 후 그 지부를 수원에 두는 것이 좋겠다는 의견이 다수였다.[13] 그리하여 1928년 7월 경부터 수원청년동맹을 조직하기 위하여 수원청년회의 임원 10인이 모두 준비위원이 되어 활동하였고, 수원청년회는 권순중을 각 면과 리의 청년회를 순방하여 창립대회를 8월 12일로 정하고 수원경찰서에 집회계를 제출하였으나 경찰서에서는 불허하였다. 이에 청년회는 권순중을 교섭위원으로 삼아 의안 토의만은 하지 않겠으니 수원청년군동맹 조직대회만은 하게 해달라고 하였으나 실업자라는 이유로 권순중만 구류 25일에 처해지는 결과가 되었다. 이와 같이 일제의 탄압이 있자 조직대회 당일 준비위원 10인 중 2명만이 출석하여 결국 2명만의 책임으로 조직대회를 개회할 수 없다고 하여 양감, 정남 등의 청년회와 인쇄공친목회, 고등리청년회 등의 비난을 받았다.[14] 또한 수원청년동맹의 창립이 실패했다는 다른 예로써 양감청년회의 경우를 들 수 있다. 양감청년회는 원래 청년동맹의 지부로써 창립하고자 한 것이었으나 청년동맹의 결성이 일제에 의하여 금지되자 명칭을 양감청년회로 변경했던 것이다.[15] 그러나 1929년 6월 9일 수원청년동맹 임시

---

13) 동아일보, 1928. 1. 31.

14) 동아일보, 1928. 8. 14.

15) 동아일보, 1928. 9. 9.

대회를 개최하여 박승극을 집행위원장에 선출한 것16)으로 보아 수원청년
회는 1929년에는 최소한 수원청년동맹으로 전환한 것 같다. 창립 이후 수
원청년동맹은 성호지부, 양감지부, 오산지부 등을 설치하는 등 조직을 확
충하는 한편 1929년 8월 25일 제 1회 정기대회를 개최하여 다음과 같이
임원을 선출하고 결의안을 채택하였다.17)

임원
위 원 장 朴勝極
서무부장 嚴翼鴻,   재정부장 金幸權,   교양부장 權舜曾
조직부장 黃應善,   조사부장 洪景村,   여자부장 李年積
소년부장 金道生,   체육부장 李容成
검사위원장 孔錫政, 邊基在

결의안
1. 조선청맹 집회 해금의 건.
1. 사립교육기관협의동맹 촉성의 건.

또한 수원청년동맹의 집행위원장 박승극은 격문사건에 관계되어 검거
되었고18), 1930년 10월 12일에는 위원장인 박승극 외 5명과 수진농민조합
의 집행위원인 이원식, 그리고 오산지역의 사회운동자인 조명재, 박부산
(朴富山), 박정오(朴正吾), 이덕만(李德萬), 이수경(李秀經), 김기환 등이 조
사를 받는 격문사건이 발생하였다.19) 이와 관련하여 침체에 빠진 운동 단
체의 활성화에 대하여 논의하고자 집행위원회를 개최하려 하였으나 일제

---

16) 동아일보, 1929. 6. 13.
17) 동아일보, 1929. 8. 29.
18) 동아일보, 1930. 3. 6.
19) 동아일보, 1930. 10. 30.

의 금지로 개최하지 못하였고[20], 1930년 1월 24일 1. 집행위원회 경과 승인, 1. 동맹원 정리, 1. 지부 문제, 1. 연령 제한, 1. 위원 개선, 1. 회관 문제, 1. 조선청년총동맹 문제 등을 안건으로 개최[21]하고자 하였으나 이번에도 역시 일제의 금지로 개최하지 못하였다.[22] 그리고 수원청년동맹은 조선청년총동맹의 중앙위원 개선 문제로 말미암아 조선청년총동맹의 해소를 제의하였고[23], 수원청년회 시기 청년회의 활동으로 일반의 찬조를 얻어 매수하였던 수원청년동맹 소유의 운동장을 1931년 1월 25일 청년동맹의 대표인 박승극과 화성학원의 대표인 홍사훈의 조인으로 400원에 화성학원에 양도하였다.[24] 그런데 이 운동장에 대한 양도문제는 수원청년동맹, 신간회 수원지회, 수원노조, 수진농조, 수원소년동맹, 수원기자동맹, 조선프롤레타리아예술동맹 수원지부 등 수원지역 사회 단체의 해소가 의결되면서 사회문제가 되었다.[25] 이 문제는 당시 수원지역의 민족주의자와 사회주의의 관계를 이해하는데 상당한 시사를 준다고 할 수 있다. 즉 1931년 1월 수원청년동맹이 운동장을 화성학원에 양도할 당시에는 사회문제가 되지 않다가 청년동맹 등 사회운동 단체들이 해소되는 시기에 사회 문제화한 것은 복합적이기는 하지만 불과 몇 개월이기는 하지만 민족해방운동의 전술상의 변화 때문이라 볼 수 있지 않을까 한다. 즉 화성학원은 1909년 수원상업회의소의 부속사업으로 성립한 수원상업강습소의 후신으로서 주학과 야학을 두어 무산 아동과 학령과만자를 교수하였는데 1910년 수원상업회의소가 일제에 의하여 폐지된 이래 항상 재정적인 어려움

---

20) 동아일보, 1930. 12. 19.

21) 동아일보, 1931. 1. 17.

22) 동아일보, 1931. 1. 25.

23) 동아일보, 1931. 1. 28.

24) 동아일보, 1931. 1. 29.

25) 동아일보, 1934. 9. 8.

으로 인하여 폐교의 위기에 처해 있었다. 이러한 상황에서 화성학원이 유지될 수 있었던 것은 지역민들의 열화와 같은 성원이 있었기 때문에 가능하였다. 예컨대 신파극단인 혁신단과 수원지역의 기생들이 공연을 통하여 얻은 수익금을 화성학원에 기탁하였던 것이다.[26] 그러나 이와 같은 지역민들의 성원으로도 만성적인 재정문제를 해결할 수 없자 홍사훈이 수원상업강습소의 소장으로 취임함으로써 어느 정도 재정 문제를 해소할 수 있었고[27], 1930년에는 만성적인 화성학원의 재정문제를 해결하기 위하여 화성학원유지회가 조직되어 당시로서는 거금인 10,235원의 후원금이 화성학원에 전달되었던 것이다.[28] 따라서 수원청년동맹 운동장의 화성학원에 대한 양도문제는 이와 같았던 당시 수원지역의 사회적 분위기와 밀접한 관계가 있으리라 생각된다. 그런데 혁명적 농조운동의 전개 과정에서 농조의 활동가들이 지역 사회의 민족주의자들과 협력한 경우는 양산[29]의 경우 이외에는 거의 보이지 않고 있다. 그러함에도 불구하고 수원지역에서 민족주의와의 협력의 가능성이 제시된 것은 매우 특이한 일이라 생각된다. 이 점은 양산과 수원 두 지역이 모두 민족주의의 세력이 상대적으로 강했던 지역 사회의 분위기를 반영하는 것이었다고 보여진다.

다음으로 지부의 활동을 살펴보자. 성호지부는 신간회 수원지회 오산반과 연합 주최로 1929년 6월 25일 노동야학의 설치를 논의하고 번농기를 피해 농한기인 7월 1일부터 일주일에 3일 간 월, 수, 금요일에 상식강좌를 개최하기로 하였는데 강사는 신간반과 청년동맹 지부에서 선정하기로 하였다.[30] 또 1929년 7월 18일 제 1회 임시위원회를 개최하고 제4회 기호소

---

26) 동아일보, 1922. 5. 7.

27) 동아일보, 1928. 1. 25.

28) 동아일보, 1930. 1. 23.

29) 양산농민조합운동에 대하여는 졸고, 「日帝下 慶南 梁山地域의 革命的 農民組合運動」, 『金甲周教授華甲紀念論叢』, 참조.

년 정구대회 준비의 건과 오산 상식강좌에 대한 건을 토의하였으며[31] 1929년 8월 5일에는 신간회 성호분회와 청년동맹 성호지부가 연합위원회를 개최하고 상식강좌에 관한 건과 연합회관 지지에 관한 건, 기타를 논의하였다.[32] 그리고 1929년 8월 13일에는 제1회 정기대회를 열어 여러 가지 사항을 토의하고 집행위원을 다음과 같이 선출하였다.[33]

위원장	邊基在				
서무재정부장	朴正吾	조직선전부장	孔錫政	교양부장	李星模
조사연구부장	朴富山	소년부장	趙明載	체육부장	金伍龍

또한 성호지부는 1929년 8월 30일 제3회 정기위원회를 개최하고자 하였으나 일제의 금지로 개최하지 못하고, 사회단체연합회관 기성회에서도 위원회를 열고자 하였으나 역시 일제의 금지로 개최하지 못하였다.[34] 그런데 성호지부의 경우 동맹의 경비를 충당하고자 명함 인쇄업을 개시하기도 하였다.[35] 특히 오산지부가 1930년 3월 30일에 있었던 제2회 정기대회에서 논의한 사항들을 통해서 수원청년동맹의 성격을 어느 정도 찾을 수 있다고 생각한다. 오산지부가 논의한 사항과 당시 선출된 임원은 다음과 같다.

　　토의 사항
　　1 사립교육기관협의단체 촉성의 건.

---

30) 동아일보, 1929. 6. 29.
31) 동아일보, 1929. 7. 24.
32) 동아일보, 1929. 8. 10.
33) 동아일보, 1929. 8. 18.
34) 동아일보, 1929. 9. 4.
35) 동아일보, 1929. 9. 5.

1. 조선청총 집회 해금의 건.
1. 자체 교양의 건
1. 노동 야학의 건
1. 소년동맹지부 창립의 건.
1. 야유회 개최의 건.
1. 연합회관 공사 촉성의 건.

임원
서무부 朴正吾,朴富山 조직선전부 金俉龍, 조사연구부 李學俊
체육부 李德萬, 소년부 趙明載, 교양부 李容鳳,
검사위원 李秀經, 李元植, 후보 金海物, 金學奉

위의 토의 사항 중에서 주목되는 것은 노동 야학의 건과 소년동맹 지부 창립의 건이라 할 수 있다. 노동 야학은 프로컬운동의 일환이라 생각되며 소년동맹 지부 창립의 건은 수원군 소년동맹이 있었음을 보여주는 것이라 하겠다. 그리고 또한 조직체계에서 볼 때 서무부, 체육부를 제외하고는 계급, 계층에 의한 조직 원칙이 지켜진 것으로 보인다. 이로 보아 수원청년동맹은 앞에서 본 바와 같이 리→ 면→ 군으로 이어지는 계선 조직과 이와 같은 조직체계를 가졌을 것이라 생각할 수 있다. 그리고 수원청년동맹 양감지부를 1929년 11월 20일에 설치하기로 했다.[36]

다른 한편으로 수원지역에서 있었던 사회운동으로서 소년운동과 지역의 언론인들이 참여했던 언론운동, 노동운동을 들 수 있다. 먼저 소년운동의 경우를 보면 소년동맹을 1929년 11월 24일 개최[37]하려다 사정이 발생하여 12월 1일 화성학원에서 주봉출의 사회로 수원소년동맹창립대회를 개최하여 집행위원장에 주봉출(朱奉出), 집행위원에 한병희(韓丙熙) 외 15

36) 동아일보, 1929. 11. 16.
37) 동아일보, 1929. 11. 16.

명을 선출하였다. 그런데 창립대회 과정에서 각지에서 온 축문을 낭독하다가 목포등지에서 온 것은 임석경관의 제지로 금지되고 축사의 경우도 박승극은 처음부터 금지 당하는 등의 우여곡절을 겪기도 하였다.[38] 또한 수원소년동맹은 조직을 정비하기 위한 활동도 하여 지부를 설치하기도 하였는데 확인할 수 있는 것으로서 양감지부[39]를 들 수 있다. 양감지부의 활동은 비교적 활발했다고 보여진다. 즉 진위군 소년동맹과 함께 비록 2개 지역에서만 참여했으나 전국 장구대회를 개최하였고, 또 1931년에는 방정환의 어린이날 행사가 개량성이 있다고 반대하여 무산소년데이를 선포, 행사를 추진하려다가 일제 경찰에 소년동맹과 청년동맹지부의 간부들이 사전 검속되기도 하였던 것이다.[40]

그리고 수원기자동맹이 1930년 3월 26일 수원공회당에서 창립되었는데 선출된 집행위원과 토의사항은 다음과 같다.[41]

집행위원장　禹聖奎(中外)
서무위원　　金炳浩(東亞),　재무위원　尹宅榮(조선)
조사부위원　朴勝極(朝鮮),　閔洪植(中外)
검사위원　　孔錫政(中外), 朴善泰(東亞), 邊基在(朝鮮)

토의 사항
1. 지국경영의 건
1. 지국대 본사의 건

---

38) 동아일보, 1929. 12. 5.
39) 김시중의 증언, 한상구, 「남로당 지방당조직 어떻게 와해되었나」, 『역사비평』, 1989. 봄호, 326쪽. 동아일보(1931. 1. 9)에 의하면 楊州지부가 결성되었다고 하나 이는 양감의 오기일 가능성이 있다.
40) 한상구, 「남로당 지방당조직 어떻게 와해되었나」, 『역사비평』, 1989. 봄호, 326쪽.
41) 동아일보, 1930. 3. 30.

1. 기사 통일의 건
1. 사무소 지정의 건(임시로 동아일보지국으로 결정)
1. 자동차 무임승차 교섭의 건
1. 畿南記者大會 개최의 건

위의 인용문에서 볼 수 있듯이 수원기자동맹은 박승극, 공석정, 변기재 등 당시 수원지역의 대표적인 운동자들이 간부로 참여하고 있다. 그러나 토의 사항만을 보면 수원기자동맹이 사회운동에 직접 참가하였다는 인상은 별로 찾을 수 없다. 이는 수원기자동맹이 사회운동에 무관심하였다기 보다는 언론의 특성상 정확한 사실보도만을 통해서도 일제에 대한 투쟁이 될 수 있다고 생각한 까닭이 아닐까 한다. 그렇지만 이와 같은 입장은 오래가지 않았던 듯하다. 1931년 1월 24일 임시대회를 개최하여 내부혁신을 비롯하여 맹원정리, 임원개선이 있었으며 이 자리에서 선출된 임원의 성격이 전임원들보다 현실 참여적이라 생각되기 때문이다.[42]

다음으로 수원노동조합이 있다. 수원노동조합이 언제 창립되었는지 확실하지는 않지만 1929년 2월 7일 수원노동조합장 최수억(崔壽億)과 간부인 김영화(金永和)가 원산파업단에 동정금 5월을 보냈다는 이유로 검속되었다는 기사[43]로 보아 최소한 1929년 초에는 창립되었을 것으로 보인다. 창립 이후 수원노조는 조직을 정비하기 위하여 운수반을 설치하는[44] 등의 활동을 통하여 조직 위상을 제고하면서 조선노동총동맹에 가입하여

---

42) 이 자리에서 선출된 임원은 집행위원장 김병호(동아), 서무 변기재(조선), 조사위원 박승극(중외), 우성규(조선), 박정오(동아) 등이다. 이들 중 변기재, 박승극, 박정오가 사회운동에 적극적이었던 인물로 볼 수 있다. 따라서 이전의 온건했던 기자동맹이 내부혁신이라는 이유로 보다 사회운동에 적극 참여하고자 했던 것이 아닌가 한다.
43) 동아일보, 1929. 2. 10.
44) 동아일보, 1929. 6. 15.

활동한 듯하다. 즉 1929년 8월 20일 '조선노동총동맹 수원노동조합' 임시
대회에서 집행위원장 공석정, 위원 김유덕(金裕德), 차재화(車在化), 안병
일(安柄一), 홍경표(洪景杓), 황응선(黃應善), 임범진(林凡辰) 외 12명, 검
사위원 김경순(金景淳), 정순, 박수산(朴壽山)으로 개선하였다.[45] 그리고
1929년 9월 21일 개최하고자 하였던 제 4회 집행위원회가 일제에 의하여
금지되기도 하였다.[46]

또한 형평사 수원지부도 1931년 3월 20일 임시대회를 열어 다른 사회단
체와 동일 이유로 수원지부를 해체하고 별도로 도부노동조합(屠夫勞動組
合)을 조직할 것을 집행위원장 김정원(金正元)이 제의하였으나 반대자가
다수이므로 결정을 보지 못하다가 박승극의 지도하에 3월 30일 본부 해소
결의와 형평사의 전체적 해소를 건의하였다.[47] 이밖에도 조선프롤레타리
아예술동맹 수원지회가 있었는데 1929년 5월 11일 창립기념으로 제1회
강연회를 개최하였다.[48]

다른 한편 평택의 경우에도 1917년 구락부를 창립하여 지방사업에 노
력하다가 3·1운동 이후 해산되었는데 1922년 한창근(韓昌根)과 신찬우
(申贊雨)의 발기로 현대 문화운동을 표방하면서 진위청년회로 재창립하였
다.[49] 그리하여 1922년 2월 26일 회장인 신찬우를 중심으로 한 몇 명이
부흥총회를 열기로 하였다.[50] 그리고 이 총회에서 임원을 개선하여 회장
에 신찬우, 부회장에 최영수(崔榮秀), 학예부장 박노수(朴魯洙), 체육부장

---

45) 동아일보, 1929. 8. 24.
46) 동아일보, 1929. 9. 28.
47) 京畿道警察部, 『治安狀況』, 453쪽.(박경식편, 『朝鮮硏究資料集』 6.)
48) 송영, 「水原行 - 프로예맹강연기」, 『조선지광』, 1929. 6. p.92. 이 강연회의 연사
　　로 참가했던 인물은 송영을 비롯하여 八峰, 八陽, 林和, 赤駒, 基鼎 등 6명이다.
49) 동아일보, 1927. 4. 23.
50) 동아일보, 1922. 11. 24.

신정훈(辛廷薫), 사교부장 성주한(成周漢), 풍화부장 김형철(金炯哲), 평의원 윤용섭(尹容燮), 김신경(金信敬), 김영주(金永柱), 이돈직(李敦稙), 장세만(張世萬), 박봉진(朴鳳鎭), 이의학(李義鶴), 원춘식(元春植)을 선임하였다.[51] 그리고 1923년 2월 3일 임시총회를 열고 다음을 결의하고[52] 토산장려를 결정하였다.[53]

     1. 소비 절약의 건.
     1. 민립대학 발기인 선거의 건.
     1. 청년당대회 참가의 건.
     1. 회원 정리의 건.
     1. 월연금 징수의 건.
     1. 본회 유지 방침의 건.
     1. 본회 내에 경제부 설치의 건.

　진위청년회는 위의 회의에서 결의 된 민립대학 발기인으로 장세만, 윤용규, 이병갑(李炳甲)을 선출하고 청년당대회에도 참가하기로 하였다.[54] 그리고 1923년 5월 31일 임원회를 열어 민립대학 후원을 결의하기도 하였다.[55] 이외에도 진위청년회는 1923년 7월 8일 강연회를 개최하여 이돈직은 '우리의 교육', 이외솔은 '나의 느낌'이라는 제목으로 강연하였다.[56] 이이외에도 진위청년회는 1924년 3월 11일 임시총회를 열어 조선청년동맹회에 참가의 건 등 6개항을 토의하고[57], 1924년 5월 22일 임시총회에서는

---

51) 동아일보, 1922. 12. 2.
52) 동아일보, 1923. 2. 8.
53) 동아일보, 1923. 2. 13.
54) 동아일보, 1923. 2. 24.
55) 동아일보, 1923. 6. 6.
56) 동아일보, 1923. 7. 21.

6월 3일 개최되는 군내 각 학교와 시민연합대운동회를 개최할 건과 부인 교육을 위하여 야학부를 설치한 후 강사는 회원 중 의무로 교수할 것을 결의하였다. 그런데 이 시기까지의 진위청년회는 실력양성론에 입각하여 운동을 전개한 것 같다. 즉 창립 당시 목적으로서 현대 문화운동을 표방했다든지, 민립대학의 설립에 지대한 관심을 갖고 적극 참여했다든지, 소비 절약과 토산 장려를 했다든지, 또한 시민연합대운동회를 군청의 주최와 청년회의 후원으로 하는 형식을 인정한 점 등에서 실력양성론에서 주장하는 '산업과 교육'을 통한 민족의 실력 양성, 즉 물산장려운동과 민립대학기성 운동에 적극 참여했음을 알 수 있다.

그런데 한편으로는 진위청년회가 1923년 청년당대회와 1924년 조선청년총동맹에 참여를 모색했다는 점은 이 시기 청년운동이 어떤 방향으로 진행되었는지를 잘 보여주는 것이라 할 수 있다. 진위청년회는 서울청년회가 주도한 청년당대회에 이상준(李相駿)과 윤용규(尹用奎)를 대표로 파견하였으나[58] 조선청년동맹의 대회에 대표를 파견하였는지는 확인할 수 없다. 어쨌든 진위청년회가 청년당대회에 대표를 파견하였다는 사실은 서울청년회의 영향권내에 진위청년회가 포함되어 있었음을 추측할 수 있게 하는 것이며, 결국 이 시기에 진위지역에 사회주의가 영향력을 행사하기 시작한 것이 아닌가 유추할 수 있다. 그러나 아직까지 진위청년회가 사회주의로 전환했다고는 할 수 없다. 현재 우리가 확인할 수 있는 자료에서 사회주의로의 전환을 증명할 수 있는 것이 발견되지 않을 뿐만 아니라 오히려 민족주의적인 활동이 더 많이 보이기 때문이다. 그렇다면 결국 진위

---

57) 동아일보, 1924. 3. 11.

58) 京畿道警察部, 京高秘 제5699호, 1923. 3. 31「전조선청년당대회 집회 금지의 건」, 정보철, 1923, 931~935쪽. 김준엽, 김창순, 『한국공산주의운동사』 2, 115쪽에서 재인용.

청년회는 민족주의적인 청년회로써 청년당대회에 참여했다고 볼 수도 있지 않을까 한다.

이와 같이 실력양성론에 입각하여 활동하던 진위청년회는 창립 이후 얼마 지나지 않아 중년 이상의 자가 간부가 되어 활동이 유야무야하던 중 유지 청년 몇 명이 1926년 9월 경 혁신총회를 열어 종래의 회장제를 위원제로 변경하는 한편 선언과 강령도 일대 혁신하고 이민두(李敏斗), 정인창(鄭寅昌) 외 4명을 위원으로 선출하였다.[59] 혁신 후 진위청년회의 활동은 혁신 전과 비교할 때 보다 더 현실참여적인 면을 보여주고 있다. 즉 1927년 2월 27일 임시위원회를 열어 마름 김현명 외 1인이 빈곤한 농민의 소작권을 무단으로 이동한 사건에 대하여 철저하게 조사할 것을 결의하고 그 위원으로 박영환(朴泳煥), 김영주(金永柱)를 선임하였고[60], 4월 10일에는 혁신 1주년을 기념하는 정기총회를 열고 소년회에 소속한 중선정구대회(中鮮庭球大會)를 인수할 것 등 4개항을 결의하였다.[61] 또한 무산 아동의 문맹을 퇴치하기 위하여 1928년 3월 5일부터 청년회관 내에 진청학원을 설립하여 청년회 및 소년군 중에서 상당한 지식을 가진 자가 120명의 학생들을 대상으로 매일 교육하였다.[62] 그러나 이 야학은 그 유지가 매우 어려웠던 듯 하다. 그리하여 진위청년회는 1928년 7월 28일 총회를 개최하여 야학을 유지하기 위한 방법을 토의하기로 하였던 것이다.[63] 이렇게 보면 1926년 9월 이후 진위청년회는 실질적으로 사회주의의 영향을 받았다고 생각된다. 그리하여 이후 진위지역의 사회운동은 민족주의와 함께 사회주의의 영향을 받게 된 것 같다.

---

59) 동아일보, 1927. 4. 23.

60) 동아일보, 1927. 3. 5.

61) 동아일보, 1927, 4. 15.

62) 동아일보, 1928, 3. 14.

63) 동아일보, 1928, 7. 25.

2) 신간회운동

신간회는 주지하다시피 1920년대 전반기 민족운동세력이 분열되어 있는 상황하에서 좌파 민족주의자와 사회, 공산주의자들이 서로 다른 정치적, 계급적 관점을 유보하고 어떠한 형태로든지 민족해방을 위하여 협동해야 한다는 민족협동전선론[64]에 입각하여 창립된 단체이며 전국적으로 149개의 지회가 설립[65]되었던 당시 우리 민족 최대의 민족해방운동 단체라 할 수 있다. 수원의 경우도 신간회의 설립은 예외가 아니어서 1927년 10월 17일 조직되었는데[66], 그 경위를 보면 다음과 같다. 즉 1927년 10월 8일 3. 1운동 후 구국민단을 조직하여 항일민족운동을 전개했던 인사들과 수원의 유지들이 처음으로 북수리 천도교당에 모여 신간회 수원지회 조직문제를 논의하고 조직 준비회를 조직하였다. 그리고 10월 17일 수원천도교당에서 김노적의 사회로 개회하여 그의 개회사가 있은 후 경과보고, 임시집행부 선거, 회원심사, 임원 선정, 중앙본부에서 파견한 이관구의 취지 설명, 내빈 축사, 언론, 집회의 자유 획득 등 안건 결의의 순서로 결성을 마쳤다.[67] 그리고 1927년 10월 31일 정기대회를 열고자 하였으나 일제 경찰이 계출을 하지 않고는 개회하지 못한다고 하여 개회 시간 전에 계출하였더니 일제 경찰은 금일은 계출도 늦었을 뿐만 아니라 일본 군인들의 연습 대전이 있는 날이므로 회의를 30분으로 한정하여 집회를 허가하였다. 그리하여 개회한지 28분만에 1. 형편상 회관과 사무실 분리의 건, 1. 수원청년회 부흥 촉진의 건, 1. 오산사회운동 선구자인 김기선(金基宣)씨의 추도회에 본회 대표 파견의 건 등을 결의하고 산회하였다.[68] 또 1928

64) 이균영, 『신간회연구』, 한양대 박사학위논문, 1990, 5쪽.
65) 이균영, 앞의 논문, 72쪽.
66) 동아일보, 1927. 10. 20.
67) 위와 같음.

년 1월 31일 제4회 간사회를 개최하여 다음을 결정하였다.[69]

1. 본지회관 신축에 관한 건
1. 금년도 예산을 2050원으로 개정함.
1. 창립 기념식에 관한 건.

본부대회의 건의안
1. 본부 회관 신축에 관한 건.
1. 행동적 표현조항 제정의 건
1. 파벌주의 배격에 관한 건

그리고 1928년 7월 31일에 간사회를 열어 총무간사 김병호의 사회로 회원 통과의 건, 임시대회 소집에 관한 건, 사무정리에 관한 건, 회원 모집에 관한 건, 시사문제에 관한 건에 대하여 토의하였다.[70]

한편 신간회 수원지회는 오랫동안 공석이던 회장을 선출하고 여러가지 문제를 토의하기 위해 1928년 8월 19일 임시대회를 열어 지회장 김세환, 유급 상무간사로 공석정을 선임하고 다음의 사항을 결의하고 몇 가지 사항을 신임 간사회에 일임하기로 한 후 폐회하였다.[71]

1. 본 지회 지지에 관한 건.
1. 本部대 東京지회에 관한 건.
1. 1주년 창립 기념에 관한 건.

신임 간사회 토의 사항
1. 유급간사 봉급에 관한 건.

---

68) 동아일보, 1927. 11. 3.
69) 동아일보, 1928. 2. 5.
70) 동아일보, 1928. 8. 6.
71) 동아일보, 1928. 8. 22.

1. 예산안 작성의 건.
1. 班 조직에 관한 건.
1. 본부 및 동경지회에 관한 문제를 각각 서신으로 문의하여 볼 일.

　그리고 1928년 12월 20일 부회장 염석주(廉錫柱)의 사회로 신임 간사회를 개최하여 상무간사 공석정의 보증으로 36명을 신입회원으로 가입 승인한 후 부서 분담의 건, 본부 대표위원 파견의 건, 본부대회 건의안 작성의 건, 수원청년회 내부 조사의 건을 결정하였다.[72] 이어 신간회 수원지회는 1929년 3월 10일 임시 간사회를 개최하여 본부대회 건의안을 작성하던 중 임석경관의 제지로 3개항을 삭제당하는 등 우여곡절을 겪으면서 다음을 토의하였다.

1. 전국대회 대표 파견의 건.
1. 지회장 해임의 건.
1. 회원정리 및 임회원서 수리의 건.
1. 신간회 해독분자에 관한 건.
1. 新春 園遊會 개최의 건.
1. 기타 사항.

　또한 신간회 수원지회는 1929년 4월 7일 제 2회 정기대회를 개최하고 임시집행부에 의장 홍정헌, 서기 엄익홍, 사찰 박봉득, 김봉희를 선출한 후 회의를 진행하던 중 임석 경관의 금지로 일반의 방청 금지를 당하여 일반 방청객이 퇴장한 후 천도교 청년당 진남포부에서 '蜀犬吠月하는 소위 천도교선천청년동맹의 몰각을 嘲함'이란 제목 하에 신간회의 총역량 집중에 損이 되는 문구가 있다고 하여 장시간 토의하다가 경고문을 진남포 천도교 청년당에 송치하기로 가결한 후 다음을 결정하였다.[73]

---

72) 동아일보, 1928. 12. 27.

토의

　1. 규약 수정의 건.

　1. 미신타파의 건.

　1. 원유회 개최의 건.

　1. 경고문 및 결의문 송치의 건.

개선 임원

지 회 장 이각래,　　부지회장 염석주

총무간사 朴勝極, 공석정, 嚴翼鴻, 김병호

상무간사 李根相, 李演○, 金奉喜, 金在德

　　그리고 1930년 8월 31일 임시집행위원회를 개최하여 집행위원장 박선태(朴善泰)의 사임원을 수리하고 신임 집행위원장에 변기재를 선임하고 공석정, 박승극 양씨의 사임은 보류하기로 하고, 대회 대표의원은 변기재, 박승극, 김병호로 정하였다.[74]

　　다른 한편으로 신간회 수원지회는 앞에서 보았듯이 반을 조직하기 위한 활동을 한 결과 1929년 3월 19일 홍정헌(洪貞憲)을 의장, 박해병(朴海秉), 서정윤(徐廷允)을 간사로 선출하고 발안반을 결성하였고[75], 오산반도 설치되었다.[76] 그리고 마도반[77], 성호반[78], 남양반[79], 세교반[80] 등도 설치되었다. 이와 같이 신간회 수원지회의 경우는 반조직이 활발히 전개된 대표

---

73) 동아일보, 1929. 4. 10.

74) 동아일보, 1930. 9. 5.

75) 동아일보, 1929. 3. 24.

76) 동아일보, 1929. 6. 29.

77) 조선일보, 1929. 3. 24.

78) 조선일보, 1929. 3. 30.

79) 조선일보, 1929. 12. 22.

80) 조선일보, 1929. 12. 22.

적인 지역이라 할 수 있다.[81] 그리고 반조직이 활성화되면 따로 구역을 설정하여 분회로 승격되는 것이 보통이었다고 한다. 그 결과 남양반이 남양분회, 오산반이 오산분회로 승격되었던 것이다.[82] 즉 수원군 성호면 오산리에 있는 신간회 성호분회와 청년동맹 성호지부에서는 1929년 8월 5일 양단체연합위원회를 열어 상식강좌에 관한 건, 연합회관 지지에 관한 건, 기타를 토의하였다[83]는 기사에서 알 수 있다. 신간회 반의 활동을 보면 위에서 본 성호분회의 경우와 함께 오산반의 경우는 노동야학의 개최를 논의하다가 때가 농번기이므로 농한기로 미루기로 하고 일단 월, 수, 금요일에 상식강좌를 개최하기로 하였다. 그리고 강사는 신간회 오산반과 청년동맹 지부에서 선정하기로 하였다.[84]

이상과 같은 수원지회의 활동은 일제의 탄압을 받았다. 일제는 먼저 여러 차례에 걸쳐서 신간회의 집회를 제한하거나 건의안 작성시 내용을 삭제하는 등의 탄압을 저질렀음은 이미 살펴본 바 있다. 이외에도 일제는 1928년 12월 22일 신간회 수원지회의 송년회 자리에서 인쇄공인 김재덕과 김학붕의 감상담을 이유로 이들을 취조하였다. 즉 김재덕은 직공 생활의 비참함을 이야기하다가 임석 경관의 금지를 당하였고 김학붕은 조선 농촌의 소감을 들어 사회를 불평을 말하다가 금지당하였던 것이다.[85] 또한 1929년 7월 22일 수원청년동맹이 신간회 수원지회를 연무대에 초대하여 만찬을 하던 중 임석경관이 해산을 명하자 이에 청맹과 신간회는 신간회 지회 사무실로 자리를 옮겼으나 경찰이 여기까지 찾아와 해산을 명하자 이에 항의하다 김영일과 권순중이 검속당하기도 하였다.[86] 이와는 다

---

81) 이균영, 『신간회연구』, 한양대 박사학위논문, 1990, 107쪽.
82) 조선일보, 1930. 1. 10.
83) 동아일보, 1929. 8. 10.
84) 동아일보, 1929. 6. 29.
85) 동아일보, 1928. 12. 27.

른 경우이지만 신간회 수원지회의 활동에 대한 반동이 일반 사회에서도 있었던 듯 하다. 즉 1929년 3월 23일 임시 간사회를 개최하였는데, 그 의제는 서무부 총무간사인 공석정이 사임원을 제출한 데에 따른 것이었다. 공석정은 자신이 사임원을 제출한 이유로 중성극단 표모일파의 폭행사건으로 신간회를 위하여 자신이 희생하지 않으면 안된다고 하였다. 그리고 다음 사항을 결의하고 폐회하였다.[87]

> 1. 서무부 총무간사 사임원 수리의 건.
> 1. 중성극단의 警告文을 의미한 注意文을 발할 일.
> 1. 조사부 간사 李珏來씨로 서무부 총무간사 겸무의 건.

이상에서 본 바와 같이 신간회는 일제하 수원지역 운동의 핵심적인 활동을 하였다. 그리고 신간회운동에서도 다른 부문 운동에서 확인할 수 있었던 점, 즉 운동의 주도권이 민족주의자에서 사회주의자로의 이행의 모습이 보이고 있다는 점이다. 즉 수원지역 최대의 사회주의자라 할 수 있는 박승극의 활동이 신간회 활동의 후반부에서 찾아볼 수 있다는 것이다. 그리고 이 점은 이후 수진농조의 결성과 활동에서 박승극의 역할과 위상을 찾을 수 있게 하는 요인이 된다고도 할 것이다.

3. 수진농민조합의 결성과 활동

1) 수진농민조합의 결성과 활동

수원, 평택지역에서의 농민운동은 이미 1920년대 초반 소작쟁의에 의하

---

86) 동아일보, 1929. 7. 25.
87) 동아일보, 1929. 3. 28.

여 시작되었으나 그것이 조직적으로 이루어지지는 않은 것 같다. 먼저 수원의 경우 1922년 11월 수원동척농장에서 소작쟁의가 발생하였다. 수원군 향남면 하길리 동척농장을 관리하는 농감 김상철과 부농감 임종식이 중간에서 소작료를 과다하게 징수하고 횡령하는 등의 많은 횡포를 부리자 1922년 11월 소작인 19명이 이들의 횡포를 고발, 진정하였다.[88] 또한 1927년에는 소작인 엄주배가 자살하는 사건이 발생하였다. 즉 엄주배는 그 해가 풍년이었음에도 불구하고 소작료를 납부하고 나니 먹을 양식도 없고 빚도 갚을 수 없어서 자살하였던 것이다.[89]

한편 평택지역의 경우는 1923년 수원군 신풍리에 사는 이모라는 사람이 고리대금을 하는데 진위군 포승면 석정리에 사는 사람에게 돈을 빌려주었으나 그가 갚지 못하자 그의 토지 40여필을 경매에 부쳐 그 토지를 차지한 후 이를 소작을 주었다. 원래 그 토지는 200석밖에 추수하지 못하는데도 그 마을 여러 사람에게 골고루 소작을 주어 300석의 도지를 받도록 만들었다. 1923년 12월 9일경 타작관 외 50여명을 보내어 그 토지의 마름과 협력하여 그 토지에서 추수한 곡식을 전부 빼앗았다. 그런데 그 해는 흉년이라 추수한 곡식이 불과 300석밖에 되지 않아 소작인들은 사정을 봐주기를 간청하였으나 그들은 사정하는 소작인들을 밧줄로 묶고 곡식을 모두 강탈하여 소작인들의 원성이 매우 높았다.[90]

이상과 같은 소작인에 대한 지주의 수탈은 농민들의 반발을 사는 것은 당연한 일이었다. 그리하여 수원군과 진위군을 묶어 수진농민조합은 1929년[91] 창립되었다고 한다. 그런데 수진농민조합이 농조운동의 경우에서는

---

88) 동아일보, 1922. 11. 20.

89) 동아일보, 1927. 11. 29.

90) 동아일보, 1923. 12. 27.

91) 水警高秘 제4782호, 昭和 6年 12月 28日, 「秘密結社 赤色農民組合組織計劃에 관한 件」, 김경일편, 『韓國民族解放運動史資料集』 제4권.

유일하게 수원과 진위의 2개군에 걸쳐 창립되었다는 점이 특이하다 할 것이다. 이는 농조운동의 1군 1조합의 원칙을 위반한 것이었다. 다시 말하면 황구지천을 경계로 마주하고 있는 진위의 황구지리와 수원의 용소리는 행정구역은 다르지만 경제적으로나 생활권의 차원에서 보면 동일한 지역이라는 점이다. 바로 이 점이 수진농조가 2개군에 걸쳐 조직된 이유라 할 것이다. 그러나 2개군에 걸쳐 농조가 조직되었다 하더라도 주요한 활동무대는 수원지역이었다. 이는 진위지역이 수원에 그 생활권을 두고 있었기 때문이라 생각된다. 그리하여 수진농조는 지역의 특성을 반영하여 2개군에 걸쳐 농조를 조직하게 된 것이 아닌가 한다. 창립 이후 수진농민조합은 조직의 확충을 위한 활동을 개시하여 운동을 발전시키고자 하였으나 일제의 집회 금지로 인하여 제대로 활동하지 못하는 등 운동이 활발히 전개되지는 못하였다.[92] 그 예로써 1930년 9월 30일 수진농조 양감지부의 창립대회를 개최하고자 하였으나 경찰의 금지로 창립대회를 부득이 연기하지 않을 수 없었다.[93] 그리하여 수진농조는 운동을 보다 활발히 전개하고자 일련의 모색을 하지 않을 수 없었는데, 이를 위하여 1931년 2월 8일에는 집행위원회를 열었으며[94], 2월 20일에는 진위군 북면 하북리 권윤수(權允洙)의 집에서 제3회 집행위원회를 열어 강우형(姜友馨)을 의장에 선출한 후 조합원 정리에 들어가 조직부장 김기환(金基桓)을 제명 처분하고 이윤식(李元植), 조명재(趙明載), 박정오(朴正吾), 변기재(邊基在), 장주문(張柱文), 박승극(朴承極), 남상환(南相煥), 김영상(金榮相), 박두희(朴斗喜) 등을 신임 집행위원으로 선출하였다.[95] 이 때 선출된 집행위원은 수원과

---

92) 앞과 같음.
93) 동아일보, 1930. 10. 12.
94) 동아일보, 1931. 2. 18.
95) 동아일보, 1931. 2. 25.

평택지역에서의 대표적인 사회운동자들로서 이후 이 지역에서의 운동의 주역이 된다.

　이상과 같이 조직을 재정비한 수진농조는 소작쟁의를 해결하기 위한 활동을 전개하기도 하였다. 그리하여 정남면 제기리, 양감면, 진위군 고덕면 문곡리에서 있었던 소작쟁의에서 소작농민을 도와 문제를 해결하고자 하였다. 즉 1930년 5월 수원군 정남면 제기리 토지의 마름 김준식은 경성에 사는 지주 이모의 토지를 관리하여 오던 중 소작인들에게 무리한 요구를 했다가 들어주지 않자 소작권을 임의로 이동시킨 사건이 있었다. 이에 대하여 수진농조 쟁의부는 김기환, 이수경을 파견하여 이를 해결하는데 앞장섰다.96) 1930년 10월에는 100여명의 양감면 소작인들이 지주의 과다한 소작료 징수에 항의하여 소작쟁의를 일으키자 수진농조에서는 소작료 불납동맹을 지도하여 지주를 굴복시키고 소작인들이 승리하는데 기여하였다.97) 그리고 진위군 고덕면 문곡리 소재의 토지에 대하여 지주가 소작권을 이동하자 소작인들은 일시에 생활이 어려워졌다. 이에 수진농조 쟁의부는 그 사실을 조사하고 대책을 강구하기도 하였다.98) 이와 같이 수진농조가 비교적 활발한 활동을 전개하자 일제가 이를 탄압하면서 수진농조의 활동이 침체에 빠지게 되었음을 보여주는 것이라 할 수 있다. 이와 같은 상황을 타개하기 위하여 수진농조는 집행위원을 바꾸는 등의 활동을 하기도 하였으나 성과가 없었다. 그리하여 김영상은 지금까지와 같은 방법으로는 운동을 발전시킬 수 없다고 생각하여 운동의 방향전환을 꾀하였다. 즉 김영상은 남상환과 함께 제3차 조선공산당사건 당시 검거에서 벗어나 국외로 도피 중인 이종림(李宗林)과 함께 활동하던 심인택(沈仁澤)

---

96) 중외일보, 1930. 5, 9.

97) 조선일보, 1930. 10. 27.

98) 조선일보, 1931. 3. 27.

이 1931년 5월 1일 고향인 진위군 고덕면 율포리에 망모(亡母)의 3주기를 맞아 내려온 것을 알고 그를 찾아가 농민운동의 지도를 받기로 하고 5월 7일 심인택을 찾아가 농민운동에 대한 지도를 부탁하였다. 이에 심인택은 김영상, 남상환과 함께 뒷산에 올라가 약 2시간에 걸쳐 농민운동에 대하여 토의한 결과 심인택의 지도 하에 지금까지의 운동방침을 폐기하고 적색농민조합을 조직하기로 하고 농민운동의 지도방침을 정하였다. 이에 대하여는 절을 바꾸어 살펴보기로 한다.

이와 같이 적색농민조합을 조직하기로 한 이들은 동지 획득을 최우선의 과제로 설정하고 동지 획득에 나섰다. 그리하여 책임자로 선임된 김영상은 1931년 5월 20일 양감면 용소리 청룡산에서 장주문, 이원섭과 회합하고 이들을 조합원으로 획득하였다.[99] 김영상은 이들을 동지로 획득한 후 이원섭에게 박승극을 동지로 획득하라는 지시를 하였다. 이에 이원섭은 5월 27일 박승극을 만나 심인택이 작성한 문서를 박승극에게 제시하면서 조합에 가입할 것을 권유하였고 박승극은 7월 초순 서정리에서 김영상을 만나 조합에의 가입을 승낙하였다. 이상과 같이 김영상은 이원섭, 장주문, 박승극을 동지로 획득한 후 10월 초순 심인택을 이남룡(李南龍)의 집에서 만나 중앙조직의 완성을 보고하고 다음과 같이 부서를 정하였다.[100]

    指導   심인택
    組織責任   김영상
    組員   남상환, 박승극, 이원섭, 장주문

이상과 같이 조직을 정비한 후 이들은 농조의 확대, 강화를 위한 활동에

---

99) 김경일편, 앞의 글, 앞의 책.
100) 위와 같음.

들어가 지부조직을 위하여 용소리에서 소작쟁의를 지도하였다. 즉 이들은 용소리의 토지관리인인 판본(坂本)과 소작인간의 소작계약을 문제삼아 1931년 10월 초순 소작쟁의를 준비하였으며, 10월 27일에는 박승극, 장주문, 김영상이 황구지리의 천변에서 지부조직을 위한 실천투쟁의 방법을 협의한 결과 일부락에서부터 투쟁을 통해 지부를 결성하기로 하고 장주문을 황구지리에 보내 소작인측의 동향을 살피도록 하였다. 박승극은 장주문과 이원섭을 황구지리 소작쟁의의 책임자로 정하고 홍건표(洪建杓), 이종국(李鍾國) 등을 조종하여 22일 밤 동리의 야학교에 학부형회라 칭하고 소작인을 모아 소작인회를 개최하여 소작쟁의를 선동하는 한편 소작인측의 요구사항을 작성하고 다음날인 23일에는 토지관리인인 판본(坂本)의 집으로 시위를 선동하라고 지시하였다. 또한 박승극은 소작쟁의를 정치투쟁으로 이끌기 위하여 11월 24일 김영상을 방문하여 투쟁방침을 협의한 결과 "소작인측의 요구 전부를 관철시키자면 소작인이 결속하여 籾落시킬 것. 그리고 불납동맹을 감행하고 즉시 응하지 않으면 나락에 불지를 것"이라 결정하고 김영상은 이를 홍건표에게 지령하였던 것이다.[101] 이리하여 수진농조는 황구지리의 소작쟁의사건을 계기로 일제에 그 실체를 노출시키게 되었다. 즉 일제는 앞에서도 언급했듯이 용소리와 황구지리의 소작쟁의 과정에서 과거와는 달리 "함경도방면에서 격화되었던 소작쟁의에 방불"[102]하는 상황을 주목했던 것이었다. 이리하여 일제는 수진농조의 실체에 접근할 수 있던 계기를 마련했던 것이다.

한편 수진농조를 지도하였던 인물들의 성격을 알아봄으로써 이들이 지향했던 바를 파악할 수 있을 것이다. 이들 관계자를 <표 1>을 통해 알아보자.

---

101) 앞과 같음.
102) 위와 같음.

〈표 1〉 수진농민조합사건 관계자 일람표[104]

이 름	나이	직업	본적 또는 주소	기소여부
朴勝極	22	신문기자	수원군 양감면 용소리 579	기소
金榮相	24	신문기자	진위군 고덕면 두릉리	기소
張柱文	26	농업	수원국 양감면 용소리 8	기소
南相煥	28	신문기자	진위군 송탄면 서정리	기소
李元燮	28	농업	수원군 양감면 용소리	기소
洪建杓	27	농업	진위군 서탄면황구지리	불기소
李鍾國	30	농업	진위군 서탄면황구지리	불기소
沈仁澤	22	무	진위군 고덕면 율포리	기소중지

　먼저 박승극은 매우 부유한 가정에서 자라나 서울의 배재고보를 졸업한 후 1928년 3월 동경의 일본대학 예과 1학년에 입학했으나 재학 당시부터 좌익 출판물을 탐독하여 공산주의에 공명하여 부르주아교육을 혐오해서 같은 해 7월 동교를 퇴학한 후 조선에 돌아와 수원에서 조선일보 수원지국을 경영하고, 이원섭, 장주문과 함께 정문리에서 신흥학당, 용소리에 대화의숙, 사창리에 보신강습소 등을 설치하거나 개조하여 스스로 최고 지도자가 되어 무산교육을 실시하였으며, 신간회 수원지회, 수원기자동맹, 수원청년동맹, 조선프롤레타리아예술동맹 수원지부, 수진농민조합 등을 창립하여 활동하였으며, 1930년에는 수원에서 프로전을 개최하는 등 농촌청년에 대해 혁명의식을 교양하였으며, 이와 같은 활동에 의하여 25회나 경찰에 구금된 경력의 소유자이었다. 김영상은 중류의 가정에서 태어나 평택공립보통학교를 졸업하였고 1930년 3월 남상환으로부터 조선일보 서정리분국을 양수받은 이래 각별한 관계를 맺고 공산주의에 공명하게 되었다. 그 후 남상환의 추천에 의하여 진위청년동맹, 수진농민조합 등의 사상단체의 간부로 활동하였고 공산주의를 신봉하기에 이르렀다. 그리고 남

---

103) 水警高秘 第4782號, 昭和6年(1931) 12月 28日, 김경일편, 『韓國民族解放運動史資料集』 4.

상환의 지시에 의하여 1930년 여름부터 사창리에서 야학강습소를 설립하여 미취학 아동 50여명을 수용하여 「노동독본」과 기타 사회과학을 기초로 무산교육을 실시하고 혁명의식을 교양, 훈련시키기에 힘썼다. 장주문은 빈곤한 농가에서 태어나 정규 교육을 받지 못하였으며 15세에 서울 사립중동학교 별과에 입학했으나 학비가 부족하여 2년만에 중퇴하고 향리로 내려와 소작농이 되었다. 그리고 가정의 빈곤과 자기의 불우가 사회제도의 모순 때문이라 생각하여 공산주의에 공명하게 되었으며 이후 신간회 수원지회, 수원청년동맹, 수진농민조합 등 사상단체의 간부로 활약하는 외에 박승극, 이원섭과 함께 정문리에서 신흥학당, 용소리에 대화의숙, 사창리에 보신강습소를 창립하여 미취학 아동 50명 내지 60명을 수용하여 「노동독본」 등을 교재로 무산교육을 실시하고 빈농층 자제에 대하여 공산주의 혁명의식의 교양, 훈련에 힘썼다. 남상환은 1924년 서울 보성고등보통학교를 졸업한 후 동대문시장에서 미곡상을 하다가 실패했기 때문에 자산을 탕진한 이래 생활상의 궁박은 현사회제도 때문이라 생각하게 되어 공산주의에 공명하였고, 그 후 서정리로 이사하여 조선일보 분국을 경영하였고 현사회제도를 변혁하고 공산주의를 실현할 목적으로 서정리에 사립야학교를 설치하여 미취학 아동에게 무산교육을 실시하였다. 또 진위소년동맹, 진위청년동맹, 서정리노동조합, 수진농민조합 등의 사상단체를 창립하여 지도자가 되어 각 단체의 주도권을 장악하고 지방 청소년을 공산주의적 혁명의식으로 교양, 훈련시키기에 힘썼다. 이와 같은 관계로 관할 경찰서에 20여회 구금되기도 하였다. 이원섭은 빈곤한 가정에서 태어나 어릴 때부터 정규 교육을 받지 못하였으며 서울에서 고학당을 전전하면서 고학을 하던 중 현 사회제도에 불만을 품고 공산주의에 공명한 이래 조선일보 오산지국, 동아일보 경동지국, 중외일보 경동지국 등을 경영하면서 신간회 경동지국, 중앙청년동맹의 간부로서 1930년 3월 귀향 이후 박승극, 장주문과 함께 공산교육에 열중하고 빈농층 자제에 대하여 공산주의적 혁명 의식을 교양, 훈련하였다. 심인택은 1930년 경성 보성전문학교를 중퇴한 후 시흥군 영등포에서 중외일보 영등포지국을 경영 중 조선공산당의 간부로서 종래 수차에 걸친 대검거를 피해 해외로 망명한 이종림과 교류하면서 공산주의에 공명하게 되었다. 그는 1930년 8월 이종림의 지도에 의하여 남상환과 함께 서정리를 중심으로 진위소년동맹, 진위청년동맹 등을 창립하여 그 주도권을 장악하여 표현단체에 의한 공산주의운동을 전개할 것을 기도하였으나 관할 수원경찰서에 의해 그 집회가 금지되어 운동을 활발히 전개할 수가 없었다. 그리하여 그는 1931년 2월 중외일보 영등포지국을 경영난 때문에 폐업하고 이래 이종림과 함께 영등포역전에서 집을 빌리기 위하여 심인택이 150원, 이종림이 부족 자금을 내어 미곡상으로 위장하여 이면에서 이종림의 지도하에 서울, 영등포, 수원지방을 중심으로 지하에서 공산주의운동에 분주하였다.[104]

이상에서 보면 수진농조를 이면에서 지도하였던 인물들은 박승극, 심인택이 전문학교 정도의 교육을 받았으며, 김영상, 남상환, 장주문 등은 보통학교를 졸업하였다. 따라서 이들은 당시로는 교육을 받은 층에 속하는 인물이었고 특히 박승극의 경우는 일본에 유학을 갈 정도로 상당한 교육을 받은 인물이었다. 그리고 박승극과 심인택은 부유한 가정 환경 하에서 성장한 듯 하지만 김영상은 중류층에서, 장주문, 이원섭, 남상환은 빈곤한 가정에서 성장하였다. 이렇게 볼 때 수진농조의 지도부는 경제적으로 서로 다른 배경을 가진 것으로 볼 수 있다. 그러함에도 불구하고 이들이 수진농조라는 하나의 틀 속에서 운동을 전개할 수 있었던 것은 식민지 조선이라는 당시의 시대적 상황과 교육받은 청년 학생의 민족해방에 대한 진보적 성향 등에 그 원인이 있다고 생각된다. 그리고 무엇보다도 수진농조

---

104) 김경일편, 앞의 글, 앞의 책.

의 운동을 가능하게 했던 것은 일제와 일부 지주층의 무자비한 수탈과 농민운동에 대한 탄압에 기인한다고 생각된다. 이는 당시 수원지역의 정서가 사회주의가 발흥하는 형세라 하여도 여전히 민족주의의 영향력이 지역사회에서 막강하였던 점을 생각하면 더욱 잘 알 수 있을 것이다. 따라서 이점은 수진농조가 함경도나 전라도 등과 같은 지역과는 달리 대중성을 확보하지 못한 이유가 되기도 하는 것이었고, 또한 박승극 등이 수진농조의 이면에서 운동을 지도할 수밖에 없었던 이유가 되기도 한다고 생각한다.

한편 일제에 의하여 재판에 회부되었다가 병보석으로 석방된 남상환을 제외한 박승극, 김영상, 장주문, 이원섭 등은 1933년 3월 28일 증거가 불충하다는 이유로 무죄로 석방되었다.105) 그리고 재판 이전에 보석으로 석방되었던 남상환은 출감 후 병으로 사망하였고 남상환을 제외한 박승극, 김영상, 장주문은 일제를 대상으로 미결구류 하루에 1원 이상 5원 이하의 보상금 청구소송을 내어106) 일제에 대한 투쟁 의지를 다시 한번 과시하였다. 그런데 이와 관련하여 당시 박승극과 같은 동네에 살던 김시중은 이 수진농민조합사건이 일제에 의하여 조작되었다며 다음과 같이 주장하고 있다.107)

　　사실상 당시 수진농민조합은 조합 이름을 걸고 힘들게 조직사업을 하고 있었을 뿐 이렇다 할 조합의 내·외적 위세가 없었습니다. 그런데 청년동맹원으로 농조일도 함께 보았던 이원섭이 일제의 경찰 끄나풀로서 양감면에 파견되어 와있던 고등계 형사와 짜고서 '농민조합의 전투적 투쟁계획서'라는 문서를 날조하여 만든 사건입니

---

105) 동아일보, 1933. 3. 28.
106) 동아일보, 1933. 6. 4.
107) 한상구, 「남로당 지방당조직 어떻게 와해되었나」, 『역사비평』, 1989. 봄호, 328쪽.

다. 이 사실은 날조과정의 희생양으로서 적색농조의 관련자로서 실형까지 받게 되어버린 이원섭이 법정에서 조작과정을 폭로함으로써 밝혀졌지요.

이상의 증언을 토대로 박승극 등 관련자들이 무죄석방된 사실로 볼 때 수진농조사건은 일제의 조작일 수도 있다고 생각할 수 있다. 그러나 이 점이 사실이라 하더라도 일제가 이 사건을 조작하였다는 것은 곧 수원지역에서 운동이 발전하고 있었음을 보여주는 것이라 할 것이다.

2) 수진농민조합의 운동방침

수진농조의 운동방침은 여타 농민조합의 그것과 크게 다르지 않다. 먼저 수진농민조합이 강령, 규약으로 간주하였던 다음의 운동방침108)과 그 활동에서 우리는 수진농조의 운동방침을 찾을 수 있다.

1. 수진농민조합이라는 표현단체의 별동체로서 그 이면에 비합법 조직을 결성할 것. 그리고 이 적색농민조합에 집합한 각 동지는 김영상을 조직책임자로 해서 박승극, 장주문, 이원섭을 끌어들일 것.
2. 적색농민조합은 지하운동에 의해 그 조직을 확대함과 동시에 수진농민조합이라는 표현단체의 이니셔티브를 획득하여 활발한 적색농민투쟁을 전개할 것.
3. 적색농민조합은 각 부락마다 그 지부 또는 반을 결성하는 전술로서 현재 각 부락에 있는 친목회 혹은 두레(農旗會) 등을 이용하여 그 이면에서부터 프랙션운동에 의해 소작쟁의 기타 투쟁을 선동하여 격발시켜 투쟁을 통하여 지부 또는 반의 조직을 결성할 것.

---

108) 위와 같음.

4. 적색농민조합의 제임무
 ① 부분적 일상투쟁의 형성, 격발
 ② 반제투쟁과 반봉건투쟁의 연락
 ③ 원칙적 요구투쟁에서 부분적 요구투쟁으로(원칙적에서 부분적
   으로 부분적에서 원칙적으로)
 ④ 노농동맹의 사상(국제주의의 보급, 선전) - 농민헤게모니주의=
   愛國排外主義의 배격
 ⑤ 개량주의 제유형의 폭로, 축출
 ⑥ 지주 및 관제 제산업조합의 반동 폭로
 ⑦ 하층계급으로부터의 통일전선 전개
 ⑧ 제개량주의 농민조합 내에서의 좌익적 반대파의 형성
 ⑨ 농민조합 창립의 의미에서 소비조합운동

　먼저 수진농민조합은 운동의 주체를 하층계급, 즉 빈농에 두었다. 이는 수진농민조합이 빈농 우위의 원칙을 농조 조직의 기본 방침으로 하였다는 것이다. 빈농 우위의 원칙은 당시 혁명적 농민조합운동을 전개했던 주체들의 일관된 운동방침이었다. 이러한 운동방침은 1925년 조선공산당의 창건 이후 공산주의운동을 전개했던 인사들의 활동이 소부르주아적인 것이었기 때문에 조선공산당을 해체하고 노동자, 빈농층에 기반하여 조선공산당을 재건하라는 12월 테제에 기초한 것이라 할 수 있다. 그런데 여기에서 당시에 활동하던 이론가나 또는 실제로 혁명적 농조운동을 전개하던 활동가들이 농촌내의 계급을 어떻게 분석했는지를 알아보는 것이 매우 중요하다. 왜냐하면 이 작업을 통하여서 그들이 왜 빈농을 운동의 주체로 인식했는지를 알 수 있을 것이기 때문이다. 현재까지 알려진 바에 따르면 당시의 이론가나 활동가들은 농촌사회의 계급을 다음과 같이 분류하고 있음을 알 수 있다.[109]

---

109) 당시 이론가나 활동가들의 농민 계급 분석에 관하여는 광우, 「조선의 토지문제

지주 : 많은 토지를 소유하고 있고 대부분의 수입을 소작료에 의존
　　하는 농민층.
부농(대농) : 농업노동자의 노동력을 착취하는 점에서는 농촌 내부
　　에서 자본가적인 존재이지만 농업생산의 대부분을 가족 노동에
　　의존하는 점에서는 소쟁산자로서의 성격을 가지고 있으며 이들
　　의 대부분이 일본제국주의, 대토지소유자, 고리대적 자본가에게
　　착취당하고 있는 농민층.
중농 : 토지를 소유하지만 농업노동자를 고용하지 못하며 1년간의
　　생산량과 소비량이 엇비슷하여 풍흉에 따른 농업 경영의 성적에
　　따라 가계의 운용이 이루어지는 농민층.
빈농 : 적은 면적의 토지를 경작하지만 농사만으로는 생계를 유지할
　　수 없어 계절노동이나 고리대금의 차용으로 어렵게 생활하는 농
　　민층.
농업노동자 : 자신의 소유 토지가 전혀 없기 때문에 순전히 자신의
　　노동력을 팔아 생계를 유지하는 농민층.

　그런데 이상의 분류에서 특히 주목되는 점은 부농의 성격을 어떻게 파
악할 것인가 하는 점이다. 제3차 명천농조에서 나온 한 문건110)에 따르면
당시에 부농을 둘러싸고 상당한 정도의 논의가 진행되었음을 알 수 있다.
즉 빈·중농이 동맹하여 부농을 중립화시켜야 한다는 논의와 빈·중농이
동맹하여 부농을 배제시켜야 한다는 논의를 검토한 후 빈·중농이 동맹
하여 부농을 참가시키자는 주장을 하였다. 이와 같은 명천지역에서의 논
의는 두 번에 걸친 농조운동의 실패를 경험한 명천지역의 활동가들 사이
에서 이루어진 것이므로 당시의 각 지역의 활동가들이 공감할 수 있는 것

와 (공산)당의 토지강령」, 「조선혁명론」, 농조명천좌익출판부, 「농민조합 재건
운동과 농민문제」, 적색노동조합 원산좌익위원회, 「자본민주주의혁명과 조선
노동자계급의 문제」, 이운혁, 「현하 조선 정세와 혁명의 특질에 관한 테제」, 이
상의 글은 신주백편, 『1930년대 민족해방운동론연구』 Ⅰ 등을 참조바람.
110) 농조[명천]좌익출판부, 「농민조합재건과 농민문제」, 신주백, 위의 책.

이었다고 생각된다. 결국 이와 같은 논의는 혁명적 농조운동의 주체의 성격을 이해하는데 상당한 시사를 준다고 할 것이다. 한편 이러한 부농포섭론과 부농배제론에 대한 논의는 시기별로 약간의 차이를 보이는데, 이는 운동의 전개과정에서 혁명적 농조운동이 보이던 좌편향적인 성격을 불식하는 과정이었다고도 볼 수 있다. 그러면 수진농조의 경우는 빈농 우위의 원칙을 어떻게 받아들였는가? 수진농조의 운동방침은 앞에서 확인한 바 있듯이 '지주 및 관제 제조합의 반동 폭로'라 하여 지주를 타도의 대상으로 분명히 하였으나 부농과 중농에 대한 입장은 명확히 밝히지 않고 있다. 다만 1930년대 초반의 혁명적 농조운동은 부농 배제의 원칙이 일반적[111] 이었다면 수진농조의 경우도 이 범주를 크게 벗어나지 않았으리라 생각한다. 다음으로 수진농조의 투쟁이 좌편향적이었는가 하는 점이다. 앞에서 보았듯이 수진농조는 용소리와 황구지리의 소작쟁의를 통하여 볼 때 좌편향적이라 볼 수는 없다고 생각한다. 즉 이들의 대표적인 투쟁이라 할 수 있는 용소리와 황구지리의 소작쟁의도 '부분적 일상 투쟁의 격발'을 통하여 수진농조의 조직을 이루려고 했던 운동 방침과 실제 투쟁 과정에서도 확인할 수 있는 것이다. 이 점은 또한 수진농조가 역시 운동방침에서 표방했던 반제투쟁과 반봉건투쟁의 결합 방침이라든지 원칙적 요구 투쟁에서 부분적 요구 투쟁으로, 부분적 요구 투쟁에서 원칙적 요구투쟁으로라는 방침(경제투쟁에서 정치투쟁으로의 전환방침), 농민조합 창립의 의미로서 소비조합운동이라는 방침 등에서도 확인할 수 있는 것이다. 그리고 이들은 천도교 민족주의, 전조선농민조합의 농민사회주의(인민주의적 경향), 협동조합의 평화적 개량주의, 지주 및 관제 산업조합을 개량주의로 지목하고 이들과의 투쟁을 주장하였다. 그리하여 수진농조는 이와 같은

---

111) 하원호, 「1930년대 사회주의자들의 농업·농민론」, 『일제말 조선사회와 민족해방운동』, 189쪽.

단체 내에서 좌익적 반대파를 형성하고 농조의 표면조직으로서 소비조합 운동을 전개함으로써 개량주의를 타파할 수 있다고 생각하였다. 그리고 이를 위하여 농조의 제투쟁조직의 캄파니아는 반드시 농조의 이니셔티브 하에 두도록 하였다.[112]

다음으로 수진농조의 조직방침을 보면 혁명적 농조운동을 전개했던 대부분의 농조가 그러했듯이 역시 투쟁을 통한 조직방침을 채택하였다. 즉 이들은 투쟁을 통하여 민중의 정치의식을 자각하고 이를 농조의 확대, 강화의 방향으로 이끌고자 하였다. 그리하여 이들은 용소리와 황구지리의 소작쟁의를 수진농조의 조직을 확대, 강화하려는 계기로 삼으려고 하였고, 같은 논리로써 각 리마다 지부 또는 반을 조직하고자 하였던 것이다. 결국 수진농조는 군 단위의 중앙조직을 먼저 결성한 이후 면, 리 단위의 지부 또는 반을 조직하고자 한 하향식 조직방침을 채택하였던 것이다. 일반적으로 지역전위 정치조직을 결성하고 그것을 매개로 혁명적 농노조를 건설하고자 했던 방침과는 상당히 동떨어진 것으로 생각할 수 있다. 그리고 수진농조의 경우에는 소년부, 청년부, 부인부 등의 계급·계층별 독자적 부서가 존재하지 않았다. 이는 아직까지 수진농조가 혁명적 농조로서 대중적 지지를 확보하지 못하였고 합법적 농조의 이면에서 운동을 프랙션을 통하여 지도한다는 한계 때문이었다고 생각된다. 또한 민족주의세력이 아직까지도 큰 영향력을 발휘하고 있었던 당시의 수원지역의 사회적 조건을 반영하는 것이라고도 할 것이다. 즉 수원지역의 민족주의자들은 앞서 본 바 있는 화성학원을 비롯한 삼일학원 등 여러 교육기관과 사회시설을 통해 자신들의 영향력을 여전히 유지하고 있었고, 기독교의 세력이 컸던 당시의 사회적 조건[113]을 고려한다면 청년동맹을 비롯한 부문 운동

---

112) 앞의 수경고비 3682호-1.

113) 1930년을 전후한 시기의 수원지역의 기독교 신자의 수는 정확히 헤아리기 어

단체들에 대한 지도권을 사회주의자들이 장악하지 못했던 것이 아닌가 하는 것이다. 이와 같은 상황에서 수진농조는 청년동맹, 소년동맹 등의 부문운동 단체들을 농조의 독자적인 부서로 흡수하지 못했던 듯하다. 그러함에도 불구하고 수진농조는 앞에서 보았듯이 빈농 우위의 원칙을 표방하였다. 이는 계급·계층별 독자적 부서를 설치하지 못한 조직 상황과 비교할 때 모순이라 생각될 수도 있지만 앞으로의 발전 전망을 그와 같이 가졌다고 생각할 수 있다고 생각한다. 즉 신간회의 해소 논의가 한창 진행 중이던 시기인 1931년 4월 18일 경성지회 임시대회에서 정희찬이 낭독했던 한 문건114)에 따르면 신간회 해소 이후 소작인, 빈농을 본위로 하는 ××(혁명-인용자)적 농민조합을 조직하여 농민은 그에 편입시키고, 부인 청년은 노동조합의 부인부, 청년부에 편입하여 그들로서 일반 부인 대중을 ××(혁명-인용자)적으로 영도하기 위하여 조합내의 해당 위원회의 대표로서 각지의 노력부인위원회, 노력청년위원회를 조직하여 계급 전위의 지도하에 둘 것 등을 결정하였다. 그리고 해소문제 직전에 개선된 신간회 임원진에 수원지역의 박승극과 공석정의 이름이 보이며115) 박승극이 위원장으로 있던 수원청년동맹은 1931년 1월 24일 조선청년동맹 경남도연맹, 함남북도연맹, 평남도연맹 등에 도연맹이 주체가 되어 청총간부를

려우며, 청주교의 경우는 1930년 현재 본당이 1개소가 있었고 신자의 수는 70여명에 이르렀다. 개신교의 경우는 이보다 신자가 많은 듯한데 1893년 3월 2일 세워진 수원지역 최초의 교회라 생각되는 장지내교회의 경우 1901년 5월 59명의 교인이 있었다고 한다. 그리고 개신교회는 1932년까지 종로교회, 고색교회, 금곡교회 등이 세워지면서 교세가 신장되었다. 더욱이 삼일여학교와 삼일학교는 수원최고의 학교로서 기독교 재단이 설립한 것이었고, 수원지역 3·1 운동의 주역인 김세환이 당시 삼일여학교의 교사로 봉직하고 있었다.

114) 京畿道警察部,「解消 問題의 原因」,『治安狀況』(朴慶植編,『朝鮮研究資料集』6. p.404.)

115) 朴慶植編, 앞의 책, 426쪽.

개선하여 청총을 해소하고 노동, 농민 단체에 청년부를 설치하여 단체의 확대, 강화를 도모하자는 성명서를 발표하여 청년동맹의 해소운동에 선봉에 서면서, 3월 29일 수원청년동맹 확대집행위원회를 개최하여 청총 해소 문제를 제의, 결정하였다고 한다.[116] 이렇게 보면 수진농조는 역시 계급·계층별 독자적 부서의 조직방침을 알고 있었다고 할 것이다.

이제 수진농조의 조직체계를 도표화하면 다음의 <표 2>와 같다.

〈표 2〉 수진농조의 조직체계[118]

본부		
합법	비합법	— 중앙(군)
지부	지부	— 지역지부(면)
반	반	— 각 동(리)

위의 도표에서 우리는 수진농조의 조직체계 상의 몇 가지 특징을 찾을 수 있다. 첫째, 수진농조는 합법농조의 이면에서 프랙션을 조직하여 농조를 혁명적으로 전환하고자 하였으며 둘째, 군·면·리의 행정단위를 중심으로 조직을 꾀하였으며 셋째, 아직까지 농조의 참모부서나 계급·계층별 독자적인 부서가 조직되지 않았다는 점 등이다.

다른 한편 혁명적 농조운동에서 일반적으로 지적되고 있는 조선공산당의 재건운동과의 관련문제로서 수원지역의 경우에는 명확하게 재건운동 세력과의 연계가 보이지 않는다는 점이다. 다만 대부분의 혁명적 농조가 재건운동세력과 일정한 연계를 가지면서 운동을 전개하는 것으로 보아 수원지역의 경우도 그와 같은 연계가 있을 수 있다고 생각된다. 특히 이종

---

116) 경기도경찰부, 앞의 책, 442쪽.

117) 水警高秘 第4682號-1, 소화7(1931). 1. 7.「秘密結社 赤色農民組合 組織計劃에 관한 件」, 김경일편,『韓國民族解放運動史資料集』4.

림과 일정한 연계가 있었다는 심인택의 활동이 확인된다면 이 문제는 보다 명확해질 수 있을 것이다.

4. 맺음말

우리는 이상에서 수진농민조합의 조직 배경으로서 수원과 평택지역의 사회운동을 청년운동과 신간회운동을 중심으로 살펴보았으며, 이후 수진 농민조합의 조직과 활동, 운동방침 등에 대하여 살펴보았다. 이상의 논의에서 우리는 다음의 몇 가지를 확인할 수 있다.

첫째, 수진농조는 창립 이후 소작쟁의를 중심으로 하여 비교적 활발한 활동을 전개하였으나 일제가 이와 같은 수진농조의 활동을 탄압하면서 침체에 빠지게 되었다. 그리고 김영상, 박승극 등은 이러한 상황을 타개하기 위하여 수진농조를 혁명적으로 개조할 필요를 느끼게 되었다.

둘째, 수진농민조합은 비교적 민족주의세력이 강했던 수원지역을 중심으로 전개되었다. 따라서 운동의 전개 과정에서 민족주의와의 관계 설정이 중요하였다고 할 수 있다. 양산의 경우에서 보이는 바와 같이 민족주의자들이 농조를 지원하는 모습은 보이지 않으나 사회운동의 전반에 걸쳐 사회주의와 민족주의가 협력했다는 정황을 보이고는 있다. 앞에서 살펴본 바와 같이 수원청년동맹의 위원장이면서 수진농조의 간부로 활동한 바 있던 박승극이 민족주의자인 홍사훈이 경영하던 화성학원에 청년동맹의 운동장을 양도한 사실은 대표적인 사례라 할 것이다. 결국 수원지역의 민족주의와 사회주의의 중심인물이 당시 수원지역의 유일한 민족교육기관으로 평가받으면서도 재정적으로 곤란한 상황에 있던 화성학원의 안정적인 운영을 위해 협력했던 것이다. 이 점은 민족주의세력이 상대적으로 강했던 지역의 특성에 연유한다고 생각된다.

셋째, 수진농민조합은 수원과 진위의 2개 군을 하나의 농민조합 안에 포용하였다는 점에서 행정 단위 별로 농조를 조직하고자 한 1군 1조합의 원칙에서 위배되는 것이었다. 즉 같은 생활권인 진위와 수원을 하나로 묶었고 또 활동에서도 황구지천을 경계로 서로 마주하는 용소리와 황구지리에서 소작쟁의를 지도한 것에서 확인할 수 있다. 이는 수원지역의 활동가들이 '원칙'에 얽매이지 않고 현실적인 조건을 고려하면서 운동을 전개했다는 평가를 가능하게 한다. 그리고 이를 좀 더 확대 해석한다면 혁명적 농조의 한계성으로 인정되고 있는 지역적인 고립성을 극복하고자 한 하나의 움직임으로도 볼 수 있지 않을까 한다. 그러나 조직과 운동에서 지역적인 한계성을 타파할 수 있었던 가능성은 사전에 봉쇄되었다고 볼 수 있다.

넷째, 일반적으로 아래로부터 위로의 상향식 조직방침이 대부분의 혁명적 농조가 채택한 조직방침이었으나 수진농조의 경우에는 위로부터 아래로의 하향식 조직방침을 채택하였다는 점이다. 물론 수진농조의 경우도 운동방침에서 하층계급으로부터의 통일전선의 전개를 선언하여 아래로부터의 조직방침을 내세우기는 하였으나 실제 운동 과정에서는 군 단위의 중앙조직을 먼저 건설한 후 면, 리 단위의 하부조직을 결성하고 있는 것이다. 이는 결국 수원지역의 대중적 조건이 미약한 상황에서 운동을 급진적으로 이행하려 한 때문이라 생각된다. 한 연구[118]에 따르면 대중적 조건이 갖추어진 지역에서는 하향식 조직방침이 채택되기도 하였다고 하지만 수원지역의 경우에는 대중적 기반이 미약하면서도 하향식 조직방침이 채택되었던 것이다. 그리고 여타의 지역에서는 지역전위 정치기구의 성립과 그 활동에 의하여 혁명적 농조가 성립하거나 그 성격이 전환하는 것에 비

---

118) 지수걸, 『일제하 농민조합운동 연구』, 역사비평사, 331쪽.

추어 수진농조의 경우에는 지역전위 정치기구의 성립없이 혁명적 농민조합으로의 전환이 이루어졌다고 할 수 있다.

마지막으로 혁명적 농조운동에서 일반적으로 인정되듯이 수진농조의 경우에도 빈농 우위의 원칙을 조직의 방침으로 채택하고 있다. 그러나 수진농조는 부농이나 중농에 대한 입장을 명확하게 제시하고 있지 않다. 다만 1930년대 초반의 혁명적 농조가 취했던 방침이 부농배제가 일반적이었으므로 수진농조의 입장도 여기에서 크게 벗어나지 않았으리라 생각된다.

(『東國歷史敎育』5, 1997)

찾아보기

일제하 수원지역의 민족운동

인쇄일 초판 1쇄 2003년 02월 21일
　　　　 2쇄 2018년 03월 10일
발행일 초판 1쇄 2003년 03월 01일
　　　　 2쇄 2018년 03월 13일

지은이 조 성 운
발행인 정 찬 용
발행처 **국학자료원**
등록일 1987.12.21, 제17-270호

서울시 강동구 성내동 447-11 현영빌딩 2층
Tel : 442-4623~4 Fax : 442-4625
www. kookhak.co.kr
E- mail : kookhak2001@hanmail.net
ISBN 978—89-541-0030-4 *93900

가 격 12,000원
*저자와의 협의 하에 인지는 생략합니다.